皆是老师

大语文那些儿
GREAT CHINESE

赵旭 ◎ 著
康酒 辛婉郡 ◎ 绘

字词魔法课

北京理工大学出版社
BEIJING INSTITUTE OF TECHNOLOGY PRESS

版权所有,侵权必究

图书在版编目(CIP)数据

大语文那些事儿. 字词魔法课 / 赵旭著;康酒,辛婉郡绘. —北京:北京理工大学出版社, 2020.10(2023.4 重印)

ISBN 978-7-5682-9077-7

Ⅰ. ①大… Ⅱ. ①赵… ②康… ③辛… Ⅲ. ①小学语文课—教学参考资料 Ⅳ. ① G624.203

中国版本图书馆 CIP 数据核字 (2020) 第 178765 号

大语文那些事儿·字词魔法课

出版发行 / 北京理工大学出版社有限责任公司
地　　址 / 北京市海淀区中关村南大街 5 号
邮　　编 / 100081
电　　话 /（010）68914775（总编室）
　　　　　（010）82562903（教材售后服务热线）
　　　　　（010）68948351（其他图书服务热线）
网　　址 / http://www.bitpress.com.cn
经　　销 / 全国各地新华书店
印　　刷 / 鸿博昊天科技有限公司
开　　本 / 787 毫米 ×1092 毫米　1/16
总 印 张 / 55　　　　　　　　　　　　责任编辑 / 户金爽
总 字 数 / 600 千字　　　　　　　　　　文案编辑 / 梁铜华
版　　次 / 2020 年 10 月第 1 版　2023 年 4 月第 20 次印刷　责任校对 / 刘亚男
总 定 价 / 180.00 元（全 6 册）　　　　责任印刷 / 边心超

图书出现印装质量问题,请拨打售后服务热线,本社负责调换

卷首语

一笔一画总关情

是什么将国人紧紧地凝聚在一起？是炎黄，是女娲，是孔子，是《史记》，是长城，是泰山……是我们共同认可的文化，而构成文化的基因就是汉字。

汉字绝对是世界上最浪漫的文字，它以独有的"象形"方式传情达意，倾诉自己。

汉字的故事，就是中国人的生活；

汉字的构成，就是中国人的精神；

汉字的寓意，就是中国人的文化。

提笔忘字的人，文化基因里定有"硬伤"；

字正腔圆的人，文艺范儿里带着些痴狂；

一字褒贬的人，严谨又不失分寸；

待字闺中的人，寂寞又惆怅。

昝晃老师将通过一个个古老而又"很潮"的汉字，带你领略祖国文化的绚烂。穿越刀光剑影，聆听鼓角争鸣，感受兴衰成败，体味悲欢离合，一笔一画总关情！

让我们一起咬文嚼字、字字珠玑。

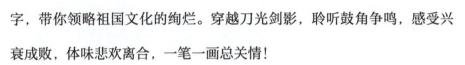

001 01 象形字

02 天地人，你我他 009

017 03 汉字里不一般的虫子家族

04 "炎黄子孙" 的由来 023

031 05 栉风沐雨

06 甲由胄大不同 037

043 07 牵着大象来耕地

08 腿上没毛，工作辛劳 053

059 09 谁敢"干"我的位置

10 我有酒也有故事 067

目录
CONTENTS

077 11 老夫姜子牙，史上最大龄的"后浪"

12 黄泉相见于隧道 085

095 13 姹紫嫣红春日景

14 鹰击长空，鱼翔浅底 101

107 15 食指大动，染指于鼎

16 读书人的事怎么能算偷呢？ 113

119 17 做个好厨子不简单

18 身体发肤，受之父母 129

137 19 螓首蛾眉，全世界你最美

01

象形字

星、云、山、河、湖、海，以及各种飞禽走兽和器物，都可以按其特征画出图形符号，这些图形符号就叫象形字。

如果说文化也有基因的话,那一定是文字,不论哪一个国家、哪一个民族,文化都要靠自己的文字来记录,否则行之不远。汉字就是我们汉文化的基因密码,因为它的存在,我们的文化几千年绵延不绝。

汉字是怎么诞生的呢?

传说，黄帝部落有个叫仓颉（jié）的人，他和一个猎人上山打猎，猎人对他说，"这里应该有野猪。"仓颉很好奇："你怎么知道啊？"猎人指着地上说："你看这串是野猪的脚印，那串是梅花鹿的脚印，还有金钱豹的脚印。"仓颉低头一看，果然发现了很多形状不同的脚印。"咦？我身后这串是什么动物的脚印？"仓颉问。"……这个是你的脚印。"猎人说。

　　仓颉听了猎人的话很受启发。他想，万事万物都有自己的特征，如果能抓住事物的某个特征把它变成一种抽象符号，大家就方便辨认了。从此，仓颉便注意仔细观察各种事物的特征，譬如太阳，圆圆的，看久了中间会有一个黑点；月亮，有时候圆，有时候还会变弯。

星、云、山、河、湖、海,以及各种飞禽走兽和器物,都可以按其特征画出图形符号,这些图形符号就叫象形字。

这样日积月累,时间长了,仓颉造的字也就越来越多了。仓颉把他造的这些象形字献给黄帝,黄帝非常喜欢,夸赞说:"多好的简笔画啊!"然后立即召集九州酋长,让仓颉把造的这些字传授给他们,于是,这些象形字便开始应用起来。

仓颉造字成功之日,举国欢腾,感动得上苍把谷子像雨一样哗哗地降下来,吓得鬼怪夜里啾啾地哭起来,《淮南子》记载"天雨粟,鬼夜啼"。鬼神为什么都这么激动呢?因为人类一旦掌握了文字,就可以探寻大自然的秘密,而且可以把秘密记录下来,相互交流,那么鬼神也就变得不再神秘了,鬼神害怕被人类看透了,所以他们很失落。

其实鬼神也不用太伤心,因为仓颉的创作有一个漏洞,比如他要画一座山,山的正面和山的侧面完全不一样,一辈子都住在山侧面的

涨见知识

传说中仓颉生有"四目"。这四目不是指戴眼镜,而是指目有重瞳,即一个眼珠里有两个瞳孔。像他这样的人,据说在中国历史上只有八个,他们分别是:仓颉、虞舜、重耳、吕光、高洋、鱼俱罗、李煜、项羽。仓颉是黄帝时代的造字圣人;虞舜是禅让的圣人、孝顺的圣人、三皇五帝之一;晋文公重耳是春秋五霸之一;吕光则是十六国时期横扫西域的后凉国王;高洋是北齐建立者;鱼俱罗相传是击杀猛将李元霸的隋朝名将;李煜是五代十国时期南唐后主,著名的词人,文学家;项羽则是旷古绝今的"西楚霸王"。

人可能根本认不出山正面的象形字,就如同你给别人发一张你的背影照片,某一天,你们见面时,对方还是认不出你。有时候亲眼看到的也不一定是事物完整的真相,苏轼的诗告诉我们观察的角度不同,对同一个事物也会有不同的认知。

题西林壁

【宋】苏轼

横看成岭侧成峰,远近高低各不同。

不识庐山真面目,只缘身在此山中。

孔子在周游列国的时候，被困于陈国和蔡国之间，饭菜全无，师徒们七天没吃东西，人都饿晕了。孔子斜靠在墙角坐着打盹儿，企图用睡眠战胜饥饿。他最喜欢的徒弟颜回心疼老师，出去讨饭，好不容易讨回来一些米，赶紧生火煮饭。饭快要煮熟的时候，闻到饭香的孔子微微睁开眼，恰好看见颜回正用手抓锅里的饭吃。孔子非常难过，心想，这还是我最喜欢的徒弟吗？老师快饿死了，他自己却先偷吃！但是孔子没有说话，而是微微闭上眼，假装什么事情都没发生一样。过了一会儿，颜回请老师起来吃饭，孔子起身说："刚刚为师梦见祖先责怪我，怪我自己先吃饭，然后才给祖先吃。"颜回很聪明，一听就明白老师话里有话，马上解释道："老师，不是那样的，刚刚炭灰飘进了锅里，弄脏了米饭，丢掉粮食又可惜，我就抓来吃了。"孔子听到真相以后脸一红，自我检讨道："人们都说眼见为实，但是亲眼看到的也不一定是真实的，我们应该相信自己的内心。在我心里颜回是我最喜欢的徒弟，但是我刚才就没有相信自己的内心，而选择相信了自己的眼睛，所以错怪了他。徒儿们，你们可要引以为戒啊！"越是高明的老师，越有承认错误的勇气，越擅长随时随地借事情来教育学生。

了解一个人都这么难，表述一个世界，全凭那几个象形文字，是绝对不够的，所以象形字是最初级的汉字。所有的文化古国，它们最初的文字都是象形的，都是简笔画，但我们不可能永远活在古老的文化里，渔网可以画出来，互联网能画出来吗？随着时代的发展，会有越来越多的新词汇诞生，这要求我们表达的语意越来越丰富、准确。

汉字后来慢慢演变出了指事字、会意字、形声字。汉字越来越多，象形字让你知道了文字的起源，但是你要想更精准地表达自己，只学一些象形字是远远不够的。所以从今天开始，学习更多的汉字吧。

下面的象形字分别对应的是今天的哪个汉字呢？试着写一写吧。

参考答案

目 巾 田
火 口 半
日 禾 丫

02

天地人,你我他

既要仰望天空、俯察大地,做一个坦坦荡荡的人,又要懂得爱自然、爱自己、爱他人。

tiān	dì	rén	nǐ	wǒ	tā
天	地	人	你	我	他

小学一年级时，你一定学过"天地人，你我他"这六个字吧？但我想讲讲我心里的"天地人，你我他"。

请你先抬起头看看天空，虽然有时候天空是蓝盈盈的，有时候天空又是灰蒙蒙的，但是不管什么颜色，我们总能看到天空。

再来看看地，你脚下的大地，不仅看得着，还能摸得着，踏踏实实的。

甲骨文人字的形意

最后来看人，怎么看？来，站到镜子面前，就是镜子里的那位，是我是你，是和你、我一样的动物，我们都叫"人"。

你可能好奇，怎么我们就变成动物了呢？这是因为，当人和天地并列出现的时候，人首先要体现他的自然属性。为什么呢？因为天和地代表大自然，我们人类生活在天、地之间，就是生活在自然当中，那么我们的自然属性就是动物。如果你不想拥有这份自然属性，你不想承认自己是一个动物，那你就会活得很不自然。

什么叫活得不自然？就是你没有融入自然。你了解大自然吗？经常接触大自然吗？你常仰望天空吗？你观察过白云的变化吗？你数过星星吗？

如果看不到星星，你抬头看过月亮吗？你知道十五的月亮是什么

形状吗？你知道每年月亮圆几次吗？你知道每个月第一天月亮是什么形状吗？

你有没有真正关注过天？也许你会说，我确实很少抬头看天，因为我要低头走路啊，我对"地"很熟悉呀！

你有没有脱掉鞋子，扒掉袜子，光着脚踩在大地上的经历呢？我说的大地，不是水泥地，不是家里的木质地板，是沙滩，是黄土，是岩石，是软泥，是厚厚落叶，是皑皑白雪。

到大自然里去走一遭吧，橡胶鞋底都快让我们和大地绝缘了，大自然那勃勃的生气没办法从鞋传递到我们的身体里，所以我们才经常觉得活得不自然。在你觉得自己身体不舒服，全身很没力气的时候，就是大自然在呼唤你的自然属性呢。

如果你看过《动物世界》这个节目，就会发现几乎所有的动物都

喜欢奔跑。所以，当你不开心的时候，你可以试着唤醒一下自己的自然属性，像动物一样奔跑，哪怕只能奔跑三分钟，但要以最快的速度跑起来，感受一下那种停都停不下来的快感。奔跑也许能帮你找回作为人的自然属性。

如果有一天，你的语文老师布置了一篇作文，叫《最可爱的一只小动物》，你能不能写自己呢？你能不能写你的妈妈？不能！你可能会问："为什么不能？您不是说人类都是动物吗？还是因为我们不是可爱的动物呢？"孩子们，咱们之所以叫"人"，而不叫小猫、小狗、小刺猬，是因为我们人类不仅有自然属性，还有另一种属性，叫社会属性。

什么叫社会呢？社会就是我们今天要学的后三个字：你、我、他。没错，社会就是你、我、他组成的一个三人小组。我叫第一人称，你叫第二人称，他叫第三人称。

"我"是第一人称，是不是说明"我"就比"你"和"他"重要呢？我，的确很重要，所以我们每个人都要爱惜自己的身体，爱自己并且相信自己，因为我们是第一人称。

但是，很重要可不代表最重要。第一人称很重要，但是如果没有第二、第三，哪儿来的第一呢？"我、你、他"是三个人，"我们、你们、他们"就是三群人，是"你、我、他"的复数形式。"你、我、他"团结在一起，我们要做好朋友，那么"我们""你们""他们"合起来就有了一个共同的名字，叫作"咱们"，"咱"字要先写一个口字旁，再写一个自己的"自"。"口"加"自"就是咱，就是"自己家那口子"。

也许这座城市是我们的,但是每一个建设这座城市的外来务工人员,他们都为我们这个城市付出了汗水与劳动,所以他们终将会变成我们。

要做一个人是不容易的,你要唤醒自己的自然属性去热爱大自然,因为我们人类是自然的一部分。如果去破坏自然,那就是破坏我们的人类家园。同时还要唤醒你的社会属性,所以我们要爱自己,同时也要帮助身边的其他人。这就是一年级的第一篇课文《天地人,你我他》——我们人生的第一课要教会我们的道理:既要仰望天空、俯察大地,做一个坦坦荡荡的人,又要懂得爱自然、爱自己、爱他人,这样你就会成为一个受人爱戴的人。

把下面词语里的错别字找出来，并改正在下面。

唉叹 暖昧 安份 搬师 辩别 表帅 导至 发泻

参考答案

唉叹—哀叹 暖昧—暧昧 安份—安分 搬师—班师 辩别—辨别 表帅—表率 导至—导致 发泻—发泄

03

汉字里不一般的虫子家族

　　虫子家族在汉语言文化里可不容小觑哦。

chóng
虫

偶尔回忆童年时,我忆起很多儿歌,其中有一首是我小时候最爱听的,歌名叫《100分是龙》,歌词好像是这样的:99分是只东北虎,95分是雄鹰,100分才是龙……在大人眼中,考100分才是龙,那考60分是什么呢?大概是虫吧。

"虫"真的是弱小的象征吗？在中国文化里，被人称作虫还真是不太光彩，例如：鼻涕虫、瞌睡虫、懒虫、蛀虫……

其实虫子家族在汉语言文化里可不一般，你可不能小觑。一说到虫子，我们首先想到的是比较弱小的动物，比如勤劳的小蜜蜂、团结的小蚂蚁、会吐丝的蚕宝宝……没错，蜜蜂、蚂蚁、蚕都是虫子，但是，虫子家族并不都是这么弱小。四大名著之一的《水浒传》里有个人物叫顾大嫂，她的绰号就是"母大虫"，大虫在古代不是大大的虫子，是老虎的意思。所以，母大虫就是母老虎。

顾大嫂，《水浒传》中人物，因豪爽、性急，被人起绰号"母大虫"。

说完大虫，再来说说长虫。古人说的长虫是什么呢？就是蛇。蛇的字形，左边是虫字，右边是"它"字，"它"字上面的宝盖头像蛇的头，宝盖头上面的一点像蛇吐的信子，下半部分的弯钩就是蛇的尾巴。没错，它字就是蛇的象形字。

在中国古代，南方蛇特别多，唐代大文豪柳宗元写过一篇文章叫《捕蛇者说》。里面说：永州之野产异蛇：黑质而白章，触草木尽死；以啮人，无御之者。

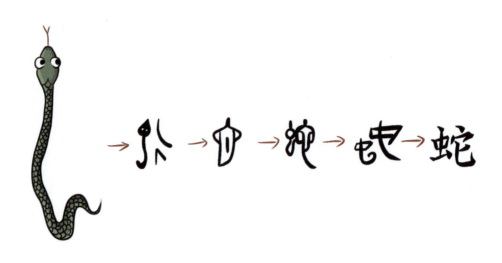

仔细观察就会发现，在中国汉字里，与南方相关的字，很多都带虫字，比如"南蛮"的"蛮"，"巴蜀"的"蜀"，还有"闽南"的"闽"，蛇都进门了，可见蛇在南方家中经常见到。那时南方人打招呼不问"吃了吗？"而是问："兄台，家中有无它乎？"你们家是不是又窜进来蛇了？

和虫字旁有关的不一定是弱小动物。比如，古代有五毒之说，五毒分别是：毒蛇、蝎子、蜈蚣、蟾蜍、壁虎，这些有毒的虫子大都有虫字旁。不仅如此，在古代，人也被称为虫，古人典籍里称人为倮（luǒ）虫，意思就是不长毛的虫子，很多厉害的人物，名字里都带虫字，比如蚩尤，"蚩"字的下半部分也有个虫字，蚩尤可是向黄帝发动了充满神话色彩的涿（zhuó）鹿之战的杰出的民族领袖；再比如治水英雄大禹，仔细观察，你会发现禹字中也带一个虫字。

育儿知识

在古代，端午节还是一个防疫的节日。

民谣说："端午节，天气热，五毒醒，不安宁。" 我国北方一些地方民俗认为每年夏历五月端午日午时，五毒开始孳（zī）生，于是便有了避五毒的习俗。五毒里没有蜘蛛，是因为五毒有个基本标准，就是为民间所用的可入药的剧毒生物。

回想学过的字,哪些带虫字旁,把它们写下来吧。

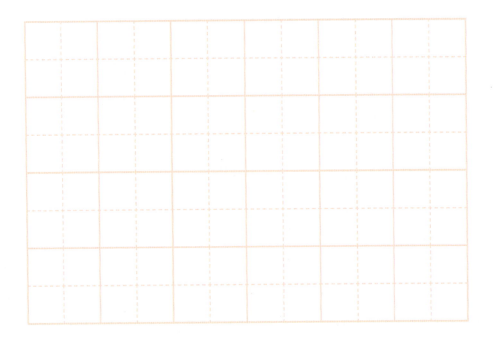

参考答案

蜂、蝶、蚂、蚁、蝉、蚌、蛙、蜂、蚕、蚊、蛛、蚜、蜻、蜓、蚯、蚓、蛇

04

"炎黄子孙"的由来

> 我们中华民族文化,是你中有我,我中有你的,缺了谁都不完整。

上篇文章里我们讲了汉字里一群可爱、可怜、可怕的"虫子",其中有一只特殊的"虫"——蚩尤,蚩尤与黄帝发生的那场"涿鹿之战"引发了很多人的兴趣,这场决定我们正式成为"炎黄子孙"的战争,确实很有意义。

在讲故事之前,我要先列个"演员表",因为故事里的人物离我们太久远了,他们的名字你可能比较陌生,所以提前列在这里,便于对号入座。

演员表:

黄帝一队:黄帝、炎帝、风后、旱魃(bá)、九天玄女

蚩尤一队:蚩尤、雨师、魑魅魍魉(chī mèi wǎng liǎng)军团、夸父部落

涿鹿之战,发生在中国上古时期,在很久很久以前……大概五千年前,那个时候还没有文字,但已经有了部落,什么叫部落呢?它就相当于现在的社区。当时,中原有两大"部落主任"特别牛:一个是

炎帝部落的"炎主任";另一个是黄帝部落的"黄主任",这两个部落经常为了争夺地盘打得不可开交,最后黄帝一统中原,给炎帝留了一个很小的地盘,也就是太行山以西,让他好好工作,将功补过。

然而,炎主任还没来得及开展工作,从南边来了一个白胡子老头,这个人可不是一般人,他就是本故事的男一号——蚩尤,蚩尤的确是来自南方部落的首领,但他并不是慈眉善目,他人身牛头,头上长犄角,身后没尾巴,特长就是打架,还擅长制造各种铜铁利器。最要命的是,他家像他这样凶猛强壮的兄弟还有八十一个,这帮兄弟打架的时候不要命,饿了抓把地上的沙石就能吃。有时候用两块铁饼夹着砂石一起吃,我猜后来外国人就是受此启发发明了汉堡包。

这种铁齿铜牙家族谁惹得起,蚩尤非常霸道地要求炎帝把地盘让出来,炎帝没办法,只好去求助当初的敌人黄帝,黄帝会出手相救吗?

当然，黄帝的做人原则是，敌人的朋友是敌人，敌人的敌人是朋友。现在面对共同的敌人，炎帝和黄帝终于在一起了。面对蚩尤部落的行径，黄帝很生气，觉得后果很严重，于是，一场超自然、跨物种的涿鹿大战就在黄帝与蚩尤之间展开了。

先介绍一下双方实力。统治中原许久的黄帝综合实力超出南方新贵蚩尤一大截，但蚩尤有个绝技——施法术放"雾霾"！两军作战时放一通"雾霾"，一时间，黄帝的军队什么也看不到了，连方向都识别不了，只会不停地咳嗽。驱散"雾霾"最好的方法是什么？是中国人都会回答——等风来！没错，黄帝身边就有一个风一样的男人，叫风后，黄帝下令："吹！"风后回答："在下不会吹，在下是实干家，让在下为您制作一辆指南车吧。"这项神奇的发明让黄帝军队再不怕什么"雾霾"了，明确了方向的他们很快突出重围，于是风后立下首功。后来风后得了重病，不治而亡，黄帝为他建了一座陵墓——风陵，也就是现在山西省西南端芮城县内的风陵渡。

话说蚩尤，看到黄帝有风后，就派出了雨师，用暴雨猛袭黄帝。这里插播一道物理题，请问水怎么可以瞬间变成气体消失呢？答：高温加热！答对的同学有当物理课代表的潜质，聪明的黄帝同学猜出了答案，并且亮出了他的高温法宝——旱魃。贾宝玉说女孩都是水做的，但旱魃表示不服，她不仅是干性皮肤，而且所到之处，大地都会变得干裂，寸草不生，可谓行走的电烤箱，蚩尤差点儿被烤成蚩尤干。

痛苦无比的蚩尤心想：我就这样败给物理课代表了吗？果然，知

识就是力量啊！你不要小瞧蚩尤，他在危难之时显现了一名数学课代表的本色，他使用了"取极限法"！既然你想热死我，那最热的当然是太阳了，于是，他想起了那个喜欢追着太阳跑的男人——夸父，于是蚩尤联合了越热越开心的夸父部落，组成了复仇者联盟，发起猛攻。但黄帝一点儿也不慌，因为他明白，战胜一群男人，只需要一个女神，这位女神就是九天玄女，黄帝向女神学习了一系列军事方面的高精尖技术，玄女的计谋果然玄之又玄，这一次，蚩尤连同他的魑魅魍魉军团都被黄帝生擒活捉，并处以极刑了。从此我们有了这个名字——炎黄子孙。

旮旯老师说成语

魑魅魍魉（chī mèi wǎng liǎng）：古意指的是各种害人妖怪的统称，现在指各种各样的坏人。魑，是像龙的黄色妖怪，常年在山林里害人，又有人把它叫作"山鬼"；魅，通常指的是善于幻化、迷惑人心的妖精；魍和魉通常指的是水鬼。

对了，除了"魑魅魍魉"以外，还有彪、魁、魈、魊、魌、魊、魃、魆、魖、魌、魌、魋、魍、魉这些小鬼。以后如果遇到这些字，知道他们都是小鬼就好了。魑魅魍魉，作为"领头鬼"代表恶小鬼们一族，实至名归。

如果涿鹿之战取胜的是蚩尤呢？那我们是不是就叫蚩尤子孙了？但历史没有如果，虽然蚩尤这位战神永远消失了，但是他发明的冶铁技术在中原流传了下来。所以，我们的中华民族文化，是你中有我，我中有你的，缺了谁都不完整。每个曾经在这个历史舞台上出现的身影，都是我们文化的一部分，包括你和我。

 智冕老师带你练

请问哪一个词是正确的写法呢?

1. 炎黄子孙。

2. 炎皇子孙。

参考答案

1. 对。 2. 错。

05

栉风沐雨

用风当梳子来梳头,淋雨就算洗了头,栉风沐雨就是形容人经常在外面不顾风雨地辛苦奔波。

mù 沐

沐是一个形声字，左形右声。你可能知道"沐浴更衣"，沐浴就是洗澡，但这只回答对了"浴"。在古代，洗不同的部位，用的字都不一样。浴是洗澡，沐是洗头，洗是洗脚，盥是洗手，靧（huì）是洗脸。你可能要问了：那洗脖子呢？记住了，洗脸的时候脖子耳朵要一起洗，都叫靧。

有一个成语叫"栉风沐雨"，是什么意思呢？就是形容人经常在外面不顾风雨地辛苦奔波，栉是梳子的意思，沐就是洗头。所以"栉风"就是把风当梳子来梳头，以风为梳，这是一个意动用法。在外面工作太辛苦了，根本没时间梳头发，风的方向决定了头发的倒向。如果吹的是旋风的话，那么头发就变成鸟巢了。沐雨就是根本没时间洗头发，只有等下雨，才能淋湿自己的头发，就当作洗头了。

栉风沐雨这个成语出自《庄子》，"沐甚雨，栉疾风"。这句话是说大禹治水不辞辛劳，以骤雨洗头，用疾风梳发。要注意的是这个成语只能用于人，不能用于其他事物。

还有一个成语是"沐猴而冠",意思是爱洗头的猴子戴帽子吗?不是的。"沐猴"是个专有名词,不是爱洗头的猴子,而是我们经常说的猕猴,猕猴又叫沐猴。沐猴而冠中的"冠"字的读音,要读四声,读一声的话是一个名词,帽子的意思,读四声它就变成动词,是戴帽子的意思。沐猴(猕猴)戴帽子,装成人的样子。沐猴而冠形容装扮得像个人物,而实际并不是,比喻不改其本质,虚有其表,更显滑稽可笑。

但沐猴而冠,还真不是用来嘲笑猴子的,最初是用来嘲笑"西楚霸王"项羽的。这个成语出自《史记·卷七·项羽本纪》,"人言楚人沐猴而冠耳,果然",原意是讥讽项羽为人愚鲁无知,空有其表。

其实猴子犯的错误,我们人类天天在犯。例如"朝三暮四"这个成语故事大家都很熟悉,七个坚果的口粮没有变,早晨给三个,晚上给四个,猴子就不开心;早晨给四个,晚上给三个,猴子就欢天喜地。

你是不是又习惯性地嘲笑猴子好笨啊？那我们不妨把这一天拉长，拉成我们的一生，假如一个长得很像马云的人对你说："只要跟着我好好干，别看现在你一个月只挣两千元，十年后我让你月入十万元！"你可能会说："老板，您能不能让我现在月入十万元？哪怕十年后月入两千元，我也认了。"

 昏旯老师说成语

朝（zhāo）三暮四：比喻常常变卦、反复无常。

我们还经常对着一串葡萄发愁，究竟是先从挤破的那颗吃起，还是先把最大最圆的那颗吃掉？其实这一串最后你都要吃掉的，考虑那么多干什么呢？

当你发现你的人生就有那七个坚果时，你还要考虑来考虑去，先吃几个，后吃几个，只看重眼前利益吗？那和小猴子有多大区别呢？

成语中的猴子就是我们的影子。

有个著名的实验：把几只猴子关在一个笼子里，笼子上方挂了一串香蕉。实验人员装了一个自动装置，一旦有猴子去碰香蕉，马上就会有水喷向笼子，所有猴子都变成"落汤鸡"。开始有只猴子想去拿香蕉，结果就是每只猴子都被淋湿了。之后每只猴子在尝试几次后，发现无一幸免。于是，猴子们达成一个共识：不要去拿香蕉，我们不想变成爱洗头的猴子。

后来实验人员把其中的一只猴子放出了笼子，换进去一只新猴子。这只新来的猴子看到香蕉，马上想要去拿。在它就要碰到香蕉之时，其他老猴子急了，这新来的不懂事，怎么一进来就请我们洗澡呢！抓紧时间教育一下。结果，新猴子被老猴子猛揍一顿。新猴子香蕉没吃成，还不知道自己为什么挨打。

第二天,实验人员再把一只老猴子请出来,换上另外一只新猴子进去。这只新猴子看到香蕉,也迫不及待要去拿。当然,跟以前所发生的情形一样,新猴子被其他老猴子猛揍一顿。尤其那只昨天刚进去的次新猴子打得最卖力。就这样,笼子里所有的老猴子都逐渐被换成新猴子了,大家都不敢去动那香蕉,但是它们都不知道为什么,只知道主动去拿香蕉就会挨打!

实验结束了,但问题还没有完,如果这个实验调整一下模式,谁拿香蕉谁被喷水,其他猴子安然无恙,你猜还有没有猴子去拿香蕉呢?如果有,会是只什么样的猴子呢?

给下面的多音字"冠"注音。

衣冠 ____ 楚楚   树冠 ____   皇冠 ____

桂冠 ____   冠 ____ 军

参考答案

06

甲由胄大不同

甲是种子生根萌芽时的状态,是植物的最初期,由是田字中间竖出头,表示"边界不确定",有滑动、延伸之意;胄是肉体的延伸,子孙后代的意思。

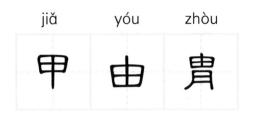

上小学的时候，有一次，我的语文老师给我的作文打了个"甲"，我心中真是桃花朵朵开！后来发现大家的评语都是"优"，这搞得我很恐慌，我的探索精神一下子被唤醒，我必须亲自去证明"甲"比"优"好！

我来汇报一下当年的研究成果。

首先，从字形看，"甲"是象形字，本义为种子生根萌芽后所带的种壳。后来由植物的壳引申到动物的壳，比如甲鱼、穿山甲；再到人和物的壳，指甲（自带、长出来的）、盔甲、装甲车（外挂、穿出来的）。

可是甲鱼和指甲怎么能证明我的优秀呢？继续思考，既然甲是种子生根萌芽时的状态，那就是植物的最初期，最初就是第一，十大天干：甲、乙、丙、丁、戊、己、庚、辛、壬、癸，甲就在第一！

最富有的人家，叫富甲一方，而不叫富优一方；最美丽的山水，叫甲天下，没听说过桂林山水优天下；古代科举考试成绩最好的叫名

列三甲；武功最厉害的叫霍元甲；最陌生的人叫路人甲……这一系列都证明甲是第一的意思！

大家好像习惯了用优、良、中、差，逐渐忘记了我们的祖先喜欢的是甲、乙、丙、丁，更有甚者只记得 A、B、C、D。语文试卷上，印的就是英文字母，可能是为了与国际接轨。如果哪份试题将四个选项符号印成甲、乙、丙、丁，我想可能更有语文的感觉。尤其在诗词大会和成语大赛这些有中国特色的传统文化节目上，最好尝试一下用甲、乙、丙、丁来代替 A、B、C、D 做选项。

甲倒过来就是由，说由得先说田，由与田的字形差异仅仅在于中间一竖是否出头。字义上二字是相互紧密关联的。田即农田、庄稼地。古代的农田都是私家所有的，因此，每家的田地都有明确的边界。田字有边界确定、所有权归属清晰的含义。由字则是从田字中间竖出头来，表示边界不确定、所有权不确定的意思。可以划给你家，也可以划给他家，换一种说法就是这块地是"滑动"的，由的本意就是滑动、延伸。

所以,给由字加上偏旁,如油、轴、釉、抽、袖、宙等字中的由都是滑动、延伸的意思。如油是一种润滑的液体,轴是车上润滑转动的部件,釉是瓷器表面的光滑层,抽是一种摩擦滑行的动作,袖是手臂滑行着穿入的衣服的那部分,宙是空间无限延伸。

由字下面加一个月,就变成了胄(zhòu),胄并不是在月亮上滑的意思,下面那个月,其实是古代的肉字,仔细观察你会发现,胳膊、腿、脸、肠胃都是这个肉字旁,有同学恍然大悟:朋友的朋,就是肉最多的人!真不是!朋友的朋,是两串玉石的象形字,最初是并列的意思,可不是肉最多的人,你这样解释朋字,会没朋友的。何况人要吃胖,用得着两个月吗?半个月就够了!因为半字加月字就是胖字。

胄是肉体的延伸,子孙后代的意思!贵胄,就是贵族子孙。喜欢举一反三的你一定会问:"那甲胄呢?是不是第一等子孙呢?"你又错了。甲胄,甲是身上的铠甲,胄是头盔,胄的第二个象形含义,看字形,像

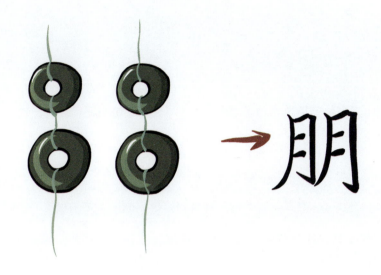

不像一个人戴着头盔,头盔上还插着根羽毛呢?战场上那些全副武装的将军,经常说的一句话就是:末将有甲胄在身,不便行大礼。他们只有在绝对安全的地方才会摘下头盔,后来慢慢演化成了"脱帽礼"!

我们由甲字开始,最后又回到了甲字,完美!

你试着翻译下面这几句古文中画线的字吧,当你能和我一样,追根溯源地学习汉字时,你会发现汉字真的很有趣。

王于兴师,修我甲兵,与子偕行。(出自《诗经·秦风·无衣》)

武安由此滋骄,治宅甲诸第,田园极膏腴——(出自司马迁《史记·魏其武安列传》)

谁能出不由户?(出自《论语·雍也》)

将军既帝室之胄。(出自陈寿《隆中对》)

胄落鱼门,兵填马窟。(出自庾信《哀江南赋》)

选出适当的词语填在句子中的 _____ 里（每个词只能用一次）。

十分　格外　稍微　比较

1. 既然上天 _____ 眷顾你，那你应该更努力。

2. 我的兴趣 _____ 广泛，我喜欢跳舞、唱歌、下围棋。

3. 善于奔跑的动物中，狮子的速度是 _____ 快的，但还是比不上猎豹。

4. 这次作文大赛我没有来得及好好准备，老师说挑一篇自己 _____ 满意的就行。

参考答案

1. 格外；2. 十分；3. 比较；4. 稍微。

07

牵着大象来耕地

牵着大象去劳动的是大有作为的好青年!

wéi

今天讲一个很有趣的汉字——为。

"为"的繁体字是"為",这个"為"字是由甲骨文象形字演化而来的。

"为"的甲骨文由两部分组成，左边是人的手，右边的最上面是鼻子，什么动物的鼻子最长呢？当然是大象，所以右边就是大象的象形。两部分组合起来就是一个人手牵着大象去劳动、去耕作的场面。人能牵着大象去种地？这个人真的是大有作为啊！

将向往自由的大象驯服成听命于主人的劳动力，这个操作也太拉风了吧！什么人能牵着大象耕地？确定不是人被大象牵着吗？这就要听一个古老的故事了。

在很久很久以前，那时候还没有国家这个概念，人们都生活在各自的部落里。很多部落在一起又组成了部落联盟，就像现在我们很多国家组成了联合国，只不过联盟首领比联合国秘书长的权力大多了。当时联盟首领的名字叫尧，说起尧，联盟里的人没有人不竖大拇指的，

尧为了联盟兢兢业业地付出，已经在这个岗位上干了七十年了。这一天尧也觉得自己岁数大了，应该给联盟找个新的首领了。于是把各个部落的首领都请出来，让大家各抒己见，说一说心目中有没有合适的人选。但是，有一个要求，就是这个新的联盟首领必须是贤能之人。贤，就是品德必须好；能，就是有能力办事情。于是大家就纷纷推荐自己认为的合适人选。

有一个人说："尧首领，您的儿子丹朱就很好啊，他非常聪明。"尧说："丹朱的确聪明，可惜都是小聪明，没有大智慧，不行。"另一个人说："尧首领，我推荐共工同志，这个同志组织能力很强。"尧点了点头说："共工的组织能力确实强，经常组织一帮人打群架，打得最严重的一次，把顶着天的不周山都震塌了，苍天也随之崩塌了，还得麻烦女娲娘娘来补天。你说惹下这种塌天大祸的人适合给咱们当领导吗？不妥，不妥。"

这时候，又有一个人说了："尧首领啊，我听说咱们联盟里有一位非常清高的隐士叫许由，我觉得他可以做我们的首领。"尧说："此人的确很清高。我观察他很久了，我也很满意他。前两天我在河边遇到了他，我对他说我想把天下让给他。他居然说：'原来，我在你心目中就是一个追求名利的人吗？'于是，他就一头扎进河水里，我赶紧奋不顾身地把他救了出来。不想当官，也没必要自杀嘛。可他说：'撒手，撒手，谁要自杀了，我就是想到河里洗洗耳朵，刚才您说让我当官的话把我的耳朵弄脏了。我要到河里洗干净我的耳朵。'这么有洁癖的人似乎也不太适合当天下之王。"

这个也不行,那个也不行,于是大家七嘴八舌,莫衷一是,难以达成共识。尧说:算了吧,今天就先议到这里,我想静一静。

于是他到田野里去安静地散步。走着走着,令人难以置信的一幕出现在他的面前。只见一位农夫模样的年轻小伙子正牵着一头大象在耕田。这只大象特别温顺,耕完一陇地又耕一陇地,神奇的是,旁边还有好多小鸟落在小伙子的田里,替他除草。尧很惊讶,他想,能让大象耕地的人一定是非常有作为的人,于是"为"字就这样出现了。

想到这里,尧一个箭步冲到小伙子跟前问:"小伙子,你是用什么方法驯服这些飞禽走兽为你服务的?"小伙子说:"其实我也没用什么特殊的方法,只是我一来到这块田里,它们就都围在我身边帮助我。"尧想:"天啊,这是因为他感天动地,万物才受他的驱使。"后来,尧就一直站在旁边,欣赏小伙子牵着大象耕种,一直看到日上三竿。

小伙子饿了,拿出饭来打算吃,发现旁边的老爷爷一直盯着自己,就没好意思自己吃,双手把饭捧给了尧,让尧先吃。尧点了点头,心想:"这个年轻人真不错,不仅有能力,还很懂礼貌。"于是他接过来看了看眼前的饭碗。一个小陶碗里盛着一条鱼,这个陶碗很精致,于是尧就问:"这个陶碗是怎么来的?"小伙子说:"我自己烧的。""这条鱼怎么来的?""我自己捞的。"

哎呀,这个小伙子还是一个生活小能手,尧对这个小伙子越看越喜欢,后来一想,且慢,也许这个人特意在别人面前表现得这么完美,要想全面了解一个人,最好的办法就是跟他生活在一起。但是这个任务尧很难亲自完成,于是尧就问:"小伙子,你成家了吗?"小伙子羞涩地说:"我还是一个快乐的单身汉呢。"

"啊,太好了,我把我的两个女儿都嫁给你,好不好?"小伙子一听险些被鱼刺卡住:"好的,好的。""对了,小伙子,你叫什么名字啊?"小伙子羞涩地说:"岳父大人,我叫舜。"

不久以后，尧就把自己两个仙女一样的女儿娥皇和女英同时嫁给了舜。真是不嫁不知道，这家真奇妙呢。舜的家里有多奇妙呢？舜的母亲生下舜不久就去世了，父亲是一位盲人，人品不怎么样，很快给舜娶了一个后母，这个后母人品也不怎么样，生了个弟弟，人品还是不怎么样。这三位人品不怎么样的人共同虐待舜一个人。

一天，舜的父亲对他说："舜啊，雨季马上要来了，你到粮仓顶上看看，有没有要补的，别等下起雨来，把粮食浇得发霉了。"

生活小能手舜立刻踩上梯子，登上仓顶。正仔细检查呢，突然发现谷仓着了火，舜一边大呼救命，一边往梯子那里跑，却看到全家跑了过来，把梯子撤走了！舜明白了，这是要联手害我啊！于是他摘下头上的两个斗笠，把两个斗笠当降落伞，从仓库顶上跳了下来，平安着陆。同学们注意，此处系危险动作，切勿效仿。什么时候你能牵着大象耕地了，你再学这个功夫。

平稳落地的舜不仅不责怪他的家人，还和他的家人一起扑灭了大火。

家里人一琢磨，看来上天烧不死他，那就让他入地吧。

没过几天，他父亲又对他说："舜啊，你在院子里挖口井吧。"

舜拿了把铁锹就开始挖井，越挖越深，正挖得起劲，突然感觉头顶上的泥土铺天盖地地落下来。他抬头一看，发现全家人都在往井底填土，这是要活埋了他啊！于是舜吓得不停地挖，从侧面快速地挖了一条小隧道，又成功地爬出地面，化险为夷。

面对家人一次又一次的联手谋杀，舜非但没有生气，还能和他们和谐相处。

两位卧底女儿把这些事一五一十地告诉了自己的老父亲尧,尧听了以后感叹道:"哎呀,能和这么奇葩的家人和谐相处,这需要多强的能力和多宽广的胸怀啊!看来,老夫没有看走眼。"于是,尧就把自己盟主的位置禅让给了舜。

> 禅让(shàn ràng),"禅"意为"在祖宗面前大力推荐","让"指"让出帝位"。
>
> 禅让指古代帝王让位给不同姓的人。不是爹死了,儿子来继承王位,而是和平、民主地推选,体现了"以人为本,任人为贤"的思想。

叴昆老师带你练

把下面的俗语、谚语或成语补充完整。

1. 宁为玉碎，_____。

2. 人为财死，_____。

3. 耳听为虚，_____。

4. 三十六计，_____。

5. 巧妇难为_____。

6. 指_____为马。

7. 人为_____，我为鱼肉。

8. 翻手为_____，覆手为_____。

参考答案

1. 不为瓦全；2. 鸟为食亡；3. 眼见为实；4. 走为上；5. 无米之炊；6. 鹿；7. 刀俎；8. 云，雨。

08

腿上没毛,工作辛劳

"胫无毛"用来形容人终日奔波,生活很辛苦。

jìng

胫

　　这里我们要学习的汉字是胫,如果把这个字一分为二,月字旁都和肉有关系,如我们的肝、肺、脾……都有月字旁,所以胫这个字也可能和我们的身体有关系。右半部分的原型还有一个草字头,加上草字头就很眼熟:茎。什么是茎呢?就是杆,植物的支柱部分。我们人体的支柱部分叫腿,腿又分为大腿和小腿。

如果仔细摸一摸，你会发现小腿部分有一根硬硬的骨头，小时候我们的小腿经常挨磕，磕一下的话，会感觉生疼。那这根骨头就叫胫骨，我们用胫指代小腿，即膝盖到脚腕的部分。

有个成语叫不胫而走。走在古文中是跑的意思，不胫而走就是没长小腿却自己跑了。没有腿怎么能跑呢？有一种东西没长腿真的会自己跑，而且跑得比什么都快，这种东西是什么呢？是消息，尤其是八卦消息，传得比什么都快。所以，这个成语专门用来形容消息无声地迅速散播。和不胫而走很像的一个成语叫不翼而飞，翼是翅膀，没长翅膀自己飞了的是什么呢？是物品。不胫而走的是消息，不翼而飞的是物品，这就是这两个成语的区别。

说到胫这个字，在庄子的作品里出现了三个字特别有趣：胫无毛。

要想知道这三个字是什么意思，我们还要从一个神话故事说起……

前面我们讲过尧多次对舜进行考察，认为舜非常合适做领袖，最后把天下禅让给了舜。那时候天下不太平，黄河经常决口，一决口就洪水滔天。黄河是我们的母亲河，这位母亲那时脾气不太好。

舜这么好的领袖，怎么忍心让自己的老百姓生活在水深火热之中呢？于是他想派个人去治水，大家都推荐鲧（gǔn）。鲧治水的理念是"兵来将挡，水来土掩"，往水里填土，填着填着，土不够了。他就有点挠头了，土不够了怎么办呢？我把自己扔进去也没用啊！

有人就告诉他，天帝那里有一种神奇的土壤叫息壤，生生不息，见水就长，如果把息壤偷来，扔到水里就解决问题了。鲧一听，觉得是一个好办法，于是悄悄地去天帝那里偷来了一小块息壤。

  别说,这息壤还真灵,水涨一尺,息壤也长了一尺,水涨了一丈,息壤跟着也长了一丈。可是,水被捧得高高在上,变成悬河了。原来水只有一米高,流下来冲击力不是很大,但现在被捧到几十米高,流下来冲击力就太大了。所以,鲧的治水方法无异于饮鸩止渴。

登冕老师说成语

  饮鸩止渴:鸩,本指羽毛有剧毒的一种鸟,这里是指用鸩鸟羽毛浸制而成的毒酒。用喝毒酒来解渴,这不是自寻死路吗?饮鸩止渴比喻用错误的方法解决眼前的困难,但带来的是更可怕的后果。

鲧治水带来的恐怖后果就是把水变成了堰塞湖，整个水面被抬高了。舜大怒，处死了鲧，派鲧的儿子禹去治水。禹身先士卒，作为领导，亲临一线，使用疏导的方法，和大家一起加油干。庄子在他的名篇《庄子·天下》篇里写到：腓（féi）无胈（bá），胫无毛。就是说禹亲自拿起工具治水，冲在第一线，他的小腿在水中站得太久了，都长不出腿毛了。

"胫无毛"用来形容人终日奔波，生活很辛苦。大禹治水时每月泡于水中，以至于腿上的毛都不生长了。

就这样，一干就是十三年，大禹终于把水患治理好了，黄河听话了。

你知道大禹治水用的工具是什么吗?

它叫耒耜（lěi sì），是那个时候人们用来翻土耕种用的农具。

当时没有铁器，使用石头也不方便，于是人们把木棍一头削尖，靠近尖头部分绑上短横木，这就是耒耜，耒是柄，耜是柄以下的部分。使用耒耜的时候，脚踩横木，尖头就能入土，方便省力。耒耜能挖土，所以大禹就拿着它进行挖沟排土，治理洪水。耒耜一直用到秦汉，直到汉代出现直辕犁后，耒耜才逐渐消失。不过，直到今天，农村用的铁锹、锨还保留了耒耜的基本形状。

 老师带你练

请用下面的字组词。

经 _____ 劲 _____ 颈 _____

径 _____ 迳 _____ 泾 _____

胫 _____ 痉 _____ 刭 _____

参考答案

经过 劲敌 颈项
径直 迳至 泾渭
胫骨 痉挛 自刭

09

谁敢"干"我的位置

干,象形字,本是用于进攻的武器,后来引申为防御盾牌的意思。

gān

干

当年大禹治水有功，于是舜就把联盟首领之位禅让给了大禹。大禹忙于治水，三过家门而不入，舍小家为大家，确实感人。

有一次，他又从家门前经过，他的儿子启一把拉住了爸爸的衣角，哭着说："爸爸去哪？爸爸回家。"大禹听到儿子的呼唤，眼眶一红，

险些流下眼泪，他缓缓转过身来，摸了摸儿子的头说："启儿啊，爸爸今天得加班，治水的任务还没完成呐，等爸爸完成了这项任务以后，一定好好陪你。"启瞪着大眼睛看着爸爸说："爸爸，您打算怎么补偿我呢？""你要什么爸爸就给你什么啊。""那我想要这个天下，您也能帮我实现吗？"大禹笑了笑说："好啊，乖儿子，祝你梦想成真。"

　　但是大禹万万没想到自己的这个儿子一点儿都不乖。大禹的晚年，大禹也打算效仿之前的领袖，将王位禅让给当年跟他一起治水的益。但他的儿子启却不干了，他说："爸爸，说好的补偿呢，像您这样的领袖，应该是言必信，行必果，您还记得当初对我的祝福吗？您这样把天下给了益，我怎么能梦想成真呢？您怎么能夺走本该属于我的幸福呢？"

大禹一往情深地看着自己的儿子，唱起歌来："幸福在哪里？启儿我告诉你，它不在月光下，也不在睡梦里。"

"爸爸，您直接说，幸福究竟在哪里？"

"它在辛勤的工作里，它在艰苦的劳动里。幸福，都是奋斗出来的，你自己的梦想要靠自己的努力才能实现，怎么能靠爸爸呢？"

启听到此处恍然大悟，用力地点了点头。后来，启一方面开始不断提升自己的个人修养，以德服人；同时又加强了自己的军事实力，以力服人。总之，他让很多人都臣服于他了。另一方面，启还处处打压益。在这方面，启真的是做到了两手抓，两手都很辣。要问有多辣，在《竹书记年》里记载："益干启位，启杀之。"

益,就是大禹禅让王位的对象,益"干"了启的位,什么叫"干"呢?

上页图中,有一个树枝形状的甲骨文象形字,上面部分是树枝,下面十字是我们的手指,是人的手指的一个象形。整个字组合起来就是手握着树枝。在原始社会时期,手握着树枝,不是冲向野兽跟野兽搏斗,就是冲向别的部落跟人搏斗。总之,手握着树枝就是攻击对方。这个象形字就是现在干字的原意:攻击、冒犯、冲击,所以今天才会有:你干扰我了、干涉我了、请不要干预我等意思。

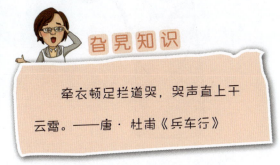

牵衣顿足拦道哭,哭声直上干云霄。——唐·杜甫《兵车行》

既然干有了冲击力、冒犯这第一层意思,那如果是冲向敌人,就是要攻打他。如果是往上冲,就是冲向蓝天、冲向云霄,那就是干蓝天、干云霄。所以,杜甫在《兵车行》里面有一句诗:哭声直上干云霄。

杜甫的《兵车行》描绘的是家人要送自己的孩子去战场的痛苦场面。在那个年代,送孩子上战场,就意味着让孩子去送死。所以描写的是生离死别的场面,亲人撕心裂肺地大哭,哭声汇聚起来直冲上云霄了。干就是冲的意思。

如果你说:"老师,我不想直冲云霄,我也不想直冲敌人,我想冲钱。"确实也有,叫"干禄"。干禄就有求福、求禄位、求仕进(做官)之意。

后来人们把盾牌的象形字也演化成了干,所以干就由攻击性武器变为了防御式武器——盾牌。

不论是攻击还是防御,总之谁也不是启的对手。于是,启子承父业。做了联盟首领,称霸天下。

启的名字起得好,开启了一个全新的王朝——夏朝,所以人们又称他为夏启。

育儿知识

化干戈为玉帛:干是防御性武器,戈是进攻性武器,玉帛是玉和丝绸,二者皆为进贡的上品,这个词的意思就是使战争转变为和平。

夏朝(约公元前 2070—公元前 1600 年)是中国史书中记载的第一个世袭制朝代,启不再学他的爸爸禅让给别人王位了,他直接将王位传给了自己的儿子,儿子又传给了孙子,子子孙孙无穷匮也。夏朝的建立,对我们的意义太深远了,我们从此又多了一个名字——华夏子孙。

 召见老师带你练

写出下面词语中"干"字的意思。

1. 干戈 _____

2. 干犯 _____

3. 干涉 _____

4. 干禄 _____

参考答案

1. 兵器;2. 冒犯;3. 过问;4. 求禄。

10

我有酒也有故事

酉的甲骨文像是在大缸里面画了一横杠,横杠就表示缸中液体的液面高度,酉最初的意思是插在酒坛里过滤酒精的酒篓子,后来演变成了盛酒的器皿。

yǒu

酉

夏启开创了夏王朝，同时也开始了家天下的历史。不再禅让，他之后的子子孙孙世袭着君位，其中不乏无能的"太康"和能干的"少康"，这些"康康"们将夏王朝延续了四百多年，直到迎来了夏王朝的最后一个君主——夏桀。

一般末世君主都是软弱无能的昏庸之辈，但桀可以称得上是一个有为的好青年。首先，夏桀身体好，相传可以手搏豺狼，足追驷（sì）马。

驷马：古代一车驾四马，驷马指四匹马所驾之车，形容速度快。

在元代李寿卿《伍员吹箫》中有：大丈夫一言既出，驷马难追，岂有反悔之理！意思就是一句话说出了口，就是套上四匹马拉的车也难追上。形容话已说出，就无法追回，所以说话要算数。

夏桀还是领导军队的帅才。他领导下的夏王朝军队可谓战无不胜。有一次，他率领军队去讨伐一个叫有施氏的部落。有施氏部落首领一看夏桀来了，怎么办？狼都打不过他，我哪里是对手！一位大臣进言说："听说夏桀好女色，要不送一个美女求和吧！有个最佳人选，您可别舍不得，就是大王您的妹妹，如花似玉的妺（mò）喜啊！"

古代生在帝王之家不是什么好事，有多少王子为争夺王位，成为政治的殉葬品？有多少公主为了一国安宁，被作为礼物远嫁他国，成为政治联姻的牺牲品？妺喜也未能逃脱这种命运，她被作为求和的筹码送给了夏桀。夏桀果然名不虚传，一见美女眼睛都直了。此女只应天上有，人间哪得几回见！心花怒放的夏桀，急忙下令，赶快收拾东西回家。如获至宝的夏桀回宫之后唯一想做的就是逗美女开心。

"妺喜，不要不开心，你说你想要啥？"

妺喜冷冷地说："我想住最大的房子。"

这有何难!

夏桀为她建造了一座宫殿,高得望不见顶,从地面往上看好像要倾倒的样子,所以取名叫"倾宫"。

建了倾宫,妹喜还是不开心。

"妹喜,妹喜,不要不开心,你说你还想要啥?"

妹喜冷冷地说:"我想要一边喝酒一边划船。"

原来是想要酒驾啊,这有何难!

于是就引出了汉字:酒。

酒,左右结构,左边三点水,右边是酉(yǒu)字。三点水好理解,那这个酉字是什么意思呢?

酉的甲骨文像是在大缸里画了一横杠，横杠就表示缸中液体的液面高度，这液体就是酒，但容器是尖底，尖底当然不能放在平面上，所以最初的意思是可以插在酒坛里过滤酒糟的酒篓子，尖底便于插进去。后来酉字变成了平底，就能放在桌上了，从而演变成了盛酒的器皿。

酒从质量上分为两种：一种是发酵充分、过滤干净、水分含量比较少的醇，这种酒越放越醇厚，是陈年佳酿，酿也是酉字部；还有酝字，酝酿是造酒过程中的一道工序。比如这件事要好好酝酿一下，其意思是要像造酒一样精心准备一下；另一种叫浊酒，顾名思义，其杂质比较多，不能存放太久，半年之后会发酸，生成一种全新的液体叫醋，醋也是酉字旁，右边是昔日的昔，昔日我是酒，现在我是醋（注意这

个酒变酸的醋和我们日常调味品醋还是有区别的）。

那夏桀当然要享用最醇的酒了，而且为了实现妹喜"酒驾"的梦想，他修了一个大池子，大到可以行船，然后在池子里注满美酒，供他和妹喜边划船边喝酒。

醉——喝太多酒就该"卒"了。

叮咚老师带你练

学习下面带"酉"字旁的字的释义,然后组词。

酿 [niàng]
1. 酿造。 →
2. 蜜蜂做蜜。 →
3. 渐渐形成。 →
4. 酒。 →

醉 [zuì]
1. 饮酒过量,神志不清。 →
2. 沉迷;过分爱好。 →
3. 用酒泡制(食品)。 →

醒 [xǐng]
1. 睡眠状态结束或还没入睡。 →
2. 酒醉、麻醉或昏迷后神志恢复常态。 →
3. 觉悟。 →
4. 使看得清楚。 →

醇 [chún]
1. 酒味浓纯。 →
2. 纯粹;纯正。 →
3. 有机化合物的一类。 →

酸 [suān]
1. 像醋的气味或味道。 →
2. 悲痛;伤心。 →
3. 迂腐(多用于讥讽文人)。 →
4. 因疲劳或疾病引起的微痛而无力的感觉。 →

- 酌 [zhuó]
  - 1. 倒酒；喝酒。
  - 2. 考虑；商量。

- 配 [pèi]
  - 1. 两性结合。
  - 2. 用适当的比例加以调和。
  - 3. 有计划地分派。
  - 4. 把缺少的补足。
  - 5. 衬托；陪衬。
  - 6. 够格；相称。
  - 7. 古指流刑；充军。

- 醋 [cù]
  - 1. 含有醋酸的调味品。
  - 2. 嫉妒（多指在男女关系上）。

- 酣 [hān]
  - 1. 饮酒尽兴。
  - 2. 泛指尽兴、畅快。

- 酷 [kù]
  - 1. 残酷。
  - 2. 程度深的；极。

- 酪 [lào]
  - 1. 用牛羊等动物的乳汁做成的半凝固或凝固的乳制品。
  - 2. 用果实做成的糊状食品。

- 醺 [xūn]
  - 酒醉。

- 酝 [yùn]
  - 指造酒时的发酵过程。比喻事前讨论、磋商，交换意见，统一思想。

参考答案

捐：1. 捐躯；2. 捐赠；3. 捐税。
酬：1. 报酬；2. 应酬；3. 酬谢；4. 壮志未酬。
配：配戏。
醒：浓雾。
据：1. 凭据；2. 山海据。
辇：1. 辇车；2. 辇毂。
眠：1. 眠状；2. 酣眠。
饿：1. 米糕；2. 吃糕。
陪：1. 陪赔；2. 陪护；3. 分陪；4. 陪伴；5. 陪局；6. 巫陪；7. 名陪。
扮：1. 妇扮；2. 假扮。
幸：1. 幸福；2. 幸幸；3. 荣幸；4. 庆幸。
摆：1. 摆脱；2. 摆正；3. 乙摆。
醒：1. 醒半；2. 沉醒；3. 醒悟；4. 醒目。
接：1. 接头；2. 沙接；3. 接篓。
搁：1. 搁浅；2. 耽搁；3. 配搁；4. 洋搁。

11

老夫姜子牙，史上最大龄的"后浪"

女字旁的姓氏都是母系社会遗留下来的古老姓氏。

jī

姬

姬，女子的意思，姬字的右半边象征古代女子用的梳子，女子在梳头打扮，很漂亮，所以姬在古代是对漂亮女子的美称，比如歌姬、舞姬。

齐国文化一直影响了中华文明两千多年，来自那里的故事和智慧成为对后世中国影响最为深远的文化群体。而这要从西周的建立说起，从齐国的创始人姜尚说起。

母系社会的姓氏——姬

姬是中国最古老的姓氏之一，女字旁是母系社会遗留下来的印迹，在母系社会，女子地位很高，孩子只识其母而不知其父，所以今天女字旁的姓氏都是母系社会遗留下来的古老姓氏。这样的姓氏还有：姚、姜、嬴。

纣，是夏桀二号，奢侈无度，昏庸无为，历史上的昏君桀纣二人并称。

与此同时，在商朝的西边有一个小部落慢慢崛起，这个部落叫作周，部落的首领叫姬昌。

姬昌对纣王的所作所为实在看不下去了，就去找纣王提意见。纣王很生气，觉得后果很严重，便派人抓了姬昌，关到了监狱。狱卒发现姬昌每天在监狱的墙上画杠，就问："老爷子，您这是在计算日期吧？关几天了？"

姬昌说："非也，非也，我是闲着没事八卦一下，你来看，这是当年伏羲画的八卦，每卦才三道杠，不够，我怎么也得五道杠，算了，听说五道杠已经有人选了，那我再加一道，六道杠，老夫将八卦推演成了六十四卦，出本书，起名为《周易》。"

画这些有啥用？每一卦都能预测未来啊！这话就传到了纣王的耳朵里，纣王不信，就这些小杠能预测未来？

除非这些杠成精了,那顶多也就是个杠精,能有啥特别的?去把姬昌的大儿子伯邑考杀了,用他的肉给姬昌做成包子吃,看他能不能预测出来。

姬昌已然预测出了这一切。卦象上告诉他必遭此劫难。但是只要挺过这次去,必成大业。于是,他心中淌着血,脸上挂着笑,一口气吃了好几个,剩下的还要打包。纣王听完汇报后,哈哈大笑。姬昌就是个大骗子。这种人留他何用?传话给周部落,让他们拿钱赎人吧!

于是姬昌安全地回到了西岐。

回到西岐后,姬昌天天想着报仇。可是苦于没有人才帮助他。

这一天,他又拿起来他的卦签,开始演卦。

卦象上说:今日宜出门打猎,不过你猎到的猎物,既不是熊,也不是虎,而是一个可以帮你成就霸业的人。于是姬昌欣然出门了。走到渭水岸边,他看到一个白胡子老头在钓鱼。奇怪的是,鱼线上没有鱼钩。

于是姬昌好奇地问,"先生,您这样能钓起鱼来吗?"

钓鱼的老头说,"谁告诉你我在钓鱼?我是在养生!"

"甩出鱼竿,放出长线,锻炼我的臂力;盯着看水中游鱼,锻炼我的眼力;在岸边打坐静止不动,锻炼我的耐力与定力。"

"原来如此!那以后我也跟着先生学养生吧。""你需要养的不是一个人的生,而是天下苍生!"

姬昌大惊,试探着说:"养天下苍生的事,我能干什么?"

白胡子老头解释道:"商朝为什么叫商朝,因为人们都喜欢做生意,所以简称为商人,他们喜欢四处游走打猎玩耍,很少有人种地,地都荒芜了,如何养活苍生?养不活老百姓,国家政权又怎么能稳定呢?"

姬昌又问,"那如何才能让老百姓安心种地呢?"白胡子老头拿起渔竿在地上写了一个字:井。你来看,只需要将土地一分为九,中间这块叫公田,周边都是老百姓的私田,只需上交公田里的粮食,私田里的都是老百姓的,这样就调动了老百姓耕田的积极性,老百姓富

了，国家不就富了？

姬昌激动地继续追问，"那富裕后买什么好？"

"买军火，加强国家的军事装备。"

"先生，您是让我装备好军队攻打纣王吗？"

"错，冷静，你养军队只为炫富，让全天下都要知道，你是最拥戴纣王、最热爱和平的人。"

"先生您就是我要找的人！"姬昌迫不及待地问，"请问您贵姓？"

白胡子老先生，摸着胡须慢条斯理地说："这个问题比较难回答，我的部落叫吕，我叫吕尚。可是我母亲姓姜，因此也可称我为姜尚。我的字叫子牙，所以还可以叫我姜子牙。"

"先生，我再送您一个名字吧，在我爷爷老的时候，曾经跟我说会有一位高人帮我打天下，先生一定就是我的爷爷——太公老人家盼望来帮我的那位高人，所以我就叫您太公望吧。"

> 有人认为,"井"字是商周奴隶社会时"井田制"的产物。奴隶主为了便于管理,将一里①见方的土地,划为九个区,形状像"井"字。每区约一百亩②地,八家各占一区,负责耕种收获。当中那一块为公田,劳务由八家共同负担。而在公田中央,挖掘水井供八家灌溉农田,人畜饮用。

姜子牙说:"得!这么多名字,老夫记不住啊,老了,老了。"

"此言差矣!"

"您是老当益壮,奔腾的后浪啊,再说先生姓姜,姜还是老的辣。"

"老先生可愿与我一起共谋大业,消灭昏君纣王,铲除千年狐狸精妲己?"

"且慢,多少年狐狸精?"

"千年。"

"那我怕啥,我才八十岁,在她面前,我是绝对的后浪啊!"于是二人携手揽腕共创周王朝八百年基业!

正所谓:姜尚钓鱼翁,不爱鲈鱼美,邂逅贤德君,共饮渭河水。

---

① 1 里 = 500 米。
② 1 亩 ≈ 666.67 平方米。

智见老师带你练

把下面的俗语或谚语补充完整。

1. 姜太公钓鱼，_____。

2. 长江后浪推前浪，_____。

3. _____，人有旦夕祸福。

4. 宝剑锋从磨砺出，_____。

5. 韩信点兵，_____。

6. 周瑜打黄盖，_____。

参考答案

1. 愿者上钩。
2. 世上新人赶旧人。
3. 天有不测风云。
4. 梅花香自苦寒来。
5. 多多益善。
6. 一个愿打，一个愿挨。

12

黄泉相见于隧道

因左耳旁是汉字"阜"的变形,而"阜"的象形是像山崖边的石磴,因此很多左耳旁的字都与地势或升降有关。

suì
隧

周幽王为博褒姒一笑,烽火戏诸侯后,有些诸侯还是赶来救驾了,赶跑了敌人犬戎,但犬戎族已经把城里洗劫一空了,而且还三天两头地来骚扰一下。周王朝扛不住了,惹不起,躲得起,那就迁都吧,于是西周就将都城从原来的镐京,也就是今天的西安迁到了东边的洛阳,历史上的西周就结束了,东周正式开始。

幽王的儿子周平王继位,成为东周第一任天子。东周又分为春秋和战国两个时期,孔子曾经编纂过一本史书,记录了春秋时期各国的历史,叫作《春秋》,它的开篇就是一个特别有名的故事,一个二胎妈妈与两个儿子的故事。

妈妈叫武姜,姜是一个古老的姓氏,是母系社会的大姓,武姜是当时郑武公的夫人,那可是王后啊!王后为国君生下长子,这当妈的本应非常开心。但令我们意外的是,王后非但不开心,而且对这个儿子是嫌弃无比:赶快把这个小杂种给本宫扔掉,扔到不可回收垃圾桶里。

这可是亲娘啊！为啥呢？是因为儿子长得丑，拿不出去手吗？真不是，而是因为生这个儿子的时候难产。难产怕啥？又不是难看。错！在古代难产可是一件很不吉利的事情，传说这些孩子长大后对父母不利，会克死父母。

虽然孩子最后留了下来，但武姜对这个儿子的嫌弃一天也没有停止过，还给他起名叫寤（wù）生。寤在古文中就是逆着、倒着的意思，通俗讲就是难产。姬难产从小幼稚的心灵就受到一万点暴击。

几年后，武姜顺产一个男孩，很开心，取名共叔段。武姜对段百般疼爱，寤生躲在角落里看着妈妈宠爱弟弟，在阴影下度过了童年。

不久，寤生的国君爸爸去世了，即使妈妈很不喜欢这个大儿子，也无法改变长子继承王位的传统，于是我们的姬难产就登基做了国君，

史称郑庄公。

自打他做了国君以后,妈妈倒是天天来找郑庄公,不是因为喜欢他,而是来为弟弟谋福利。

"寤生啊,你弟弟最近又没钱花了……"

"母后,这是我攒的一些私房钱,拿去让弟弟买买买吧。"

"难产啊,你弟弟长大了,应该找份工作了……"

"母后您看,这是咱郑国最富有的城市,我会封给弟弟的,先让他在基层锻炼下,实现一些人生的小目标。"

就这样武姜没完没了地为弟弟请求赏赐。

大臣们实在看不下去了,纷纷上书反对,"大王,您可曾听说过

富可敌国这个词，您弟弟现在比您这个国君还富有，很危险啊！"

"无妨无妨，寡人的弟弟怎么会伤害寡人呢？"

过两天，又有大臣上书，"大王，您弟弟正在他的封地里修城墙呢，他的城墙比您京城的城墙还要高，他这是要干什么？我们不得不妨啊！"

"无妨无妨，寡人的弟弟怎么会伤害寡人呢？"

如果他真的在他的封地里做坏事，那上天也会惩罚，正所谓多行不义必自毙。

又过两天，大臣又来报告，"大王，您弟弟没自毙啊，现在正带着军队向京城赶来，而且太后还悄悄地为他打开了城门，怕是二人要

联手造反吧!"

"无妨无妨,寡人就盼着这一天到来呢!来人,出兵迎战!"

"原来大王早有安排啊。"

"没错,当初你们上报的那些都是他们娘俩犯的小错,我要因为小错惩罚他们,也太没气度了,所以寡人就在等,等待他们母子铸成大错,我再出手一举歼灭。"于是寤生派出了早已训练好的军队,将弟弟的军队打了个落花流水。段为了保命逃到了别的国家。他念母子亲情,将母亲软禁了起来,且放下一句狠话:以后咱娘俩黄泉路上再相见吧!

除掉了心腹之患,郑庄公终于可以扬眉吐气地做大王了。于是大摆宴席。宴席间,有一个叫颖考叔的大臣向庄公进言说,"天下各国以孝治天下,但您将您的亲生母亲软禁起来,传出去可对您的名誉有

损啊,天下百姓怎能臣服于不孝之子?"

郑庄公听过以后若有所思地点点头说:"可是我已经说过黄泉路上再相见,君无戏言啊!"

"大王,黄泉路?敢问路在何方?路就在脚下!这黄泉不就在咱们脚下吗?您在地下为太后挖一个地宫,这不就母子见面了吗?"

于是郑庄公就命人在地下挖了一条长长的隧道,本文的主题汉字就是"隧"。隧,左耳旁,这个左耳旁

隧,原字形就是在两座山丘中间挖出一条道来,这个就叫隧道,坐火车时经常要钻过隧道。

实质上是"阜"的变形。"阜"的象形像山崖边的石磴(dèng)。因

此很多左耳旁的字都与地势或升降有关。例如：阶、坠、堕。

最后，母子在隧道里相见，二人抱头痛哭，各自表示要痛改前非，正所谓"大隧之中，其乐也融融；大隧之外，其乐也泄泄（yì yì）"，场面是不是很感人啊？

我却觉着这个场面很讽刺。

放着地上的好日子不过，直到混到地下室了，才后悔莫及。悲剧啊！这出悲剧是谁导致的呢？

当娘的面对两个亲生儿子不能公平对待，害得骨肉相残，有不可推卸的责任。弟弟仗着娘偏爱他，就有恃无恐、胡作非为，落了一个亡命天涯的下场，他自己也有责任。

哥哥看似是个可怜人，其实最可恨。还记得郑庄公那句名言吗？"多行不义必自毙"。他并没有在弟弟一开始犯错误的时候帮他纠正，而是在等，等弟弟一步一步滑向罪恶的深渊，然后铲除他。

记住，毁掉一个人最简单的办法就是放纵他的缺点。

所以，你是不是应该感谢那些生命中总是指出你的错误，并且帮助你改正错误的人呢？

不要让悲剧再上演了。

智慧老师带你练

为下面的句子填上合适的词语,词语中要有一个字带"左耳旁"。

队 陡 降 防 隐 坠 阶

这是一群飞去南方的大雁,它们排成了_____,飞过青山。翠绿的青山那边有一片梯田,大片的梯田在云雾笼罩下,就像从人间登上天堂的_____似的,非常壮观美丽。天色已晚,在梯田的下面,有一个小小的_____,雁群在这里休息。突然,没有任何_____,一只老鹰像一支从天上_____下来的箭一样向一只小雁直冲过来。万幸的是,雁妈妈反应迅速,把小雁护在了翅膀下面,它的翅膀受伤了。老鹰已经飞走了,雁妈妈的伤口还在_____作痛。

参考答案(仅供参考,不唯一)

一队,阶梯,村落,防备,坠落,隐隐。

13

姹紫嫣红春日景

在《说文解字》里,"姹"是少女的意思,后引申为娇艳、美丽之义。

姹紫嫣红

有个专门形容春天的成语叫"姹紫嫣红"。

第一个字"姹",分开以后是"宅女"。没错,古代少女在出嫁之前,就在家天天"宅着",不许抛头露面,所以这个"姹"字,在《说文解字》里解释为"少女",少女当然美得像花儿一样了,故引申为娇艳、

美丽之义。

说到"宅女","姹紫嫣红"这个成语还真的诞生于一个宅女口中,她就是和莎士比亚比肩的明代大戏剧家汤显祖笔下的著名"宅女"杜丽娘。

杜丽娘是《牡丹亭》里的女主人公,这一天杜丽娘游赏自家花园,春光里的花园特别美,这是"宅女"唯一可以休闲活动的场所,她不禁感叹自己花儿一样的青春年华竟要在深闺中度过。

"原来姹紫嫣红开遍,似这般都付与断井颓垣。良辰美景奈何天,赏心乐事谁家院!"

这一段唱词,被经常用来感叹身世,用盛放的鲜花自比,感慨自己就算聪明美丽,也如这废园中的鲜花一样无人欣赏,这与邹忌每天揽镜自赏"魔镜,魔镜告诉我,我与城北徐公孰美"不同,她不是自恋,

而是孤独。

"嫣"这个字我们就很熟悉了,很多女孩子名字里都有这个字,但不许读成"niān",否则你会被揍一顿。"嫣"本义指女子的笑容美好,后又引申用以形容花色浓艳,嫣红即深红。不过据说"嫣"在古代可不是随便一个女孩子就配得上这个字的,必须同时拥有魔鬼的身材和天使的脸庞,才敢"嫣然一笑"。

不论我们高矮胖瘦,俊俏美丑,大自然给予我们每个人的都是一样的,"惟江上之清风,与山间之明月,耳得之而为声,目遇之而成色,取之无禁,用之不竭。是造物者之无尽藏也,而吾与子之所共适"。推开门,走出去,"姹紫嫣红"的春天就归你了。

奇思老师带你练

1. 为下面两个易错字注音，并组词。

   嫣 _____ _____

   蔫 _____ _____

2. 分别写出与"姹紫嫣红"意思相近、相反的成语。

   近义词： _____

   反义词： _____

3. 用"姹紫嫣红"造句。

   _____

   _____

   _____

   _____

参考答案

1. 嫣（yān），嫣然一笑；蔫（niān），蔫头耷脑。
2. 近义词：百花齐放，万紫千红。
   反义词：枯枝败叶。
3. 造句：姹紫嫣红的春天来到了，你看那盛开的桃花，红得像火；你看那迎春花开得也很多，黄色的花儿中点缀着绿色的叶子，就像给大地铺上了五颜六色的地毯。春天的景色真是美不胜收。

14

鹰击长空，鱼翔浅底

翱和翔都指鸟飞。翱是指鸟翅膀上下振动在空中回旋地飞；翔是指鸟翅膀平直不动盘旋地飞。

  "翱翔"这两个字都是形声字,左边是它们的声旁,右边是形旁,"羽"为鸟羽之象,所以翱翔的本义与鸟羽有关。

  "翱"和"翔"都指鸟飞,而字义却略有不同。"翱"是指鸟翅膀上下振动在空中回旋地飞;"翔"是指鸟翅膀平直不动盘旋地飞。

"翱翔"一词不是随便一只鸟都有资格用的。庄周的《逍遥游》中，大鹏鸟翱翔于九天之上，大鹏鸟可以用翱翔。斥鴳（chì yàn）也"翱翔"于蓬蒿之间，斥鴳是池沼中的小雀，蓬蒿是一种草本植物，高二三尺，斥鴳在蓬草间乱蹦，飞来飞去，庄子这句话里用了反讽的手法。

　　在毛泽东的《沁园春·长沙》里有一句叫"鱼翔浅底"。

　　鱼怎么会翱翔呢？因为整个天空都倒映在水中，鱼在水里悠闲地游动，就像是在天空中翱翔，这个"翔"字用得多么巧妙！那一瞬间我相信了"鲲"和"鹏"本来就是一体的。

　　与"羽"相关的基本都和飞鸟有关，有个特例是"翡翠"，翡翠如果飞起来的话，那结果就是碎掉。而在《说文解字》里，"翡"最

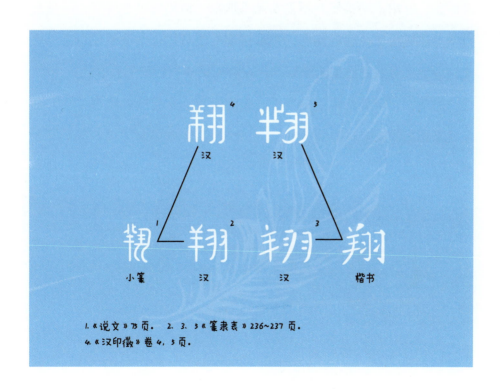

1.《说文》73页。　2. 3. 5《篆隶表》236~237页。
4.《汉印徵》卷4，5页。

初是指一种火红色或者是赤红色的雄鸟,"翠"是指一种碧绿色或青绿色的雌鸟,也叫翠鸟。古人对大自然的体验是多么的细致!《诗经》里记载了一百多种植物的名字,而现在我们一般人只会统称为花草,《逍遥游》里有那么多种小鸟的名字,在我们凡夫俗子口中统一都叫鸟了。

翠鸟羽色翠绿,为古代皇家所喜爱。皇家仪仗中用翠鸟羽毛装饰成的旗叫"翠华",将翠鸟羽毛镶嵌在金或镏金的底座上的传统首饰制作工艺叫"点翠"。

翠羽根据部位和工艺的不同,可以呈现出蕉月、湖色、深藏青等不同色彩,加之鸟羽的自然纹理和幻彩光,使整件作品富于变化,生动活泼。取用翠羽虽然并不需要杀鸟取羽,但仍然过于残忍,而且会对翠鸟造成无法消除的伤害,被取过羽的翠鸟往往很快便死亡了。后来,由于点翠的制作工艺太残忍,在清末民初被烧蓝工艺取代。

同学们,请爱惜你们的羽毛,奋力翱翔,是鹰就去鹰击长空,是鱼就来鱼翔浅底吧!

为下面带"羽"字旁的汉字注音。

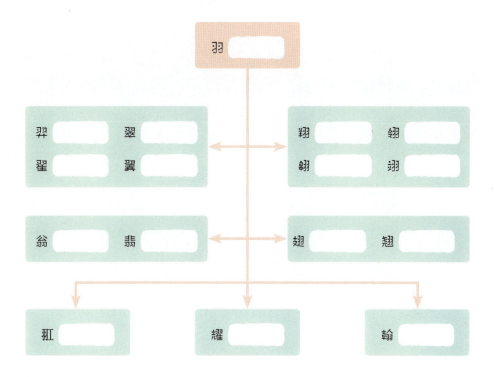

参考答案

羽(yǔ)、羿(yì)、翠(cuì)、翟(dí, zhái)、翼(yì)、翔(xiáng)、翎(líng)、翱(áo)、翩(yì)、翁(wēng)、翡(fěi)、翅(chì)、翘(qiào, qiào)、扇(hóng)、耀(yào)、翰(hàn)。

15

食指大动,染指于鼎

面对美食,食指大动而非"十指大动"哦。

食指大动

天酷暑,人难耐,无食欲,再难觅往日"食指大动"之快感。

说到"食指大动"这个成语,咽喉略感不适的我,突然有了说话的冲动,因为太多人将其误写作"十指大动"!

"食指大动"和"十指大动"二者听起来一样,后者看起来画面更热闹些,但是真相只有一个,故事还很惊心动魄,且发生在春秋时期,那是一口肉汤引发的血案。

话说那日，春和景明，波澜不惊，上下天光，一碧万顷。子公（这是一个人名，听起来怪怪的）站在院子里赏风景，忽然，子公的食指急剧痉挛，呈失控状，旁边的人提醒他：这是病，得治！但子公盯着那根疯狂的食指窃笑，旁边的人安慰道："不算绝症，不至于崩溃。"

"我哪里有崩溃？"

"那你好端端笑啥呢？"

子公曰："食指头跳跳，美食要来到，不是扒肘子，就是蒸羊羔，不信你等着瞧。"

所有人都不信，但很快，大家就看见子公被召进宫去，子公见灵公后失声惊叫："果然！"郑国的国君灵公端坐殿上，面前一只大鼎，一锅甲鱼汤正炖到火候上！要知道，这可是郑国，很难见到野生甲鱼的，更别说吃了，这只大甲鱼正是楚国送的礼物，让灵公给煮了。

灵公从汤锅上抬起头，问道："果然什么啊？"子公被甲鱼汤勾得亢奋异常，翘着那根天赋异禀的食指细说端详："我这根食指兼具触觉、味觉和嗅觉多种功能为一体，而且闻到美味就不停地颤动。"话说到这份儿上，那灵公要是个随和的人，怎么也得舀一勺汤赏给他尝尝，但灵公偏是个护食的人，越听越紧张，坚决不接话茬，只顾一碗又一碗地抓紧喝汤。

子公先生眼巴巴地看着，他的食指疯狂跳动着几乎要飞起来了，终于，他眼前一黑——他自己干了什么他也不知道，反正别人看得清楚：子公忽然冲上去，探食指往鼎里一蘸，然后张嘴吮住手指头转身飞跑……

在庄严的史书上，这个过程只有七个字"染其指，尝之而出"。灵公大怒，当即下令要把他抓回来砍了——不是砍手指，是砍头。子公呢，跑出去一里多地，嘬（zuō）着手指回味一会儿，心一横，

心想："这下闯祸了，与其等你杀我，不如我先把你杀了，至少还能落下一锅好汤。"

于是，灵公的人还没来得及杀他，他已经掉头跑回来把灵公杀了。

所以，灵公死于"馋"。

故事讲完了，我想再不用强调这个成语该怎么写了吧？

豆儿知识

"食指大动"的出处是《左传·宣公四年》："楚人献鼋（yuán）于郑灵公，公子宋与子家将见，子公之食指动。"

释义：原指有美味可吃的预兆，后形容看到有好吃的东西而急切的样子。

后来还出现一个词叫"染指"，我们今天经常用到这个词，看了上面的故事，估计你也能体会它的意思了。"染指"是指人们分取不应该得到的利益，也指插手某件事情。

听了这么有意思的故事，面对美食你也会食指大动吗？

1. 写出与食指大动的意思相近、相反的成语。

相近的成语：_____

相反的成语：_____

2. 用"食指大动"这个成语造句。

_____
_____
_____
_____

参考答案

1. 相近的成语：垂涎三尺、馋涎欲滴；
相反的成语：食不知味、味如嚼蜡、味同嚼蜡。
2. 造句：这满桌的佳肴佳肴，看了真让人食指大动。

16

读书人的事怎么能算偷呢?

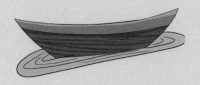

　　以不正当的巧妙方法摄取别人的财物就叫"巧取豪夺"。

巧取豪夺

"巧取豪夺"这个成语你可能并不陌生,但它的主人公是谁呢?

苏黄米蔡,一般指宋四家,这四个人是苏轼、黄庭坚、米芾、蔡京,此四人被认为是最能代表宋代书法成就的书法家。

也有学者认为"蔡"应为北宋初年的书法家蔡襄。因为蔡京的名声太臭,导致徽宗亡国,历史地位无法与前几位相提并论,故后人更加喜欢认为蔡指蔡襄。其实名声不好的可不止蔡京一位,马上来为大家介绍另一位——米芾。

米芾　　蔡京　　黄庭坚　　苏轼

大艺术家给人的印象一般是蓬头垢面、不修边幅，但米芾拘小节，有洁癖（pǐ），癖是病字旁，手指一碰到别的东西就要洗手，而且必须在活水里洗手，洗完后绝对不能擦干，因为那又等于碰了别的东西，于是甩手自然风干。

所以，很少有人去米芾家拜访，去了他家是坐还是不坐呢？客人刚坐下，米芾就喊：且慢！然后从客人屁股下面扯出来椅垫就开始刷，谁受得了这个！

行为上有洁癖，他思想上是不是也是很纯洁的一个人呢？恰恰相反。

当米芾看到哪件书画作品特别有收藏价值时，他都会软磨硬泡地借来临摹，因为他技艺高超，几乎每次临摹都能达到形神兼备，以假乱真的程度。

然后把赝品还给主人，把真品很慎重地归为己有，自己收藏起来

了！通过这种技巧来获得别人的东西叫作巧取。

据说蔡京的儿子蔡攸有一幅晋人王衍的书法，米芾一睹后心中痒痒，拿在手中左看右看不肯放下。见蔡攸不出声，知他不肯送给自己。当时大家在船上，米芾就把那部作品卷起来，往怀中一揣，跃步往船边走。蔡攸急了，这个米芾要带着我的宝贝跳河呀，连忙扯住他，盯着他说："米癫，米癫呀，你要干什么？"米芾十分严肃地回答："我不想活了，惭愧呀，我收藏了一辈子的字画都不如这幅，干脆让我和它同归于尽吧！"说话间，用力挣脱蔡攸的拉扯，非要往水里跳。

蔡攸了解米芾，明白这个癫狂之人得不到的话什么事都做得出来，只好无可奈何地摇摇头，把作品送给了他。米芾又通过豪夺获得了别人的东西。

所以历史上有些名人不是所有领域都高大上，有很多名人都像米

芾一样是些怪叔叔。

巧取豪夺也会遗传。米芾的儿子米友仁，也和他父亲一样善于模仿古人的画品。他曾经向人借回一幅《松牛图》描摹。后来他把真本留下，把摹本还给人家。真是有其父必有其子！画的主人当时没有觉察出来，拿上就走了，直至过了好多日才来讨还原本。米友仁问他怎么看出来的，那人回答说："真本中的眼睛里面，有牧童的影子，而你还我的这一幅却没有。"哎，儿子还是技不如爹啊。

后来有人把米家父子这种用巧妙方法骗取别人真本古画的行为称作"巧取豪夺"，这个成语，后来用于形容人以不正当的巧妙方法攫取自己不应得的财物。

名师老师带你练

1. 写出与巧取豪夺意思相近、相反的成语。

相近的成语：_____

相反的成语：_____

2. 用"巧取豪夺"这个成语造句。

_____

_____

_____

_____

参考答案

1. 相近的成语：巧发奇中，软硬兼施。
相反的成语：拾金不昧。
2. 造句：这个村长利用职务之便巧取豪夺，事情败露后叫苦不迭。

17

做个好厨子不简单

庖,形声字。广,表示房屋。庖本义是厨房。在《说文解字》里,庖,厨也。

páo

广字头，表示开放型的建筑物，古代的学校叫庠序（xiáng xù），古代粮仓称为仓廪，都是建筑物。

"庖"是厨房,"庖丁"是指厨房里名字叫"丁"的厨师。

古代十六名厨简单介绍(排名不分先后)

1. 伊尹:商朝辅国宰相,商汤一代名厨,有"烹调之圣"美称,"伊尹汤液"为人传颂千年而不衰。

2. 易牙:又名狄牙,春秋时期的著名厨师,精于煎、熬、燔、炙,又是调味专家,得宠于齐桓公。

3. 太和公:为春秋末年吴国名厨,精通以水产为原料的菜肴,尤以炙鱼而闻名天下。

4. 膳祖:为唐朝一代女名厨。段成式编的《酉阳杂俎》一书中的名食,均出自膳祖之手。

5. 梵正:五代时尼姑、著名女厨师,以创制"辋川小祥"风景拼盘而驰名天下,将菜肴与造型艺术融为一体,使菜上有山水,盘中溢诗歌。

6. 刘娘子：南宋高宗宫中女厨，历史上第一个宫廷女厨师，称为"尚食刘娘子"。

7. 宋五嫂：南宋著名的民间女厨师。南宋高宗皇帝赵构乘龙舟游西湖时，曾品尝过她的鱼羹，赞美不已，于是名声大振，被奉为脍鱼的"师祖"。

8. 董小宛：明末清初的秦淮名妓，善于制菜蔬糕点，桃膏、瓜膏、腌菜等闻名于江南。扬州名点灌香董糖、卷酥董糖，均为她所创制。

9. 萧美人：清朝著名女点心师，以善制馒头、糕点、饺子等而闻名，袁枚颇为推崇她，在《随园食单》中盛赞她做的点心"小巧可爱，洁白如雪"。

10. 王小余：清朝乾隆时期名厨，烹饪手艺高超，拥有丰富的理论经验。袁枚的《随园食单》中，有许多方面得益于王小余的见解。

庖丁虽不在其列，但是关于庖丁，有一则很有名的寓言：《庖丁解牛》，是古代哲学家庄子的名篇。

这一天魏国的大王梁惠王正坐在大殿里发愁，一想到和秦国的战争，他就眉头紧锁，为此他寝食难安，已经三天三夜没有睡过一个安稳觉了。

这时身边有一人对他说："大王，您脸色不太好啊，是不是应该考虑一下养生之道了？我这里有一碗祖传的银耳莲子羹要不要试一下？"

梁惠王吓了一跳，大怒，怎么卖保健品的都能进入寡人的大殿了，给我拖出去！

"大王息怒，我不是卖保健品的，我是给您送餐的厨师啊。"

"厨师？你叫什么名字？"

"小人叫丁，我们厨师都被称为庖，您就叫我庖丁吧。"

"既然你是厨师，刚才又叫我学习养生，那你给寡人说说，吃什么最补身体啊？"

"当然是牛肉了，牛肉有补中益气、滋养脾胃、强健筋骨、化痰止渴之功效。"

"牛肉还含有丰富的蛋白质，氨基酸的组成比猪肉更接近人体需要，能提高机体免疫力……"

"好，那寡人今天不喝银耳莲子羹，要喝西湖牛肉羹！"

"好，那我去为大王宰牛。"

"你还会杀牛？"

"大王，在下名扬牛棚十多年，比牛还牛。"

"不过杀牛而已,有什么好牛的,怕只是吹牛吧?去牛棚给他牵头牛来,寡人倒要看看他有多牛的技能。"

这时已有人牵着一头牛走上殿来。

这头牛,大眼睛双眼皮,含情脉脉地望向庖丁,开口说话了:"终于等到你,还好,我没放弃,我老牛平生的愿望就是死在庖丁这样的大师手里,今天终于美梦成真了!"

庖丁走到牛身旁,轻轻地拍了拍牛头:"老牛兄弟,给我一分钟的时间。"

说时迟那时快!

只见庖丁迅速用左肩顶住老牛的极泉穴,用左膝顶住老牛的列缺穴,瞬间老牛的全身穴道都被封死,这时庖丁右手抽出一把尖刀,尖刀霍霍向老牛!

一分钟的时间,牛皮脱落,牛肉成块,地上只剩一副牛骨架。

梁惠王看傻了,"你,你真的是寡人的厨师吗?"

"大王,我不仅是厨师,还是老师,刚才我表演的屠牛之技,全程包含了三个成语,让我讲给您听。"

第一个成语叫目无全牛。

在一般人眼中,牛就是牛,而在我们高明的厨师眼中,根本没有牛,不过是一堆肉的组合。这就如同考题,在一般学生眼中,就是一道题而已,而在学霸眼中它就是老师精心打造的陷阱组合,能识破陷阱的人就是目无全牛、技高一筹的人。

第二个成语叫游刃有余。

"大王请看我的刀。"

"哦,难怪你杀牛杀得那么利索,原来用了一把新刀。"

"非也,这把刀已经跟随我 19 年了。"

"19 年?怎么可能还这么新?"

"我会先观察骨头与骨头之间的缝隙在哪里,只要它是两块骨头,就一定会有缝隙,再小的缝隙都逃不过我的眼睛,我就从缝隙下刀,我的刀不仅不会卷刃,而且还可以在骨缝之间游走,这就叫游刃有余。大王,战国七雄每个都是硬骨头,但是骨头之间会有一点缝隙,这些缝隙正是您下刀之处!"

梁惠王眼前一亮,"有道理!那么第三个成语呢?"

第三个成语叫顺其自然。

"刚才我建议你要注意养生，是因为看到您脸色不好，都有黑眼圈了，黑眼圈这个东西除了长在国宝身上显得萌萌哒，长在任何人身上都不好看，天亮了就该睁开眼出去释放能量，天黑了就请闭上眼积蓄能量，您总熬夜，黑白颠倒，不能与大自然和谐共振，那就会活得很不自然。"

"那你这个顺其自然是教寡人不要为秦国攻打我魏国而烦恼，想打就随便打吗？"

昝儿老师说成语

越俎（zǔ）代庖

俎是古代祭祀时摆祭品的礼器。意思是主祭的人跨过礼器去代替厨师办席。比喻超出自己的职责，越权办事或包办代替。

成语出自《庄子·逍遥游》："庖人虽不治庖，尸祝不越樽俎而代之矣。"

庖凤烹龙：意思是烹、煮，用于菜肴或艺术作品等，形容菜品极为丰富。

成语出自明朝施耐庵的《水浒传》第六十七回："连日杀牛宰马，大排筵宴，庆赏卢员外。虽无庖凤烹龙，端的肉山酒海。"

"不，那叫任其自灭，不叫顺其自然。顺其自然不是什么也不做，而是做事情要遵守规则，观察规律，听人规劝后再做规划，你看那些'杠精'们，就不懂得顺其自然，所以他们不论做什么事情总是别别扭扭，不顺利。"

"有道理，一个厨师不仅教会寡人养生之道，还点化了我治国之道，太有才了，最后问一句，我的那碗西湖牛肉羹啥时候能喝上啊？"

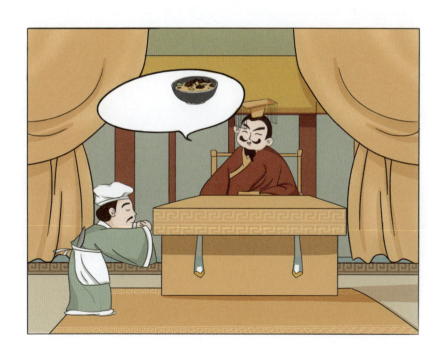

各显老师带你练

1. 找出下面成语中的错别字,标出来并改正。

穿流不息 _____   出奇不意 _____

不醒人事 _____   惮精竭虑 _____

当人不让 _____   鼎立相助 _____

混然一体 _____   急风劲草 _____

既往不究 _____   金榜提名 _____

金壁辉煌 _____   明查秋毫 _____

2. 解释"人为刀俎,我为鱼肉"这个成语典故的意思,并造句。

参考答案

1. 川流不息 出其不意 不省人事 殚精竭虑 当仁不让 鼎力相助 浑然一体 疾风劲草 既往不咎 金榜题名 金碧辉煌 明察秋毫

2. 比喻生杀大权掌握在别人手里,自己处在被宰割的地位。造句:他少用对于自己犯过的错非常后悔了,"人为刀俎,我为鱼肉"的形势,只能忍气吞声,任人宰割了。

18

身体发肤,受之父母

身体发肤,受之父母;不敢毁伤,孝之始也。

biāo

这个字你认识吗？认识的话请大声读出来！"髟"本意指长发披垂的样子，做偏旁时多称作髦字头。以"髟"为意符的字皆与毛发之义有关，如鬓、毛、鬃、髻等。

古人有多重视头发，你可能想象不到。古语有云"身体发肤，受之父母；不敢毁伤，孝之始也。"这是《孝经》里开篇的一句话，意思是身上的一切都是父母给的，绝不能有丝毫损伤，爱护身体如同敬爱父母。

总之，古人是不得随便理发、剃须的，大概担心自己的面貌改变了，有朝一日和家人地下相见，祖宗们不认识他。

古代发型不仅关系到一个人的家族身份，还代表一个人的年龄阶段，只要一看发型，就知道这个人多大了，这功能厉害吧？快来学习一下吧。

垂髫（tiáo）

垂髫（tiáo），指三四岁至七八岁的儿童。古时儿童不束发，头发自然下垂，儿童额上弯曲下垂的头发在跑动时会一颠一颠地动，像是人点手招呼的动作，故髫字里含有一个"召"字。

垂髫，可能是人一生中最幸福的年龄，因为，还没上学，所以连头发都显得那么飘逸自由。

总角

古代的小朋友，口味挺独特，喜欢中分。总角是八九岁至十三四岁的少年。他们将头发分作左、右两半，将头发在头顶两侧各扎成两团，因为形状像牛的两个角，所以叫"牛角包"，注意不是"牛角面包"。

后来我们用"总角之交"来形容幼年时代就交好的朋友。也就是你们说的"发小",就是从小一起留古怪发型的好朋友。《诗经》中"总角之宴,言笑晏晏"就是说两个小孩从小青梅竹马、眉来眼去。

束发

十五岁左右,上初中的年龄,自我开始觉醒了,再也接受不了之前的造型了,于是把总角解散,束成发髻。

清朝以前的汉族男孩十五岁时束发为髻,这时应该学技艺、懂礼节了。《大戴礼记·保傅》:"束发而就大学,学大艺焉,履大节焉。"

 智慧知识

古人从商周起就开始束发扎头了,从中国有正史记载以来,直到清朝之前,中国男子都是束发的。其实这与农耕民族的生活相关,古代男子把头发束起来,再戴上头巾,就不怕头发遮住眼睛了;另外,由于头发能调节头部温度,这样既能保证在烈日下头部不会太热,也能保证冬天头部不会受冷;再加上受后来《孝经》里的"身体发肤,受之父母"等影响,束发就成了中国男子数千年的传统。

明朝男子束发有时还代表着身份的高低。一般劳动人民是将头发在脑后挽成三股或两股发髻,读书人、秀才、官家贵族等一般都在头顶结发髻,还要在头上缠绕网巾来固定头发。

弱冠

古代男孩二十岁行成人礼,要行冠礼,戴上表示已成人的帽子就和你第一次领到身份证一样,但此时身体还不够强壮,还属于"嘴上没毛,办事不牢"的小青年,长辈会毫不留情地赐你一个字——"弱",二十岁弱弱的你又称为"弱冠"。

及笄(jī)

说到成熟,女孩子总是早于男孩子,不论是生理还是心理。古时女子十五岁就要把头发束起来,佩戴上笄,笄是束发用的簪子,这个仪式叫"及笄",就是到了可以插簪子的年龄了,也称"笄年",表示自己已经成年,可以许配人家了。

古代表示年龄称谓的其他词

襁褓：不满周岁。

孩提：二三岁的儿童。

黄口：借雏鸟的嘴，指代十岁以下儿童。

而立：三十岁（立，"立身、立志"之意）。

不惑：四十岁（不惑，"不迷惑、不糊涂"之意）。

知命：五十岁（知命，"知天命"，悟到"谋事在人，成事在天"之意）。

花甲、耳顺：六十岁。

古稀：七十岁。

耄耋(mào dié)：八九十岁。

期颐：一百岁。

古代女子十三四岁称豆蔻年华，十五岁称及笄之年，十六岁称碧玉年华，二十岁称桃李年华，这些称谓都好美啊！

名师老师带你练

给下面的字注音。

鬓 _____   毛 _____   鬃 _____

髻 _____   鬏 _____

参考答案

bìn, máo, zōng, jì, tiáo.

135

19

蓁首蛾眉,全世界你最美

健康向上,自信阳光是为美。

qín　shǒu　é　méi

蓁 首 蛾 眉

中国古代美女的标准是这样的：

手如柔荑，肤如凝脂，

领如蝤蛴，齿如瓠犀，

蓁首蛾眉，巧笑倩兮，美目盼兮。

——《诗经·卫风·硕人》

我猜你没看懂，不过你至少可以感觉出，这个标准只谈外表，不涉才情。在"女子无才便是德"的年代，完全可以理解这样的标准。

荑（tí），草木初生的嫩芽。柔荑，用来比喻女性的手或手指，是不是很有质感？

蝤蛴（qiú qí），是天牛的幼虫，黄白色，身长足短，呈圆筒形。蝤蛴领是比喻女子洁白丰润的颈项。

瓠犀（hù xī），指瓠瓜的籽，常用来比喻美人的牙齿，像瓠瓜的籽一样排列整齐，色泽洁白，太形象了！

蠎首蛾眉（qín shǒu é méi），现在是成语，意思是宽宽的额头，弯弯的眉毛，形容女子容貌美丽。

除了天生丽质难自弃外，女子的美还需要化妆来加持。以唐朝女子化妆为例，共分为三步。

第一步，打粉底，中国自古以来以白为美，认为一白遮百丑，不像很多外国人，喜欢把自己的皮肤晒成小麦色，因为他们认为有时间晒太阳的人，才是有钱又有闲的人。如果你皮肤白皙，说明你是天天钻在写字间里的加班族，但是在中国，尤其唐朝，别说小麦色，即使最贴近肤色的自然色号都卖不出去，要美就是要白！

那抹什么才能显着白呢？唐朝女子们通常会用米粉。没错，就是我们平时吃的大米，先把米泡在水里发酵，然后晒干，磨成细粉，最后用筛子筛出最细腻的米粉就可以使用了，所以说秀色可餐是有理论依据的，漂亮的脸蛋真的可以吃。

但米粉化出来的妆有个致命的弱点——容易脱落。美丽的女子为何大都高冷？不是我不笑，一笑粉就掉！

这脸总绷着也不是个办法呀，于是，家里富裕的女孩会选择更白更贴合肌肤的铅粉。铅粉？为啥要弄个大黑脸啊？人家是白铅粉！白铅粉深受当时唐朝爱美女性的喜爱。但是问题又来了，铅粉不溶于水，洗掉它就很麻烦了，当时又没有卸妆水，所以洗掉铅粉还是

很费劲的,这个过程就叫洗尽铅华,今天成语的意思是要彻底洗掉世俗伪装的外表。

铅粉有个致命的弱点,就是致命,人家化妆要美,你化妆要命。但是,你要想选择美,就要牺牲健康。听到这儿,你是不是觉着健健康康的素面朝天也挺好?

打完粉底后又觉得脸色过于苍白,不够妩媚。于是,第二步是打腮红,用胭脂涂抹在脸上,目的是看起来气色好,白里透红,与众不同。还要点红唇,樱桃小口一点红。眉间也要点一点红,这一点红我们现在很少人效仿了,但在古代尤其在唐朝是非常重要的一步,叫花钿。

花钿(diàn)不一定是红色,可以是红、黄、绿三种颜色,但不能同时都印在眉间,因为那就成交通信号灯了。《木兰辞》中花木兰参军回来有一句:当窗理云鬓,对镜贴花黄。花黄就是花钿,花钿的形状可以是圆点,也可以是花朵花瓣的形状,还可以是小动物的形状。

花钿还有个美丽的传说，相传宋武帝刘裕的女儿寿阳公主，有一日在花园里躺着睡着了，一阵风将梅花吹落，恰巧一瓣落在了公主的额头上，可能夏天公主睡觉脑门儿上还出了不少汗，正好花瓣粘在了眉间，醒来以后就发现留了一个花瓣印，宫女们看到之后觉得非常美丽，便争相把梅花印于额头上，且逐渐成为一种时尚。

第三步，该画眉了。

说到眉毛，古人认为最漂亮的眉毛是"蛾眉"，古诗里经常出现这个意象。有的学生认为描述女子的眉毛漂亮，一定是女字旁的娥，有的学生干脆写成山字旁的峨。正确的是虫字旁的蛾，为什么是虫字旁的蛾呢？飞蛾有眉毛吗？飞蛾没有眉毛，但是有触角，古人认为飞蛾的触角又细又长，特别漂亮，描写女子漂亮的眉毛就用"蛾眉"。

飞蛾的触角又细又长,和漂亮的眉毛很像,所以称"蛾眉"。

到此,脸部的化妆基本结束。

当然,如果你还要梳个别致的发髻才能出门,那就更复杂了。古人的审美和我们今天是不大相同的,甚至有些很颠覆的地方。东汉末年,有位叫梁冀的大将军,他的妻子孙寿很美丽,且善做各种媚态,"作愁眉,啼妆,堕马髻,折腰步,龋齿笑,以为媚惑"。"愁眉""啼妆"是把自己的眉眼化得像刚刚哭过那样楚楚动人;"堕马髻"是像从马背上摔下来,将发髻偏斜一边的样子,故宫居然按照堕马髻的造型,设计了一款 U 形枕,据说一上架就被大家疯抢一空,这个文创产品非常好;"龋齿笑"就是像牙疼时那样遮遮掩掩地笑;"折腰步"实在无法想象,大概是走路时要装出腰肢细得要折断的样子。总之,这些美都是病病歪歪的,但我们要展示的是一种健康向上、自信阳光的美。

拓展知识

古代文人喜欢用蛾眉描述美貌的女子：

①《诗经·卫风·硕人》："螓首蛾眉，巧笑倩兮。"（译为：额头方正眉弯细，微微一笑酒窝妙。）

②唐·李白《怨情》诗："美人卷珠帘，深坐颦蛾眉。但见泪痕湿，不知心恨谁。"（译为：美人卷起珍珠帘子，久坐凝望紧皱蛾眉。只见满满斑斑泪痕，不知心里究竟恨谁。）

③明·冯梦龙《东周列国志》第五十二回："那夏姬生得蛾眉凤眼，杏脸桃腮，有骊姬、息妫之容貌……"（骊姬、息妫都是春秋时期以美貌著称的女子。）

为下面的句子填上合适的成语。

鹤发童颜　亭亭玉立　风度翩翩　出水芙蓉　明眸皓齿

1. 这位男子身高一米八，身穿一身笔挺的西装，看上去_____。

2. 几年不见，邻居家的那个小女孩儿已经成长为_____的大姑娘了。

3. 别看爷爷已经八十多岁了，但走起路来还健步如飞，面相也相当年轻，真可谓_____。

4. 我们的语文老师今年刚刚毕业，皮肤白皙，笑起来甜甜的，大眼睛特别有神。即使不化妆，也_____，我们都特别喜欢她。

5. 当她从泳池走上颁奖台时，有如_____般娇柔艳丽，让许多人惊叹不已，全场鼓掌欢呼声不绝于耳。

参考答案

1. 风度翩翩；2. 亭亭玉立；3. 鹤发童颜；4. 明眸皓齿；5. 出水芙蓉。

144

心怀童心,迈向成长

贺昆老师

大语文那些事儿
GREAT CHINESE

赵旭 ◎ 著
王雪倩 秦熠 ◎ 绘

写作
点睛课 1

北京理工大学出版社
BEIJING INSTITUTE OF TECHNOLOGY PRESS

版权所有，侵权必究

图书在版编目（CIP）数据

大语文那些事儿 . 写作点睛课 . 1 / 赵旭著；王雪倩，秦熠绘 . —北京：北京理工大学出版社，2020.10（2023.4 重印）

ISBN 978-7-5682-9077-7

Ⅰ. ①大… Ⅱ. ①赵… ②王… ③秦… Ⅲ. ①作文课—小学—教学参考资料 Ⅳ. ① G624.203

中国版本图书馆 CIP 数据核字 (2020) 第 178768 号

大语文那些事儿·写作点睛课 1

出版发行 / 北京理工大学出版社有限责任公司	
地　　址 / 北京市海淀区中关村南大街 5 号	
邮　　编 / 100081	
电　　话 /（010）68914775（总编室）	
（010）82562903（教材售后服务热线）	
（010）68948371（其他图书服务热线）	
网　　址 / http://www.bitpress.com.cn	
经　　销 / 全国各地新华书店	
印　　刷 / 鸿博昊天科技有限公司	
开　　本 / 787 毫米 ×1092 毫米　1/16	
总 印 张 / 55	责任编辑 / 户金爽
总 字 数 / 600 千字	文案编辑 / 梁铜华
版　　次 / 2020 年 10 月第 1 版　2023 年 4 月第 20 次印刷	责任校对 / 刘亚男
总 定 价 / 180.00 元（全 6 册）	责任印刷 / 边心超

图书出现印装质量问题，请拨打售后服务热线，本社负责调换

卷首语

写出你的个性作文

社交场合,大家最忌讳"撞衫",因为谁都想穿出自己的"个性"来。写作文是同样的道理,每个人笔下的文字都应该有自己的"防伪标志"。但遗憾的是,我们读到的学生作文,大多是"盗版""翻版",翻开彼此的文章一看,大家唱的是"同一首歌"!腔调一致,主题一致,甚至"歌词"都一致!

阅卷老师为什么痛苦?不是因为"阅卷无数",而是因为一天要见那么多篇"多胞胎",内心恐惧。写美人时,眉毛多半是"柳叶眉",嘴巴肯定是"樱桃小嘴",腰只能是"杨柳细腰"……这哪里是在写"美人"?这是在写"植物人"吧!

所以写作文的第一步是观察,像"名侦探柯南"

　　一样去观察美人究竟哪里最吸引你、美景到底哪一刻最让人动心、爸爸喜欢哪只手拿杯子、妈妈最爱说的口头禅是什么、姥姥为什么总是埋怨姥爷、老师每天如何登上讲台、楼下卖鸡蛋灌饼的大叔做一张饼用几分钟……观察出别人忽略的细节，你笔下的人、物、情、景就可以"活起来"，就一定会与众不同。

　　让人物"活起来"之后，就要揣摩他们"活着的方式"，关注他们"活着的意义"，这样你的文章不仅"活起来"了，而且"活得精彩"。

001　01 肚子里有货才是王道
　　　——写作素材的积累

02 多媒体写作法　009
　　——调动各种感官

019　03 不动什么都要动感情
　　　——作文中的真情实感

04 不做语言的搬运工　029
　　——让文章生动的秘密

　　037　05 像修图一样修改文章
　　　　——巧妙运用比喻

06 跟"千人一面"说再见　045
　　——有个性的作文才是
　好作文

　　051　07 写作也是一种创意活儿
　　　　——丢掉套路

08 眉清目秀惹人爱　059
　　——好题目的秘密（一）

目录 CONTENTS

067　09 眉清目秀惹人爱
　　　——好题目的秘密（二）

10 不要幻想自己是上帝　075
　　——写作要从实际出发

　　　　085　11 写作的时候放规矩点儿！
　　　　　　　——规范作文的六个标准

12 一味装"乐观"，写不出好文章　097
　　——作文要说实话

　　　　　　105　13 我病了，因为看了你的东西
　　　　　　　　　——好作文要避免的四种病

14 你越时尚，写作能力越下降　113
　　——删掉作文里的流行语

　　　　　　119　15 好结尾要把声调降下来
　　　　　　　　　——什么是好结尾

01

肚子里有货才是王道
——写作素材的积累

素材是有限的,而联想是无限的。

我从小一提笔写作文，就开始抓耳挠腮。别人的生活那么丰富多彩，跌宕起伏，我的生活那么单调苍白，毫无意义，写不出好作文不是我的错啊！我从来没有体会过思如泉涌的感觉，倒是经常有搜肠刮肚的痛苦。

人家李白写"两岸猿声啼不住，轻舟已过万重山"，我是一步一个坎，"为伊消得人憔悴"。

人家写完文章酣畅淋漓，我写完文章愁眉苦脸。多亏老师要把作文收走，否则我看着自己的文章都倒胃口。

作文中引用古诗可以增添文采呦！

旮旯老师说成语

形容写文章和文章的成语

抓耳挠腮：形容焦急而又没有办法的样子。也形容欢喜而不能自持的样子。

丰富多彩：形容内容丰富，花色多。

跌宕起伏：形容事物富于变化，或者情节起伏大。

思如泉涌：才思犹如喷出的泉水。形容人的才思敏捷。

搜肠刮肚：比喻费尽心思去思考一件事情。

成语的自然运用可以为作文加分，但不要为了用成语而用成语。

从前，有一个秀才和我一样冥思苦想憋不出几个字来，更别提写一首诗了。他老婆就跟他说："怎么你写文章比我生孩子还难？"秀才拍案而起："夫人啊，夫人，你生孩子，你肚子里有货呀！我写文章，我肚子里没货呀！"你说我们肚子里没货，老师还非要规定时间收作文，这不是硬性剖腹产吗？太惨无人道了！

你有没有和昝晃老师小时候一样的经历？

我一直抱怨自己的经历太单调，直到有一天，我遇到了一个人，他的名字叫普鲁斯特。

这是一个法国人，一个传奇的法国人。

因为他从小体弱多病，几乎足不出户，就算待在家里也要门窗紧闭，拉上窗帘，不见阳光。是不是很具备吸血鬼的气质？

家人说："你这样会变成宅男的，出去走走吧，到叔叔家住两天。"

他一口拒绝："他家的海拔太高了，会引起我身体不适的。"

他叔叔家是住在喜马拉雅山的珠穆朗玛峰吗？

当然不是，他叔叔就住在他家楼上……

由此可见,在普鲁斯特眼里,一个楼层的高度都会令他身体不适。

这样一个十足的宅男,他的梦想居然是环球旅行!不过他有个要求,得把他的床绑在船上,然后再把他绑在床上,听起来就和绕口令似的,床上绑着宅男,船上绑着床!

这样一个坚持不离开床的宅男居然写出了长达二百万字的世界名著《追忆似水年华》。

你的生活再单调,有普鲁斯特单调吗?所以当我们抱怨没有素材的时候,请想想普鲁斯特。

而且,世界上并非只有一个普鲁斯特。以普鲁斯特为代表的这个写作手法叫作"意识流"。

写作素材不一定都从生活中来。

你读过伍尔夫的《墙上的斑点》吗？它就是"意识流"写作的典范，文章主要讲述了主人公在普通日子的一个平常瞬间，抬头看见墙上的一个斑点，由此引发意识的飘逸流动，产生一系列幻觉和遐想。

为了确定是在哪一天第一次看到这个斑点，作者想到了冬天炉子里的火，想到了城堡塔楼上飘扬着一面鲜红的旗帜，想到了无数红色骑士潮水般地骑马跃上黑色岩壁的侧坡。

由斑点联想到炉子里的火、鲜红的旗帜、红色骑士。

看到斑点好像是一枚钉子留下的痕迹，就想到了挂在钉子上的一定是一幅贵妇人的小肖像画，想到这所房子以前的房主，想到了铁路旁郊外的别墅。

看着斑点太大太圆，不像钉子，于是就想到了生命的神秘、人类的无知，想到了遗失的东西，想到了生活飞快的速度，想到了来世。

觉得斑点很可能是一个暗黑色的圆形物体或一片夏天残留下来的玫瑰花瓣，就想起了特洛伊城、莎士比亚，想起了人类保护自我形象的本能，想起了伦敦的星期日，还有惠特克的尊卑序列表。

看到斑点是凸出在墙上的圆形，就想到了古冢，退役的上校、牧师和他的老伴以及学者。

仔细看斑点时，就觉得好像在大海中抓住了一块木板，于是就想到了树，想到了树的生存。

最后,终于发现,墙上的斑点原来是一只蜗牛。

这种<u>天马行空</u>,跳跃向前的想象力给我们的写作太多启发了,<u>素材是有限的,而联想是无限的</u>。

你肯定喜欢看动画片,回忆一下《猫和老鼠》,哪一集没有联想的画面?经常浮出一团云雾,Tom和Jerry都在联想怎么整对方。

又如《灌篮高手》,樱木花道准备投篮那一瞬间,他立刻想到了赤木晴子会怎么看自己,想到流川枫怎么看自己,想到自己的教练怎

联想法

联想法,就是把生活中的体悟、书中学到的知识和写作互相连通。既可以从事物相近、相关的方面去联想,也可以抓住事物的相似点展开联想,还可以逆向思维,找到要描述事物的相反面或相对面,进行反方向联想。

么欣赏自己、自己的对手会怎么诅咒自己。如果这个球投进篮筐,大家会怎么喝彩;如果投不进篮筐,大家会怎么喝倒彩……当他都联想了一遍后,这集演完了。所以如果你学会联想,区区几百字的作文还用发愁吗?

 叴旯老师带你练

针对数字"0"展开联想,写一段 100 个字左右的小短文。

02

多媒体写作法
——调动各种感官

把自己当成一台多媒体机，调动视觉、听觉、嗅觉、味觉去写作。

之前我们讲过的"联想法",确实能让素材丰富起来,但具体要怎么联想呢?现在旮旯老师就手把手教你足不出户地联想一回你可能从没见过的黄河。

黄河,我是没见过。

别看我是北方人,我真没见过黄河。我唯一一次接触黄河,是"听到"黄河。

那是一个伸手不见五指的夏夜。我坐在闷热的绿皮车车厢内。车窗都开着,人们仍然觉着热。突然,狂风骤起,所有车窗的窗帘都被吹起来,而且伴随着震耳欲聋的滔滔水声。这时,车厢里面有人喊:"过黄河喽!"当时是深夜,黄河岸边又没有路灯,所以我们都看不到黄河,但是,我们听到了黄河的声音。那声音,真的是"风在吼,马在叫,黄河在咆哮",让人感觉到浑身的血液都跟着兴奋起来。

声音是最容易让人产生联想的。因为你看不到画面,

旮旯老师

试着蒙上眼睛去感受,是不是世界跟平时有些不一样呢?

所以你就开始想象画面。

在这里,旮旯老师告诉你一种联想方法——身份变换法。

如果我是一个带领着千军万马的将军,那我听到的声音,就是风在吼,马在叫,黄河在咆哮。

如果我是一个远离故乡的游子,听到黄河的声音,就是一声声的呼唤——回来吧!归来呦!远方的孩子,别再四处漂泊。

如果我是一个山西人,我听到黄河的声音,就是"走西口"的一声声呼唤——哥哥你走西口，小妹妹我实在难留。拉着哥哥的手，妹妹我的眼泪像黄河水一样流。

如果我是个陕西人，我听到黄河的声音，那就是一声声的秦腔，只有黄河儿女的肺活量才能吼出来的秦腔。

上文我变成了不同的角色，选择了不同的空间"山西"和"陕西"，对应了不同的联想。你不妨试一试，变换不同的时间，开始想象。假如唐朝的人听到黄河声是什么感觉？新时代的你听到又是什么感觉？老年人听到什么感觉？小朋友听到又是什么感觉？空间和时间变化为无穷的想象画出了经线和纬线，从而组成了不同的坐标。

说完听觉，我再来说说视觉。你可能会说："昝儿老师，您不是没见过黄河吗？怎么说视觉？"

我虽然没见过黄河，但是我见过地图。

地图上有黄河的形状。那是一个"几"字形，它不是笔直的一条大河，所以历史上说黄河九曲十八弯。看来真正的风景都不是僵硬笔直的，山歌不是也这样唱：这里的山路十八弯，这里的水路九连环……这才叫美景！有曲折才有风景。

中华文化就如同她的母亲河一样，曲曲折折，正因为命运多舛，才生生不息、风光无限。我们的人生不也是这样吗？有平静也有汹涌，有急流也有险滩，就是这样的曲曲折折，为我们的人生平添了很多风景，这样的人生才叫精彩！朱自清不是也写道："曲曲折折的荷塘上面，弥望的是田田的叶子。"如果变成"整整齐齐的荷塘上面"就不叫美景了。

我们继续看地图。黄河的源头在哪里？有的同学可能会说："黄河的源头在青藏高原巴颜喀拉山脉。"恭喜你，答对了！但你只能是地理课代表，不能做我的语文课代表。语文课代表怎么回答？语文课代表会说："黄河之水天上来"！请问又到哪里去啦？"黄河远上白云间"。

看到了吗？黄河是从天上来的，然后又回到了天上去。这不由得让人想起诗仙李白，驾黄河之水从天上来，在人间邂逅了一个最美丽的国度，之后又驾黄河之水回到天上去。我通过想象给黄河赋予了诗情画意，我是怎么做到的呢？是通过李白的诗句，所以这招叫"名句化用法"。当你要写黄河的时候，你脑海里有多少和黄河相关的名句？此时就是你背诵的东西要派上用场的时候，你说背诵对写作有没有用？

熟读唐诗三百首，不会作诗也会吟。

接下来，我们再说说触觉。你没触摸过黄河水，但总触摸过水吧？水给你什么感觉？把手伸到水里，是不是感觉特别柔？"柔"让你联想到了什么人的性格？抽刀断水，发现断不了。你是不是又想出了一个关键词叫"柔韧"？不仅仅"柔"，还有一种"韧性"包含其中，你又想到了哪些人的性格？这不就是送哥哥走西口的黄河岸边女子的性格吗？

再继续联想，我们联想它的味道。我想就算有人见过黄河，也不一定尝过黄河水。既然大多数人都没有尝过，

那你就可以尝出任何味道。当然，这个所谓的任何味道，一定是为你的主题服务的味道。联想必须是合理的。黄河水里面有那么多的泥沙，你不可能尝出来酸酸甜甜的味道，喝了一杯又一杯，杯子连起来能绕地球两圈。那就不是联想，是说梦话。

它可能是苦涩的。为什么？因为妹妹送哥眼泪流，多苦涩啊！

它可能是咸的。因为它不仅有眼泪，还有那些黄河边拉纤的汉子们的汗水，当然还有多少次黄河岸边的战争所流淌的血水。

它还可能是酸的，为什么呢？因为离山西太近了！山西人爱喝醋啊！

昝兒老师

动用所有感官去联想。

我们还能利用嗅觉联想。假如你站在黄河岸边，想象一下你闻到的空气应该是什么样的？一定是潮湿的。这个时候昝兒老师再教你一种修辞——拈（niān）连。

昝兒老师敲黑板

拈连：指甲乙两个事物连在一起叙述时，把本来只适用于甲事物的词语拈来用到乙事物上。运用拈连，可以使上下文的联系紧密自然，表达也更加生动深刻。

举例:

1. 蜜蜂是在酿蜜,又是在酿造生活。

2. 你别看我耳朵聋,我的心并不聋啊!

3. 黄河岸边空气是潮湿的,潮湿的还有我的眼睛。

4. 黄河是奔腾不息的,中华民族同样是生生不息的。

昝旯老师分别从视觉、触觉、嗅觉、听觉、味觉各个角度写了一遍我没有见过的黄河。当你拥有了无限的想象能力的时候，你的素材再也不会空洞。我把这种写作方法叫作"多媒体写作法"。写作的时候，你就是一台多媒体。只不过大多数人，一提起笔就"死机"了。

　　你可以模仿昝旯老师写黄河的手法，写一处你没有见过的景色。长江啊，洞庭湖啊，你都能洋洋洒洒地写出来了，哪怕只是给你一杯水，只要学会联想方法，你都能写出好文章。

 昝旯老师带你练

以《半杯水》为题，用联想法写一段100个字左右的小短文。

03

不动什么都要动感情
——作文中的真情实感

当你写爷爷、奶奶时,华丽的词语不如简单几句"背驼了,发白了,手抖了,牙松了"更能引起共鸣。

我曾经听过一位老师讲课,讲的是李密的《陈情表》。作为小学生,你可能还没读过这篇古文,但是没关系,我只是想借这篇课文说说没有感情的写作会有多么滑稽。

《陈情表》讲的是祖孙二人相依为命的故事，是中国文学史上抒情文的名篇。那位老师在讲课之前就告诉同学们："读《陈情表》不为之落泪者，乃不孝也！"

结果，整个一堂课都结束了，全班没一个落泪的，包括老师。

此情此景是不是像极了我们的作文？题目叫《难忘的一天》，其实你根本想不起来有这么一天；题目叫《最开心的一件事》，用题目反复提醒自己却还是开心不起来，这样的文章，作者都开心不起来，读者就更遭罪了。

为什么我们的文章就不能让读者跟着我们一起抿嘴笑或者一起咧嘴哭呢？

第一，你这个作者本身对生活就不敏感，你的文字当然就没有细腻的感情。

第二，你有真情实感，但就是写不出来。

你属于哪一种情况呢？

作文中真情流露最能打动人！

不论属于哪一种，我们来一一解决这两个难题。

先说第一种，对生活不敏感的同学，你的问题出在没有将自己置身于生活之中，你没有设身处地，没有感同身受，没有角色附体！所以你觉得什么事都毫无波澜，什么人都平淡无奇，你爱不起来，也恨不起来，还美其名曰自己很"佛系"，我想你们误解了佛，遇到悲悯之事，菩萨也会低眉；遇到不平之事，金刚也会怒目。再想想"斗战胜佛"孙悟空,大家为什么喜欢他,因为这尊佛爱憎分明,因为这尊佛有喜怒哀乐。

生活中别压抑自己的喜怒哀乐!

 名晃老师说成语

设身处地:意思是设想自己处在别人的境地。指站在别人的处境替别人着想。

感同身受:原意是心里很感激,现在多指就像自己亲身领受到一样。

平淡无奇:指事物或诗文平平常常,没有吸引人的地方。

美其名曰:意思是给予事物一个好听的名字(名称)叫作……

爱憎分明:形容爱和恨的立场和态度十分鲜明。

喜怒哀乐:泛指人的各种不同的感情。

　　一个优秀的作者,首先要是一个感情丰富的人。杜甫之所以能写出"感时花溅泪",那一定是他自己先"溅泪"了,才会"移情"到花上。为什么一千个读者就有一千个哈姆雷特?就是因为在阅读《哈姆雷特》时,你必须把自己变成哈姆雷特,不能在读《哈姆雷特》时,想着自己是哈利·波

特,那永远不可能走近角色。可见,你的作文没真情,其实是阅读出了问题,有这样一则阅读材料,讲一个16岁少年的故事,这是一个真实的故事:

叶沙,湖南省长沙市一个普通工人家庭的男孩子。

2017年4月,酷爱篮球的16岁少年叶沙因突发脑出血抢救无效离世。随后,他的心、肺、肝、两个肾、一对眼角膜被捐献给了七个急需器官移植的病人。故事讲完了。你可能要说:太好了,以后写《最感人的一件事》或者《长大后我要变成你》类似的作文终于有题材了!然后将刚才昮旯老师讲的内容复述一遍,最后表个态:我也要向叶沙学习,学习他无私奉献的精神!可惜我没有生病,没办法捐器官，但我要把我全部家产捐出去！

这位同学，我们不需要你捐器官，也不需要你捐家产，能把你新买的那本练习题借给同桌看看吗？你舍得把自己最心爱的那双跑鞋借给曾经的对手去参加比赛吗？

你根本没有真正地走近材料当中的人物，如果是我读到这样一则材料，我会问叶沙捐献的是哪七个器官？这些器官如果出现问题，对于七个病人来说意味着什么？如果你是这七位患者之一，听到自己的病有救了是什么心情？如果你是一位医生得知有人愿意捐献器官，又是什么复杂的心情？叶沙的父亲听到儿子说"如果手术失败就把我的器官捐了吧"，他会是什么心情？看到儿子的生命在七个人身上得以

延续,并且还组成了一个公益篮球队,起名叫"一个人的篮球队"时,父亲又是什么心情?如果换成你,你会在上手术台前那样嘱咐爸爸吗?也许很多人会喊出一句:"爸爸救我!"而叶沙想到的是"如果有一线机会请让我去救更多的人"!

同学们,当你能认真地回答上面提出的那些问题时,你不必表态捐献家产,我们也知道你动了真情,还记得旮旯老师说过的那句话吗?真情实感是堵住嘴都会从眼睛里流露出来的,不要在文章里急着表态:我要向他学习!而是要走进他的灵魂,然后让他再走进你的生活,让你和你所写的人,你中有我,我中有你,如同庄周梦蝶,究竟是庄子变成了蝴蝶,还是蝴蝶变成了庄周,这已经不重要了,因为已经浑然一体了,好文章自然呼之欲出了。

旮旯老师

设身处地,把自己代入进去体会!

旮旯老师说典故

庄周梦蝶

过去庄周梦见自己变成蝴蝶,感到无比地自由和惬意,忘记了自己原本是庄周。突然间醒过来,惊惶不定之间方知原来自己是庄周,不是蝴蝶。

接下来再说第二种情况。

有的同学觉得自己感情特饱满,就是写不出来,这是为什么呢?

其实这些同学都有一个误区,认为我这么丰富的感情必须用惊天地、泣鬼神的语言表述出来才可以,否则都对不起我酝酿出来的感情,所以我们总是用惊人的语句说着平淡无奇的事情,而那些"文学大家"正好相反,他们喜欢用平淡的语言讲惊天动地的事情。

有一首小诗,写母亲的,在一次诗歌大赛中获得了一等奖。你肯定会猜测,这首小诗的词藻肯定特别华丽,但事实上,这首小诗就三句话:

母亲老了,

扶墙走路,

已踏不出声音。

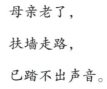

真实表达你的情绪。

当你写你的奶奶、爷爷,想了一大堆华丽的词语时,不如简单几句"背驼了,发白了,手抖了,牙松了"更能引起大家的共鸣。其实真情都不是华丽的,每天给你做诗的人,绝不如每天给你做饭的人对你感

情真切。

还有，我发现很多同学写人痛苦，就用一个表情——哭。其实，人真正痛苦的时候，是欲哭无泪的，甚至会笑！笑？呇兄老师，该不会是受刺激了吧？

我给你举几个例子，大家不是觉得女孩子爱哭吗？那我就全举女性的例子：

关汉卿的《窦娥冤》里，窦娥在被人冤枉判处死刑后，内心痛苦的她没有哭哭啼啼，而是指天骂地：地也，你不分好歹何为地！天也，你错勘贤愚枉做天！

《孔雀东南飞》里的刘兰芝，因婆婆对其不满意，丈夫无奈将其休掉，封建社会女子被休，是多么痛苦的一件事，但她没有哭哭啼啼，而是早早起床，把自己打扮得漂漂亮亮，我怎么进的你家门，我还怎么离开，这种坚强，恰恰反映出女子不屈的性格和对尊严的维护。

《怒沉百宝箱》里的杜十娘，得知自己被丈夫卖给了别人，痛苦万分，但她面对丈夫时，却笑得轻松自然，这一笑又包含多少辛酸在里面呢？

所以，当你搜肠刮肚在"哭"的世界里寻找痛苦时，也许你搞错了方向，试试反其道而行之，一定有所收获！

人类的情感值得我们好好品味，那个天天责备你做不好事情的人，可能是最爱你的人，而总是对着你笑眯眯的人，只能是尊弥勒佛像。

旮旯老师敲黑板

作文没感情的原因：

1. 对生活无感。

2. 用力过猛。

解决办法：

1. 多参加体育活动和劳动，让自己的身体感觉敏感起来，身体上有了感觉，思想上就会引发思考，再加深思考。

2. 开心就笑，难过就哭，不压抑自己的情绪，将生活中真实的情绪真实地体现在作文中。

旮旯老师带你练

回想最让你感动的一件事，写一段100个字左右的小短文。

04

不做语言的搬运工
——让文章生动的秘密

要想让文章生动,你不仅要会说话,还要让描写的人物自己张口说话。

上一堂课我们讲写文章一定要注入情感,否则这篇文章就是"僵尸文"、没活气!就是你的老师经常给你的批语"不生动"。要想让文章生动,你不仅要会说话,还要让描写的人物自己张口说话,大家都动起来,不就生动了吗?不过描写语言是件很危险的事情,我担心

你不说则已，一说就根本停不下来。

"我和小明去打乒乓球，我说：'我打过去啦！'他说：'好的，我接住了！'然后他说：'我打过去了！'我说：'好的，我也接住了！'我打过去，他打过来……"很快就写完了一篇文章，我真是发自内心地佩服，球技是真高啊！你俩中途就没有接不住的时候？

这样的文章是不是可以叫"流水账"？

记住，让人物说话不是为了凑字数，更不是让你当体育比赛解说员，而是要通过语言表现人物的性格。

有一部日本电影叫《佐贺的超级阿嬷》（佐贺，日本地名，阿嬷，就是外婆）。

电影改编自岛田洋七的《佐贺的超级阿嬷》畅销小说，讲的是第二次世界大战后的日本，昭广在母亲百般无奈的情况下，被交给佐贺乡下的阿嬷代为照顾，结果想不到阿嬷家比谁家都穷！虽然日子穷得不行，但乐天知命的阿嬷神奇的生活妙招层出不穷。阿嬷为什么每天要在身后拖着一块大大的磁铁走路？阿嬷自己打造的"河栅栏超市"是什么样呢？

苦中作乐的日子回想起来却是幸福的味道。

在物质匮乏的岁月里，超级阿嬷却充实了昭广的心灵，小小的家里也随时洋溢着笑声与温暖……看过之后，你会为阿嬷的省钱奇招拍案叫绝，很多情节会让你捧腹大笑，但这笑中带泪、泪中有阳光，有幸福的滋味。

登見老师说成语

乐天知命：指以乐观的状态面对自己的处境，以睿智的胸怀通达人生。

层出不穷：比喻事物或言论接连不断地出现，没有穷尽。

拍案叫绝：拍桌子叫好。形容非常赞赏。

捧腹大笑：用手捂住肚子大笑。形容遇到极可笑的事，笑得不能停止。

这部电影在日本拥有超高人气，历时四年的拍摄，过程中一度遭遇资金困难，热情的群众发起"一人一万日元让阿嬷成真"的募款活动，向社会大众成功募集到一亿日元的资金，最终顺利拍摄完成。

可想而知，大家有多喜欢这位阿嬷。

昭广与阿嬷有很多神奇对话，看看超级阿嬷如何教你轻松省下三餐：

我小学三年级放学回家，书包还没放下就嚷着："阿嬷，好饿哦！"

可是家里那天已经什么吃的都没有了，外婆冷不防回我一句："你不饿，你只是神经过敏啦。"

于是我嘀咕着："干什么好呢？出去玩吧！"

外婆竟然对我说："出去玩肚子会饿，睡觉吧！"

才下午四点半耶!但是天气太冷,我乖乖钻进被窝,不知不觉睡着了。

可是,晚上十一点半还是饿得醒过来,摇醒睡在旁边的外婆:"我真的是肚子饿啦!"

这回她却跟我说:"不不不,你只是在做梦!"

好不容易撑到天亮,心想终于可以吃早餐了,没想到外婆竟然说:

"早餐昨天不是吃过了吗？赶快去上学，学校有午餐可以吃！"

我想学一项特长，可是阿嬷没有钱给我报特长班，于是对我说："学跑步吧，不用报特长班就可以自己练习。"

我很听话，每天练习跑步，阿嬷又提醒我：跑步的时候，记得脱下鞋来，否则太费鞋……

有一天，吃饭时我抱怨说："阿嬷，我们已经连续三天只吃白米饭了。"阿嬷说："哦？是吗？那明天可能连米饭也没有了！"于是两个人相视哈哈大笑起来，这个笑声里包含了多少辛酸与理解啊！

听了阿嬷这么多语言，是不是感觉她是一个超级吝啬还振振有词的老太太？因为只有这样精打细算她才能和孩子活下去啊！但是当她得知昭广被推选为学校棒球队队长后，兴奋地取出压箱底的积蓄，连夜跑到商店为昭广买了店里最贵的球鞋。这样描写的人物形象不仅生动，而且丰满立体。

让人物说他自己的话！

知道怎么写人物语言了吗？不可多写，全文都是对话，要不得。毕竟你不是写长篇小说，就写最能代表人物性格的几句话即可。观察不同的人、不同的说话风格，然后去模仿，模仿不像，说明你没有抓住特征。

你爸爸说话的口头禅是什么？

你妈妈说话的节奏怎么样？

爷爷说话时安不安假牙是不是两种不同的感觉？

奶奶说话时，爷爷能不能插话？

你可以模仿鲁迅说话，可以模仿莎士比亚说话，也可以模仿林黛玉说话……

不论模仿谁，都是活生生的人在说话，不是你自己设计的对话，一考不好，妈妈就说："孩子，没关系。"姑且不论有几个妈妈认为考不好没关系，就说说在家里，妈妈跟你说话，开头都称呼你"孩子"吗？

包饺子的时候，妈妈经常抱怨爸爸："你这饺子皮儿中间擀得太厚！"为什么一到你的作文里，就变成了"父亲擀出来的饺子皮中间部位总是高高凸起……"？把你的"学生腔"改成正常人说话，你的文章就有人爱看了，快去抢救你文章中那些僵尸语言吧！

 **叴冕老师提问：**

在校运动会上，我们班的小·明参加长跑比赛，一圈之后，他跑最后一名，这时叴冕老师说大家来给小·明加加油啊，于是我们班小·刚冲上前高喊：小·明加油！是男人你就努力向前跑！

请问，假如你是小·明，听完小·刚的加油声，什么感觉？

 叴冕老师带你练

偷听下奶奶和她的老友的谈话，写出来，体会下她们的语言。

05

像修图一样修改文章
——巧妙运用比喻

比喻就是给文章化妆,赶紧去给你的文章"十级美颜"一下吧!

请问,你用手机自拍完后,第一件事是干什么呢?没错,修图!如果不修图,绝对不把照片发到朋友圈去。

那么请问,你写完作文后,第一件事是干什么呢?你会像修改照片一样修改文章吗?

不会,能写出来就不错了,还要怎么修改啊?用修图 APP 把文章

拉成大长腿？从 500 字拉到 800 字去？好办法！

你试试能做到吗？顶多把 5 号字拉成 3 号字。

什么时候我们修改文章也能和修改图片一样心情舒畅呢？

工欲善其事，必先利其器，今天旮旯老师给你推荐一个修改文章的好方法，让你从此爱上修改文章。

 旮旯老师说成语

工欲善其事，必先利其器

出自《论语》，就是要做好工作，先要使工具锋利。形容做好一件事情，准备工作很重要。

能让文章变得和照片一样形象生动的这个方法叫比喻。

有同学很喜欢用比喻，"心里忐忑不安如同十五个吊桶七上八下""她的脸就像红苹果一样""我的腿就和灌了铅似的"……

腿抬不起来就只能灌铅吗？往腿里灌铅你也没见过啊，怪血腥的。你知道莎士比亚是怎么比喻的吗？他感觉自己的双腿像结满果实的树枝往下坠，是不是很常见，又很生动？莎士比亚也描写过一个人的脸，说这个姑娘看到

 旮旯老师

比喻是让文章变生动的绝招。

心爱的人时，脸就像微风中的火炭，你可以体会姑娘的肤色：微风来了，火炭红了，脸红了，微风过后，姑娘强装镇定，掩盖自己的脸红，多么形象。

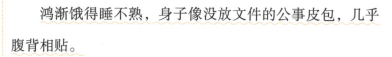

中国也有一位特别著名的"比喻大师"，他叫钱钟书，他的代表作《围城》里面就有好多精彩的比喻：

鸿渐饿得睡不熟，身子像没放文件的公事皮包，几乎腹背相贴。

孙小姐的大手电雪亮地光射丈余，从黑暗的心脏里挖出一条隧道。

李先生脸上少了那副黑眼镜，两只大白眼睛像剥掉壳的煮熟鸡蛋。

还有很多文学大家也都是"比喻大师"。

帕斯的《朦胧中所见的生活》里有这样的比喻：

在大海的黑夜里，穿梭的游鱼便是闪电。

在森林的黑夜里，翻飞的鸟儿便是闪电。

在人体的黑夜里，粼粼的白骨便是闪电。

世界，你一片昏暗，而生活本身就是闪电。

郑振铎《燕子》中的比喻句：

旮旯老师
新鲜的比喻更生动！

一身乌黑的羽毛，一对轻快有力的翅膀，加上剪刀似的尾巴，凑成了那样可爱的活泼的小燕子。

不仅是文章里，我们生活中也处处有比喻，比如我妈妈说她的一个朋友笑起来像颗花椒。这完全可以和鲁迅笔下的柳妈媲美：笑起来蹙缩的脸像个核桃。再比如，上课铃响了，我看见一颗安眠药走了进来，多形象。

比喻不仅让文章生动，还会给你许多启发，可以将大主题比作小事物。比如下面将生命比喻成烹饪的例子。

生命如同烹饪：

1. 食材——食材再好，厨技不行，白搭。

2. 单一食材——要在一个领域里很精通。

3. 火候——爆炒：热情；凉菜：冷静；慢炖：悠长。

4. 调味——生活情趣、小惊喜。

5. 菜的口味风格各异——五味人生。

6. 有时用心做不一定会成功，反之还往往有意想不到的效果——放平心态。

古诗中的比喻也很多，比如白居易的《琵琶行》：

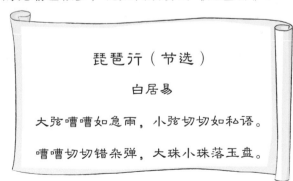

琵琶行（节选）

白居易

大弦嘈嘈如急雨，小弦切切如私语。
嘈嘈切切错杂弹，大珠小珠落玉盘。

比喻的最大好处就是形象生动，当你觉得不够生动的时候就想想比喻。还记得我们的多媒体写作方法是怎样描写黄河的声音吗？用的也是比喻啊！

比喻就是给文章化妆，赶紧去给你的文章"十级美颜"一下吧！

叴児老师提问：

爸爸很壮，像什么？

同学在篮球场上，上蹿下跳，像什么？

监考的时候那个眼观六路的老师，像什么？

旮旯老师带你练

找一篇你的旧作,修改成里面至少有 8 处用比喻的手法来描写。

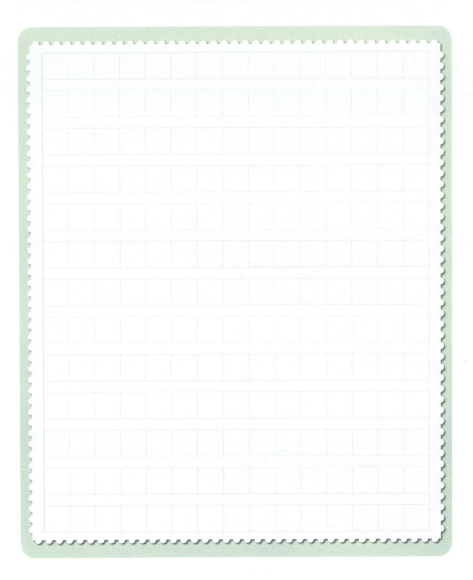

06

跟"千人一面"说再见
——有个性的作文才是好作文

写记叙文要抓住人物或事物的特征,不能千人一面、千篇一律。

写人物要抓住特征。

其实小学和初中作文主要是学写记叙文，写记叙文又离不开写人、状物，抓不住特征，就会千人一面、千篇一律。

你发现你写的《我的爸爸》和同桌写的《我的爸爸》长得像一个人吗？你们俩是失散多年的兄妹吗？你们俩的

爸爸都是高大的身材、高高的鼻梁、大大的眼睛、浓浓的眉毛……在中国长成这样的男人不下两个亿，你是如何在亿万人中一眼就发现哪个是你爸爸呢？那个能让你一眼就发现的特征就是你要写的特征。

是不是人群中一眼就看到一个头发是自来卷的男人；一个喜欢穿红T恤的男人；一个背有点儿驼的男人；一个戴着800度眼镜的男人；一个长着大得宛如蒲扇，夏天能扇风的耳朵的男人；一个长着圆圆的鼻尖，像粒玻璃弹珠的男人；一个长着像是一粒葵花籽的眼睛的男人；一个一笑，嘴角能咧到耳朵根的男人……如果你告诉我这些，我也能把你爸爸从人群中找出来，你就成功了。

观察人的时候你必须化身为福尔摩斯，有一双侦探的眼睛，一眼就要捕捉到这个人身上的最凸显的特征，我建议你做个练习，坐在马路边，不是为了捡一分钱，而是观察来来往往的行人，看他们身上的

特征,然后像个侦探一样猜测这个人的年龄、这个人在家庭中的地位、这个人的习惯、这个人的性格,甚至这个人的职业。

太厉害了吧,还能看出职业?那不成相面的了?!还真能,这是因为人的职业习惯会伴随他的一举一动。卖鞋的和你说话时,总是低头看你的脚;美发行业的,总有一种想抓一抓你头发的冲动;昝昇老师的职业习惯就是观察每位同学的眼神,来判断他们是在认真听课还是在神游、是听懂了还是一头雾水。你可以在马路边试试,看你能不能当个小柯南。

再给你一个高难度的挑战,阅读下面一段文字,看你读完后能不能猜出这个人的职业。

绿呢台面四周有许许多多的手,都在闪闪发亮,都在跃跃欲伸,都在伺机行动。所有这些手各在一只袖筒口窥探着,都像是一跃即出的猛兽,形状不一,颜色各异,有的光溜溜,有的拴着指环和铃铃作响的手镯,有的多毛如野兽,有的湿腻盘曲如鳗鱼,却都同样紧张战栗,极度急迫不已……根据这些手,只需要观察它们等待、攫取和踌躇的样式,就叫人识透一切;贪婪者的手抓搔不已,挥霍者的手肌肉松弛,老谋深算的人两手安静,思前虑后的人关节跳弹;百般性格都在抓钱的手势里表露无遗,这一位把钞票揉成一团,那一位神经过敏竟要把它们搓成碎纸,也有人筋疲力尽,双手摊放……

读完这段文字,你有何感受?是不是把两只手写活了?这段文字摘自茨威格的作品《一个女人一生中的二十四小时》,答案在书里,有兴趣可以去翻一翻。现在抬起自己的手来观察一下,这双手陪伴了你多少年了?你是不是对自己的手太陌生了?人家茨威格能把陌生人的两只手写得如此活灵活现,为什么我们却把活生生的人写死了?就是因为没抓住特征来表现人物,或者说你从没有用心观察过特征。

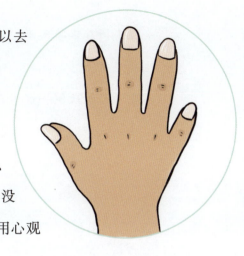

写人如此,状物也是同理,不是罗列特征,高手会一特征一联想。举几个例子:

树的生理特征和精神内涵

树皮:

外表不美,内部光滑多汁,心灵美

枝叶:

无私奉献,大树底下好乘凉,吸引力

树干:

婀娜如柳(河畔的金柳像夕阳中的新娘)

根:

扎根大地,汲取养分,打好基础,选准位置

年轮:

岁月的沉淀,生命的见证

树林:

一棵小树弱不禁风雨，百里森林并肩耐岁寒

生长规律：

不在冬天里砍倒一棵树，人亦如此

 旮旯老师带你练

针对爸爸与别人最不同的地方写一篇100个字左右的小短文。

07

写作也是一种创意活儿
——丢掉套路

写作必须丢掉"套路",当你重新思考时,你的作文便有了创意。

怎么才能提高自己的写作水平？一个月读一本书，每天写一篇日记，是不是就可以了？

同学们，开卷有益和掩卷沉思不能分，学而不思可不行。但是全靠学而思也不行，你还得学而练。

能每天坚持写日记当然好，只是你每天有那么多想写的东西吗？

我不知道你有没有写日记的习惯？反正，我是没有，但是我有随手记的本子，一有灵感，马上记录，后来发现随手记的本子比日记本还厚，而且这些灵感是心甘情愿记录下来的。但是，只会"随手记"还不够，必须还得"随手翻"，我一没事就翻这五六个本子，好多旧的东西经过时间的沉淀会给你全新的思考。

说到全新的思考，有的同学说："老师，我觉得我能想到的话题都已经被别人写过了，我再怎么写也写不出新意了。"

这些同学，不是写作时下不了笔的那种，而是想在写作中有所突破、有所创新，让自己的作文再上一个新台阶。我要告诉你一种方法，

送你的作文"更上一层楼"。

还是回到日记,昇兒老师小时候和大家一样,迫于作业的压力,写过无数篇这样的日记:今天我又去那里玩儿了,很开心,流连忘返,依依不舍。

游记类作文无非就是这个"套路"嘛!

当你开始思考"套路"的时候,你的写作就危险了。

什么叫作者?文章的创作者!你放弃创新,总想着怎么"下套",那套住的只有你自己。所以写作必须丢掉"套路"。下面我们请出北宋的王安石先生教你化腐朽为神奇。

王安石曾经写过一篇游记,叫《游褒禅山记》,他没写依依不舍

畲凫老师

写作要另辟蹊径，不走寻常路。

地离开了褒禅山，而是记录了自己的一次遗憾的旅行。

王安石和几个朋友相约游褒禅山，在山上发现了一个大山洞，入洞口不久就发现了许多洞外从没有见过的美景。王安石想继续往洞的更深处走走看，同行的人却说："咱们的火把估计快烧完了，还是回去吧。"于是，他们无奈返回，告别了探险。回到洞口之后，火把还烧得很旺，大家又说："好可惜啊！早知道再往深处走走，就能看到更多美景了。"就这么一件事，王安石没有就此打住，没有像灰太狼一样大喊："我还会再回来的！"而是开始思考：

于是余有叹焉。古人之观于天地、山川、草木、虫鱼、鸟兽，往往有得，以其求思之深而无不在也。夫夷以近，则游者众；险以远，则至者少。而世之奇伟、瑰怪，非常之观，常在于险远，而人之所罕至焉，故非有志者不能至也。有志矣，不随以止也，然力不足者，亦不能至也。有志与力，而又不随以怠，至于幽暗昏惑而无物以相之，亦不能至也。然力足以至焉，于人为可讥，而在己为有悔；尽吾志也而不能至者，可以无悔矣，其孰能讥之乎？此余之所得也！

用现代汉语解释一下，这段文字分析了哪里才有真正的美景——<u>人迹罕至</u>的地方和领域，什么人才有资格看到真正的美景？必须具备"志向、能力、物质"三个条件。

旅游其实大多是遗憾的艺术，总是会有或多或少的遗憾伴随着我们的旅程。

别人游完就完了,而你有所得,这个"所得"不是买了纪念品,而是思想上的"所得",你的文章就可以提升一个级别。写了不知道多少次的游记,你试着写过旅行中的遗憾吗?这些遗憾对你的人生又有什么影响呢?

 鱼儿老师

人与人最大的不同在于思想。

大禹治水的故事,我们都耳熟能详,大禹为了治水,三过家门而不入,大禹的儿子看到经过自己家门口的爸爸,上前抓着衣服问:"爸爸去哪儿?爸爸怎么不回家?"大禹抚摸着孩子的头说:"爸爸是大家的首领,就要领着大

家谋幸福！"大禹的儿子点点头，发誓长大以后也要做爸爸一样的人，从此中国"家天下"的世袭制开始了！

这后半部分是我的杜撰，前半部分是别人的杜撰，但鲁迅就可以将故事新编，还给这个故事起了个名字，叫《理水》，文中除了嬉笑怒骂，鲁迅还提出了谁才能救中国、为何他能救中国、怎样做才能救中国这一系列宏大命题，并做出了时代的论断。

这是不是给了我们全新的启发？别人已经写过的故事，我们也可以故事新编，去发现全新的思路。

刚才我们提到游记类文章，中国还有一篇更著名的——《桃花源记》，试试能读出什么新意吧。

换个角度看问题就会有不同的想法。

"晋太元中，武陵人捕鱼为业。缘溪行，忘路之远近。忽逢桃花林"，注意这个"忘"字，我们去旅行，很难忘路之远近，常常会问："我们下面去哪里？多久可以到？"可是如果你真正陶醉在风景中，就会"忘路之远近"。"忘路之远近"以后，马上就会"忽逢桃花林"，所以说生命里最美好的事物常常出现在你茫然不觉的时刻。

试着去用全新的视角来写游记吧。当你对一些看似已经非常熟悉的人和事开始重新思考时，你就会发现新大陆，你的作文便有了创意。

叴旯老师提问：

灰姑娘为什么一到十二点就要赶快跑回到南瓜车上？她怕什么？又说明王子在她心中是一个看重什么的人？如果你是灰姑娘，会跑回南瓜车上吗？你在意别人怎么看待你的外表吗？再想想睡美人为什么怎么唤都唤不醒，偏偏一个吻就苏醒了？这说明要唤醒别人你需要做什么？或者想想历史事件，假如荆轲刺秦王时有个帮手他会不会成功？

 叴旯老师带你练

把小时候读过的童话故事找一篇重新编一下吧，你可以让配角变主角。

08

眉清目秀惹人爱
——好题目的秘密（一）

题目就像一个人的眉宇之间，好的题目会使文章长得"眉清目秀"。

什么叫题目?"题"在古文中的意思是"人的额头","目"就是人的眼睛,所以题目就是人的眉目之间,好的题目会使文章长得"眉清目秀"。看一个人,首先要看一个人的眉宇之间,肯定不会先看一个人的脚。古代女子出嫁为什么要先看她的脚呢?那是因为她的头上有盖头。你写作文可绝对不能盖上盖头,一定要让题目吸引人,让人拍案叫绝,让读者看了感叹:我怎么就没想出这么好的题目来呢!

怎么才能给作文起一个好的题目呢?要起一个好的作文题目并不难,简单说就是一句话:为有源头活水来。

你的脑子里必须有一个大水池，而且里面的水还必须是流动的，这样才能起一个好的作文题目，写一篇好的作文。今天旮旯老师就往你的池子里蓄点儿水。

我要向你的水池里输送的第一股清流叫"化用名著"。

很多名著不仅内容精彩，题目起得也特别吸引人，非常值得借鉴。例如，有一部很著名的小说，已经拍成了电影，叫《沉默的羔羊》。哪类作文可以借鉴这个题目呢？我们首先要思考，羔羊象征着什么呢？弱小的人，大多数的人，脆弱的人，所以有一部作品叫《沉默的大多数》，你也可

旮旯老师

读书破万卷，下笔如有神。

观书有感

【南宋】朱熹

半亩方塘一鉴开，天光云影共徘徊。

问渠那得清如许？为有源头活水来。

这首诗来自大理学家朱熹，前面两句看似是在说景，然后问为什么方塘的水会如此清澈，紧跟着回答是由于有永不枯竭的源头为它源源不断地输送活水。这首诗比喻知识是不断更新和发展的，需要不断积累，就像水源的头一样，在人生的学习中不断地学习、运用和探索，才能使自己永葆活力。

以在写人物的时候套用一下这个题目。

还有一部作品,是鲁迅的《呐喊》,如果你写呼吁类、倡导类的作文,是不是就是在呐喊啊?比如你要写一篇作文,倡导大家要爱护小动物,这时候,这个题目是不是就可以改成《狗狗的呐喊》?是不是比《我们要爱护狗狗》这种题目更有力量呢?

题目精彩的名著太多了,还有三本名著,你可能听说过,巴金的《家》《春》《秋》,这虽然是三本名著的名字,但我们可以把它们连成一个完整的名字《家春秋》,就用这个题目写你们家里的故事,你们家里的春秋,非常有深意,也是一个非常好的作文题目。

名著书目
背一背。

还有外国的一部小说《简·爱》,你可能会问:简·爱不是女主人公的名字吗?没错,但我们可以借用它,用汉语思维来重新诠释它:简·爱=简简单单的爱。爱不用太复杂,简简单单就好。甚至我们可以谐音互换,把简单的"简",换成剪断的"剪",那就成了《剪·爱》,真爱能剪断吗?剪不断理还乱。有些爱就是剪不断的爱,比如妈妈对你的爱,是没办法剪断的。还有些爱,当时你没有珍惜,把它们弄丢了,现在需要弯下腰把它们捡起来,这就变成了《捡·爱》。这样来拟写作文题目是不是很有意思呢?

还有,爸爸、妈妈特别爱我们,把我们呵护得太好了,我们就像蚕茧里的蚕宝宝一样,经不起一点儿风雨,最后我们作茧自缚,这种爱是不是可以叫"茧爱"?如果你觉得爸爸、妈妈给你的爱太多了,这种爱让人承受不起,这时候,你特别想对爸爸、妈妈说:"你们对我

的爱能不能减去一点儿?"这时候你想要"减爱"。在写关于亲情的作文时,这些题目是不是都可以派上用场?

如果你要写你的化学老师,或者一个化学家,你完全可以把他对事业的热爱写成《碱爱》。

你在拟作文题目时,如果懂得从名著中去汲取灵感,是不是思路一下子就被打开了呢?

我要给你输入的第二股清流,是"化用歌名"。

很多好的歌曲不仅歌词写得好,歌名也起得非常好。例如《没那么简单》,什么东西不简单呢?世界上很多东西都没那么简单。你看到妈妈烙饼特别简单,但如果你自

谷儿老师

有了名著名,还要发散思维。

己试一下会发现其实并不简单。如果你们学校组织了一次实践活动，参加完回来后让你写一篇实践感悟的作文，这个题目就非常巧妙，而且能写得很深刻。

还有一首歌叫《一笑而过》，面对困难或者别人的不理解时，"一笑而过"不失为一种好心态。正所谓"人不知而不愠，不亦君子乎？"。在写情绪类作文的时候，你完全可以把这个歌名借鉴过来，这会把你的文章都带得拉风。如果你喜欢唱歌，是不是唱着歌就把作文写完了？

昝晃老师带你练

用你喜欢的一首歌展开联想，写一段100个字左右的小短文。

09

眉清目秀惹人爱
——好题目的秘密（二）

名句、诗句、广告语都可以变成你的作文题目。

我已经往你的水池里注入了两股清流,有没有觉得起作文题目已经是小 case 了?即使如此,我还想再给你注点儿水。

还有一股清流——"化用名句"。

名句也可以做你的题目,例如"一岁一枯荣",告诉我们任何事物都不可能永远繁华鼎盛,都会有衰败的时候,这是一个亘古不变的规律。在写事物类作文的时候,这句名诗是不是可以化用为你的作文题目呢?

这首诗的下一句"野火烧不尽"同样也可以作为题目,例如,你

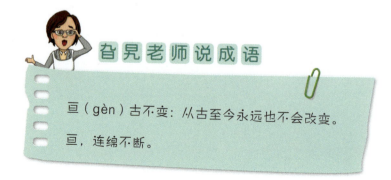

旮旯老师说成语

亘(gèn)古不变:从古至今永远也不会改变。
亘,连绵不断。

的作文要歌颂强大的生命力,或者控诉某些罪行。坏人企图用一把火掩盖他们的罪行,圆明园的大火就可以烧掉侵略者的罪行吗?恰恰相反,你看,野火烧不尽的不只是小草,还可以是罪行,春风吹又生的不只是生命,还可以是伤痕和记忆。只要你懂得思考,会发现汉字传达的意味特别丰富。

野火烧不尽的罪行,
春风吹又生的伤痕。

很多作文写得像流水账,就是因为没有进行思想上的升华,这其实跟作文的标题也是有直接关系的。如果作文的标题能表达出深刻的思想,作文本身的立意也会很有高度,文章中的内容也才更容易引起共鸣。

大多数诗词中,都蕴含有哲理。比如"不识庐山真面目,只缘身在此山中",讲的是当局者迷的道理;"横看成岭

奇兒老师

要想文章深刻,就先从题目上深刻起来。

侧成峰，远近高低各不同"，讲的是看事情的角度不同，导致不同的人对同样的事物有不同的理解；"草色遥看近却无"，远处望去一片绿色，走近一看其实小草还没有完全长出来，只是冒了一点儿小嫩芽。远处看得到绿，但近处却不明显了，传达了一个哲理：距离产生美。

在写作中，如果你需要传达观点，表达哲理，很多你耳熟能详的诗都可以派上用场。

苏轼的《定风波》句句经典，"莫听穿林打叶声"，不要在乎别人怎么说，只需"何妨吟啸且徐行"，意思就是自己听自己的歌就好了。"竹杖芒鞋轻胜马"，太多的追求：荣誉、富贵、官职、职位……这些压得你喘不过气来，你就走不快，等你把这些都卸下，等你"竹杖芒鞋"的时候会发现很轻松，有多轻松呢？——"轻胜马"，就是比骑着马还要快，轻装上路。

一些新生事物刚刚出现，就有人已经关注，这时候你想到了哪句诗呢？我想到的是"小荷才露尖尖角"，如果这个新生事物大家都呵护它，那就会"早有蜻蜓立上头"，但如果一个新生事物刚刚露头就被人扼杀掉了，那么，我们就把蜻蜓换成蝗虫，"小荷才露尖尖角，已有蝗虫立上头。"

在写抒情类作文的时候，可以借鉴的诗歌名句就更多了。比如李白有两句特别有名的诗："桃花潭水深千尺，不及汪伦送我情"，你可以不写桃花潭水，可以写《父爱如潭深千尺》《母爱如潭深千尺》《师恩如潭深千尺》，它们都会比《我的妈妈》《我的爸爸》这些作文题目要文艺。

给题目染上诗意。

还有一股清流，估计你怎么也想不到。你经常看电视吗？电视里演得最多的是什么？不是动画片，不是电视剧，是广告！很多广告语是非常精彩的，可以给我们起作文题目提供非常新鲜的思路。比如美特斯邦威的广告是："不走寻常路"！想想是不是很有深意？寻常路上没有美景，你要自己去发现美景就不能走寻常路。361°的广告语是："多一度热爱"！如果做事情，你能比361°还多一度热爱，那你就成功了。Nike的广告语是："JUST DO IT！"意为去做就好了，表达的是一种担当和自信。还有一句你认为特别俗的广告语："神州行，我看行！"但如果你改一下作为作文的标题，比如《初看行，未必行》《追流行，我看行》，是不是也很吸引人？

还有你每天都在喝的牛奶,其中一条广告耳熟能详:"不是所有的牛奶都叫特仑苏"。这句话我们可以把它改成这样的作文题目:《不是所有的眼泪都叫脆弱》,因为人不是只有在脆弱的时候才流眼泪,这样的表达方式,就特别吸引人。

就连姚明做的公益广告:"没有买卖就没有伤害",都可以拿来一用,如果你要写一篇保护动物的作文,把这个直接当作题目都是个很不错的选择。

给作文起题目的思路不止这些,我为你注入的这五股清流只是想抛砖引玉。写作文需要思考,拓展思路,让你的大脑活起来,让你的题目美起来。

谷儿老师

广告语的特点是简明扼要,重点突出。好的标题也是这样。

叮咚老师说成语

耳熟能详：指听得多了，能够很清楚、很详细地复述出来。

抛砖引玉：意思是抛出砖去，引回玉来。比喻用自己不成熟的意见或作品引出别人更好的意见或好作品，是一种谦虚的说法。记住，这个词只能用于自己。

 叮咚老师带你练

找出五个你喜欢的广告语，套用句式拟五个作文题目。

10

不要幻想自己是上帝
——写作要从实际出发

写作文不要站在上帝的高度训斥别人，而是要站在上帝的角度去启发别人。

我们要从客观实际出发来思考问题。

很多小朋友，在审作文题时输在第一眼，因为第一眼就把自己当上帝了！可能我们在当消费者时享受不到当上帝的感觉，所以就把这种遗憾嫁接到了生活的其他方面。

例如，老子训儿子，或者儿子训老子的时候，偶尔幻想一下自己是高不可及的上帝，也不失为一种平凡生活里的英雄梦想，但若以此为瘾，时时处处心中常念"我若为王"，就会变得高高在上，"不畏浮云遮望眼"，以为自己拥有了"上帝视角"，将这种感觉代入生活中，就会有"你以为就是你以为"的错觉；代入写作中，就是一篇接一篇的"神作文"，何为"神作文"？就是不说人话的作文。记住，写作文的时候你是人，不是神，你永远不可能拥有"上帝视角"。

也许很多人在写作的时候都没意识到自己已经变成了上帝，那就需要我来指点迷津了。请看下面的这幅漫画。

上帝视角

也称万能视角,是文艺评论的术语,应用于叙事类作品,是指叙述者好像万能的上帝一般无所不知。

思考一下,你们会怎么写?

看到这幅漫画,很多同学会不假思索地说:"明明下面是有水的,再挖一铁锹就出水了,所以这幅漫画是在讲:坚持才会胜利,坚持才能成功。"为什么会有这么多同学这么想呢?是因为他们看到了下面是有水的,这时候他们就又把自己变成万能的上帝了,他们一旦把自己变成上帝,就开始嘲笑人、指责人、教训人。可是他们有没有想过这个挖井的人,他并不知道下面有水,而且他并不是不坚持,他挖了那么多地方,而且有的已经挖了那么深!

坚持的前提是方向必须正确。

我们可以试想一下,如果我们也看不到下面的水,我们还会教育他"坚持就会胜利吗"?而且现实生活中,真的是所有的事情只要坚持就会成功吗?

小兔子不会游泳,小乌龟说:"怎么可能?你跑得那么快,虽然只要一赛跑你就会输给我,但是你其实跑得很快。而且你也有四条腿,我也有四条腿,我会游泳,你为啥就不会呢?只要勤学苦练,坚持就一定会成功。"小兔子说:"小乌龟,如果你不提赛跑,我们还可以做朋友……"

小兔子是永远学不会游泳的,你见过会游泳的小兔子吗?并不是有四条腿就都会游泳,板凳也有四条腿,但它会游泳吗?

所以我们回到一个正常的视角来看,如果当初这个漫画下面没有水,但这个人还一直在挖,你心里一定会想:他好傻呀,赶快停下来,别白费工夫了!那么,你的作文题目估计要变成《懂得放弃才能成功》。当初你教人家坚

懂得适时放弃看起来也没错啊!

写作文一定不要站在上帝的高度去训斥别人,而是要站在上帝的角度去启发别人,让他也变成上帝。

持才能成功，第二篇你又教人家懂得放弃才会成功，所以，成功学的书总是卖得很好，为什么呢？因为怎么说都对。

那么，你怎么才能写好这篇作文呢？

你可能会说："哎呀，这也太难了吧？怎么能让别人也变成上帝呢？你所谓的上帝，不就是你能看见下面的水吗？这个人该不该继续挖，取决于下面是不是有水。如果挖的人提前知道下面有没有水，该有多好啊！"

怎么才能提前知道呢？可以借助前期的分析，借助勘探。测到这里有水就继续挖下去，测到没水就去继续寻找有水源的地方。所以，成功不仅仅要靠意志和坚持，虽然这些品质很重要也很可贵，我们都应该拥有，但坚持的前提应该是科学的分析。成功需要科学的分析，这样的准备工作可以帮你确定正确的方向。在每个人奋斗之前，先搞清奋斗的方向对不对。在"苦干"和"实干"之外，还要加"巧干"才能成功。如果你以这样的视角写这篇漫画作文，你就已经胜过 99.9% 的同学了。

旮旯老师

站在更高的角度给出了最佳方案，实在是高！

还有一篇作文，作文材料是这样的：

一只老鹰从峰顶俯冲下来，将一只小羊抓走了。一只乌鸦看见了，非常羡慕，心想：要是我也有这样的本领该多好啊！于是乌鸦模仿老鹰的俯冲姿势拼命练习。一天，乌鸦觉得自己练得很棒了，便嗖嗖地从树上猛冲下来，扑到一只山羊的背上，想抓住山羊往上飞，可是它的身子太轻，爪子又被羊毛缠住了，无论怎样拍打翅膀，也飞不起来。结果被牧羊人抓住了。

牧羊人的孩子见了，问这是一只什么鸟，牧羊人说：

"这是一只忘记自己叫什么的鸟。"孩子摸着乌鸦的羽毛说:"它也很可爱啊!"

如果这份作文材料到这个牧羊人的回答就戛然而止了,那很好写。最重要的是,材料的最后来了一句——孩子摸着乌鸦的羽毛说:"它也很可爱啊!"

这么笨的鸟,哪里可爱呢?它难道不知道自己就是一只小笨鸟吗?它怎么能学苍鹰在天空中飞舞、俯冲呢?如果你觉得小乌鸦不可爱,那说明你又变成上帝了。因为你提前就知道乌鸦做不到,乌鸦没有这个能力。但是,小乌鸦自己并不知道,牧羊人的儿子也不知道。其实我们现实生活中奋斗的人都不知道自己的奋斗能否成功。那我们就

旮旯老师

不试试怎么知道呢?

不去奋斗了吗？以这个视角去想的话，我们再回头去看小乌鸦，是不是有点可爱了呢？

小乌鸦为了实现自己的梦想，那么辛苦地训练自己，它失败过多少次？受过多少伤？但它不放弃、不抛弃，是不是跟刚才挖井的正好相反，上面的挖井人放弃了我们说人家傻，小乌鸦不放弃我们还说人家傻。这种不放弃的精神难道不可爱吗？难道就是因为它没有成功，我们就说它不可爱吗？就因为它是一只小笨鸟，不如老鹰那样犀利，我们就说它不可爱吗？

"苔花如米小，也学牡丹开"，苔花就不可爱吗？小小的苔藓也可以拥有牡丹那样的英雄梦想。当然，我们也希望小乌鸦能够成功，那么小乌鸦怎么才能成功呢？材料中牧羊人的角色这时候出现了。牧羊人父亲象征有经验的长辈、老者，我们年轻人在做了一些冒失的事情时，其实是需要长辈指点的。

> 指点是启发，指指点点是教训。

请注意，是指点，不是指指点点，更不是冷嘲热讽，不能说："这是一只什么鸟？这是一只忘记自己叫什么的鸟。"今天他能嘲笑小乌鸦，明天就可以嘲笑自己的儿子。

长辈在发现孩子做错事情时，不要嘲笑他，也不要训斥他，如不要说"你看看人家王晓彤，再看看你……"；而是要帮助他，告诉他实际情况是怎样的。针对上述材料中的小乌鸦的事情，要告诉他乌鸦应该是什么样的体质。

如果孩子还不相信你,你就要亮出自己身上的伤疤给他看:"爸爸当初也是一只有梦想的乌鸦,也做过同样的俯冲,但弄得自己伤痕累累后才发现自己不能学老鹰。"然后你还要教会孩子,哪些事情最适合孩子去做。当你亮出伤疤的那一刻,当你亮出你奋斗的痕迹时,孩子才会信你、敬你。这样孩子才能少走弯路,你才能成为他的引路人。这样的青春既有奋斗的可爱,又有正确的方向。

讲到这里,想起有一部电视剧叫《我的青春谁做主》,其实,青春,谁都做不了主,一定要大家商量着来,你要听妈妈的话,妈妈也要尊重你的意见,才能过好青春。

 佘爿老师

写作要从客观实际去思考,才能写出真实体验。

我们每个人都不是上帝，当你写作的时候知道自己不是上帝，真正从人的真实体验去写作，把自己当作挖井人，把自己当作那只小乌鸦，当作牧羊人的儿子，你才能真正写出有思想的作文，作文的分数自然也就会超过 99.99% 的同学了。

从此刻起，做一个爱思考的小作者吧。

 旮旯老师带你练

假设你的同桌有一天把日记本丢在课桌上了，好朋友因好奇偷看了他的日记，你觉得同桌知道后会是什么反应？写一段 100 个字左右的小短文。

11

写作的时候放规矩点儿!
——规范作文的六个标准

所有的高分作文都是戴着镣铐在跳舞。

没有规矩，不成方圆。写作文也是如此。

我要很严肃地告诉你：写作文的时候要放规矩点儿。为什么要放规矩呢？实质上写作的训练是要有针对性的。作文的训练需要进行规范性、思维性和文采提升的训练。

但我们见到的作文，能做到规范性的太少了。规范化为什么这么重要呢？因为现在的考试是标准化考试，是有规范化的评分标准的。所以，我们必须根据评分标准做规范化的训练，在规范的基础上再展现自己的个性，否则就会吃力不讨好。所有的高分作文都是

戴着镣铐在跳舞。

好多同学说:"考场作文好自由啊,题目自拟、文体自选、立意也自定……哇,太自由了,我好享受这种自由!"但实际上,这些自由只是看似自由,题目虽然可以自拟,但是你真的能随便拟吗?

每篇文章都像是你的孩子,一个新生命诞生了,父母一定是特别用心地给他(她)起名字,不能因为父母姓张,就给孩子起名叫"张小强"。这样的名字哪个孩子会开心呢?这也太草率了!但实际中,很多同学就是在特别草率地给自己的"孩子"起名字。直接把材料中的一个关

作文题目需要三思,不能拍拍脑门就决定。

键词挪用做题目就完事了,这就相当于你直接给自己的孩子随便起名。相当于你自己主动放弃了写作文的第一块阵地——命题阵地。

如果你直接用一个关键词做题目,那你的文章就进不了一类文了,而且不仅彰显不了你的文笔,反而还暴露了你没有命题能力。

可不能一上手就被瞧出破绽啊!

什么样的作文题目才是规范性的好作文题目呢?我们在前面专门讲过好题目的标准,你可以再去回顾一下。

说完题目,我们就该写开头了,每篇作文的开头都必须规范,就是一定要开门见山。你要知道你的作文篇幅只有几百字,你不能写到一半多的时候还没有让读者看出来你的观点。你不是在写长篇小说,在《红楼梦》中,第三回林黛玉才进贾府。但你的作文篇幅一共才几百字,千万

不能这个时候模仿曹雪芹,一定要开门见山。

不仅要开门见山,开头还要照应话题材料,要让评卷老师第一眼就感觉到你这篇作文就是为本次考试而生的,而不是牵强附会,事先背好了一篇范文,然后把它改头换面,穿靴戴帽,拿来用一下。有的同学又苦恼了:老师,我到底要不要背范文?背范文可以,但不是一字不差地背范文,而是学习它的精妙构思,模仿它的语言风格,慢慢地摸索出自己的 style。

先模仿后超越。

旮旯老师说成语

开门见山:指打开门就能看见山。比喻说话或写文章直奔主题,不拐弯抹角。

牵强附会:意思是把没有某种意义的事物硬说成有,也指把不相关联的事物强拉在一起,混为一谈。

改头换面:原指人的容貌发生了改变。现在多比喻只改外表和形式,内容实质不变。

开头写好以后,就该写文章的主体部分了。如果一篇作文全篇 800 字只写一个自然段,那就很不自然,就像一个人上下一般粗，没有曲线美肯定不好看。这就要求作文的主体部分要规范，要有自然的分段。

作文分几段好呢？这个并没有规定，但不论分几段，应该有一个主次之分，要让读者看到哪段是全文的重心。

凤头猪肚豹尾

元代陶宗仪《南村辍耕录》有："作乐府亦有法，曰凤头、猪肚、豹尾六字是也。"这是一种对诗文创作的开头、主体以及结尾的比喻说法。就是说，文章的起头要奇句夺目，引人入胜，如同凤头一样俊美精彩；文章的主体要言之有物，紧凑而有气势，如同猪肚一样充实丰满；文章的结尾要转出别意，宕开警策，如同豹尾一样雄劲有力。

有的同学一写作文就喜欢写小标题，那旮旯老师就先给你讲讲小标题的规范。小标题的风格要保持一致，字数大概相同，结构应该相似。假如第一个小标题是：诗人与明月，第二个小标题变成了：易安与黄花，那就不对了。因为易安居士李清照也是诗人，这么写逻辑就不对了。这时第一个标题可以改成"太白与明月"，后面才能对"易安与黄花"。又因为一篇文章的小标题必须使用三个以上，两个小标题是不规范的，

所以再加上第三个小标题"东坡与赤壁",这才是规范的。

这就比刚才生硬的小标题"一、李太白""二、李清照""三、东坡与赤壁"要好不知道多少倍。

昝兒老师
要先培养过渡的意识。

但是在写作文时,昝兒老师建议你最好不要用小标题。因为小标题会让上、下段之间没有过渡,显得特别生硬。

说到过渡生硬的问题,我们要讲的下一个规范,就叫"过渡句规范"。一篇优秀的作品,一定有特别巧妙的过渡,所以各位小作者一定要培养自己的"过渡意识"。也许一开始你只会用"不仅……而且……","虽然……但是……"这样生硬老套的过渡,只要有过渡的意识,慢慢地,你就可以自如地变化了。

为什么一定要有过渡呢?过渡的作用就是要告诉读者:我在下

笔之前已经成竹在胸了，已经有全篇的布局了。要让评卷老师看到你的"前写作状态"：我在写作之前，就是个胸有成竹的人。

旮旯老师

结尾最好要点题。

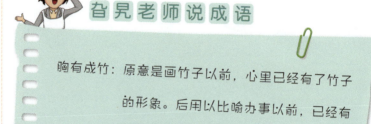

旮旯老师说成语

胸有成竹：原意是画竹子以前，心里已经有了竹子的形象。后用以比喻办事以前，已经有全面的设想和安排。

作文的主体写完可不是就万事大吉了，还剩下非常重要的结尾。结尾也要规范。你有没有尝试过在结尾时回到开头？注意，不是重复开头，而是回到开头，而且升华开头。

有一篇命题作文叫《他们》，一位小作者非常敏感地选择了一个特殊群体——来上海进城务工人员的孩子们作为他的描写对象，他们跟随父母一起来到大上海，开头"他们"是外乡人，是和"我们"相对的一个群体，但小作者文章最后的一句话是：他们，终有一日也会成为我们。这是一篇满分作文，它的结尾回到了"他们"这个开头，并且升华了这个开头，"他们"和"我们"其实是一体的，他们是这个城市的建设者，所以同样也有资格成为这个城

市的主人翁。

这样的结尾叫"圆形结构",诗歌《再别康桥》也用了这种圆形结构,诗的开头是"轻轻的我走了",结尾是"悄悄的我走了",这种结尾就非常漂亮。

结尾的标点也要规范,千万不要用逗号、顿号、半个括号结尾,最好也不要用感叹号,感叹号的结尾就让人感觉在喊口号。结尾的标点符号可以是句号,可以是省略号,也可以是问号。

我的心飞向了远方……

这样的结尾让人觉得言有尽，意无穷。

"还记得我提到过的那片海吗？"如果评卷老师正在跳着读你的作文，读到这句话的时候会自问："那片海？我怎么没看到呢？我真是太不认真了，得多给点儿分弥补一下我的失误。"评卷老师能拿什么补偿你呢？当然是分数了。

还有字数规范，如果一篇作文让你写不少于500个字，你不要在写到第500个字时一个句号就结束了，这样让人感觉你其实写到400个字就没话说了，你撑啊撑，又写了100个没有营养的字，才凑够了

500个字。就像一个弥留之际的人终于含住了一口气,在500个字处撒手人寰了。

旮旯老师说成语

弥留之际:弥留:本指久病不愈,后多指病重将死;际:时候。意思是病危将死的时候。

撒手人寰:人寰,人世。意思是离开人世。

什么叫不少于500个字呢?要写到500的1.1倍的字数就比较合适。如果让你把一篇文章压缩到不多于30个字,那么你最好写30的0.9倍,也就是27个字最漂亮。你写7个字也没多于30个字,但肯定拿不上满分,因为你遗漏太多要点了。

还有一个规范特别简单也特别重要,就是书写规范。把你最美的字体献给考试评卷老师吧。如果你写作文什么方法都不会,那就去练一手好字吧。

旮旯老师

让漂亮的文字给你赢得印象分。

如果你的字特别美,眉清目秀,让人见之忘俗,在炎炎夏日之中,能给评卷老师带来缕缕清爽,那你一定会得到一个很酷的回报。还有就是错别字,当老师看到你错别字连篇的时候,就会直接把你打入下一档文章了。错别字大王们要赶快警醒了。

叴旯老师敲黑板

规范性作文要做到:

1. 题目不随意。

2. 开头开门见山。

3. 主体有主有次有过渡。

4. 结尾回到开头并升华。

5. 作文字数最好是要求字数的 1.1 倍。

6. 什么也不会,就去把字练漂亮。

 叴旯老师带你练

按"凤头、猪肚、豹尾"的要求,去写一段不限主题和字数的小短文。

12

一味装"乐观",写不出好文章
——作文要说实话

一篇好文章让人看到的绝不仅仅是希望,它要带给人很多思考。

不知道从什么时候开始,好像在学生的作文里,如果不是以乐观收尾,就是一篇失败的作文,甚至是不"健康"的作文。仿佛不乐乐呵呵地结束,就无法体现自己长远的眼光和博大的胸怀,甚至是没有社会责任感。

一篇好的文章，的确应该让人看到希望，但不是"假笑"，必须明确"笑"不等于"希望"，何况"假笑"！

一篇好文章让人看到的绝不仅仅是希望，它要带给人很多思考，所以不爱思考的人，才会把作文简单粗暴地处理为"假笑乐观文"，不是以"胸前的红领巾更红了"结尾，就是用"扶老奶奶过马路，奶奶笑了，我也笑了"这样的"片儿汤话"结尾，毫无深度可言，根本看不到思考的痕迹。

叴㒰老师

你是不是曾将"片儿汤话"视为点睛之笔？

叴㒰老师说俗语

片儿汤话

片儿汤本是北方的一种面食，就是把面片儿放在汤里煮熟，里面没有太多粮食，后被用来形容说了一大堆没用的话，没有说到点子上，并且含有故意避开话题的意思，不着边际，说了跟没说差不多。

说到乐观，咱们先来说说什么是悲观。苏轼的一位好朋友在《赤壁赋》里感叹人生就如同沧海一粟，太渺小了。这位朋友被苏轼认真地教育了一番。苏轼自己感叹过人生的无常，生命的短暂吗？去翻他的作品集会发现，他不仅感叹过，还经常感叹，比如"长恨此身非我有"。所以，苏轼也认同人在大自然面前是渺小的，那渺小就没有价值

了吗?渺小就没资格体验生活了吗?苏轼不是在装乐观,他表现出来的是一种达观。

什么是达观呢?如果一个人是悲观的,还没有到明天,他就想,明天会不会有台风呢?如果一个人是乐观的,他可能会想,明天一定是个艳阳天。但达观的人是心中"也无风雨也无晴",这是一个人在经历很多苦难以后,已经不在乎明天是风雨天还是艳阳天了。对于达观的人来说,无论什么天气,他都可以用积极的心态去面对。

如果一味地装乐观,那这种快乐就是肤浅的。在写作

😃兒老师

装出来的总是会被看穿的。

文的时候也是这样。

有这么一道作文题:"看到幽深的山谷,有人想到的是悬崖,有人想到的是修桥铺路。"就这么一句材料,你怎么写?

很多同学看到这个作文题目,可能就会想,山谷意味着困难,在面对困难的时候当然要乐观,修桥铺路战胜困难就对了。写积极乐观没有错,但我们如果真的遇到了深深的山谷时,首先想到的真的是要架一座桥吗?我可能首先想到的应该是这悬崖有多深。我最好不要靠近它,免得失足坠崖,我要远离危险,保护好自己的生命。遇到一件事情如果只是一味乐观,而不是去想面对的困难和危险,会不会很惨呢?

昝旯老师

想想纪伯伦的话是什么意思呢?

没有想过艰难，看不到悬崖危险的人很可能是最早放弃的人，是笑不到最后的人。能够意识到悬崖的危险，对我们来说是非常重要的，这就是危机意识。诗人纪伯伦说过：如果你是一个瘸子，你千万不要在敌人的头上打断你的拐杖。我们要有危机感，知道自己将会面对什么困难，用长远的眼光为自己留一条退路。

《头脑特工队》这部动画片是非常经典的，片中把人的各种情绪，喜、怒、哀、乐、忧、惧都具化成一个个卡通形象，其中有一个表达担心的形象叫忧忧。它一开始并不受欢迎，因为它总是担忧这个，担忧那个，甚至有点儿杞人忧天，但是最后大家发现正是因为它的担忧，挽救了整个团队。它在团队中不重要吗？显然是很重要的。

一个团队中，如果有这么一个人，总是能提前考虑到很多困难，他就有助于让大家提前避免很多危险。如果只有乐观，没有担忧，就是盲目的乐观。

同样，我们不能一味地勇敢，只有勇敢是做不成事的。"恐惧"也是必需的。如果我们没有了"恐惧"，这个世界也便没有了敬畏之心，那得乱成什么样子！

"厌恶"重要吗？如果世界上全是"喜欢"，那这个世界上就没有爱憎分明了，所以不能说"厌恶"就是一种不好的情绪。

生气就一定不好吗？有时候发怒也是为了表达自己的

立场和原则,你总是嘻嘻哈哈,大家就会喜欢你吗?在作文里总是呵呵地傻乐,就一定是好作文吗?把你真实的情感表达在作文里,才能体现你的思考,你的作文才能是好作文。

**叴旯老师**

情绪没有好坏之分,总之要真实。

叴旯老师带你练

以你讨厌的人或事为题,写一段200个字左右的小短文。

103

13

我病了，因为看了你的东西
——好作文要避免的四种病

好作文要避免四种病：幼稚病、无病呻吟病、自我病、愤世嫉俗病。

你的作文会生病吗?作为一名作文医生,让"旮旯医生"来诊治一下你作文中的毛病吧。

作文里的第一种病叫幼稚病。有的同学感觉自己写的作文特别深刻，比如这次期末考试我没考好，妈妈没打我，还给我做了一顿丰盛的晚餐，最后我哭了，妈妈也哭了……哇，写完以后，感觉自己写的作文好有深度啊，展现了母爱的伟大、人性的光辉！

真的是这样吗？先不说这样的例子深刻与否，咱们来看看它真实吗？你没考好的时候，妈妈什么也不提，只是低头一心一意给你做好吃的？你认为一个不关心你的成长，只提供一日三餐保障的人能叫妈妈吗？

"我们母女俩对着一盘鱼，谁都不动筷子，最后我哭了，妈妈也哭了……"全文结束。为什么哭啊？你得在这个时候赶快说出你真实

眘昃老师

观察不细致、思考不深入是致病原因。

的感受啊！否则鱼都被你们娘儿俩搞糊涂了："我都让你们吃了，你们还哭什么呢？"这样的作文犯的第一个错误是没有把中心思想写出来，更别说这样的作文里还充斥着贪吃、贪玩这种享乐主义的思想，非常不可取。

要避免这样的幼稚病，你平时要认真地观察身边的人和事，还要多思考。如果不爱思考，写出来的作文就很肤浅，就像"浅草才能没马蹄"。"浅草才能没马蹄"出自白居易的《钱塘湖春行》。

眘昃老师说出处

钱塘湖春行

【唐】白居易

孤山寺北贾亭西，水面初平云脚低。

几处早莺争暖树，谁家新燕啄春泥。

乱花渐欲迷人眼，浅草才能没马蹄。

最爱湖东行不足，绿杨阴里白沙堤。

作文里的第二种毛病是很多同学都会犯的，这类作文看似很有文采，开头就是：我是一只断了线的风筝，飘啊飘，永远找不到方向。全篇用一个成语概括就是：无病呻吟病。

叴児老师说成语

无病呻吟：意思是本来没病却发出病痛时的低吟；比喻没有忧伤的事情却叹息感慨；也比喻作品没有真实感情，装腔作势。

为什么你的人生成了断了线的风筝，找不到方向了呢？你如果总是有这种感受，就要问问自己："我幸福吗？我还知道幸福是什么感觉吗？"很多小朋友从小就吃着肯德基、玩儿着平板电脑、穿着名牌长大，从来没有因为一

 叴児老师

没有失去过，就体会不到得到的快乐。

我是一只断了线的风筝……

件事而真正付出过，努力过，所以没有真正幸福过，那么写作的时候就很容易犯无病呻吟的毛病。

怎么才能有幸福感呢？幸福都是奋斗出来的，你要给自己定一个小目标，然后为这个目标努力奋斗，那么你实现目标的那一刻，就会有幸福感。即使没有成功，充实的感觉也会让你倍感幸福。当你为一个目标去不懈努力时，把你的真情实感写出来，你的无病呻吟就治好了。

作文里的第三个毛病就是作文里没有别人，只有自我——自我病。只写自己的喜怒哀乐，不关心别人，对自己以外的一切一律抱以冷漠的态度。用朱自清的《荷塘月色》里的一句话描述这种作文特别生动：热闹是他们的，

旮旯老师

努力奋斗专治各种无病呻吟。

旮旯老师说出处

"躲进小楼成一统，管他春夏与秋冬。"出自鲁迅的《自嘲》。

自嘲

鲁迅

运交华盖欲何求，未敢翻身已碰头。

破帽遮颜过闹市，漏船载酒泛中流。

横眉冷对千夫指，俯首甘为孺子牛。

躲进小楼成一统，管他冬夏与春秋。

而我什么都没有。别人是另一个热闹的世界，我要"躲进小楼成一统，管他春夏与秋冬"。

我们都是社会人，不可能脱离社会生存。如果你把自己和他人割裂了，和社会、自然割裂了，那你和自己的内心也会割裂的，你的内心是空洞的、没有营养滋润的，所以，首先要把自己的心房打开。不要在文章里只写自己，没有家，没有国，没有天下，也没有爱，这样的作文一定不要写。

天、地、人，你、我、他都要写。

作文的第四种毛病，就是偏激，愤世嫉俗病。有的作文怀疑一切、否定一切，活生生就是一篇"骂文"。

首先，请你审视一下自己的思维是否偏激，能否换位思考，有没有站不住脚的观点，有没有不负责任的批判，能不能提出建设性的建议。你能发现"不美"，还要有意愿、有能力帮它"变美"才行。一味咒骂没有意义，只能沦为"打嘴炮"的"键盘侠"，毫无责任担当。

其次，写文章不可以用脏话，如果比骂人，你可能比不过菜市场叉着腰骂街的大妈，她们骂人可以骂一天，而且完全不重样，写文章不是骂街。

战斗性强的批判、声讨文章叫檄文。

那我怎么表达自己的愤怒呢？去读读鲁迅的作品，文中没有一个脏字，却让敌人灵魂颤抖，所以鲁迅的杂文是"匕首"，你的文章能一针见血吗？

希望我们的精神、肉体、文字以后都少出毛病。

好作文不能犯的病：

1. 幼稚病

2. 无病呻吟病

3. 自我病

4. 愤世嫉俗病

拿出你的一篇小文，查查有没有染病，再顺手治疗一下。

14

你越时尚，写作能力越下降
——删掉作文里的流行语

如果你的作文里有很多时尚流行语，那么修改作文的第一步就是先删掉这些流行语。

有的同学很时尚,无论穿衣打扮还是行为方式都紧跟时代潮流,这本身无可非议。但如果作文太"时尚",可能就会出问题。

你时尚吗?判断自己够不够时尚很简单,看看你是否知道下面这些流行语的含义即可。

吃藕、萌萌哒、屌丝、渣男、小鲜肉、也是醉了、涨姿势、不造、

锦鲤、杠精、佛系、社会人、确认过眼神、C位……

如果以上语言你都门儿清，并且"曲不离口"，那你的写作水平一定下滑得很严重了。

说实话，上面这串流行语有一些我直到现在还不懂其准确含义，我的悟性真的有点儿"令人捉急"。

记得当年一位好友在电话中问我："你知道现在流行一个词叫'渣'吗？"我如同在听天书，后来频繁出现"渣男"一词后，我才恍然大悟。前两日，我外出讲座，讲到某男形象分析时，我使用了"渣男"这一称呼，听众"毫无违和感"，看来大家已经对本词含义达成共识。事后，我不禁想，如果此处我不说"渣男"一词，该怎样描述他呢？同理，我在想说某人"很LOW"时，不用该流行语，又该如何表达呢？

不想不知道，一想吓一跳，我竟然丧失了描述相同情况的语言能力，觉得似乎没有比"渣男""很LOW"更准确形象的语言描述了，请问在这两个词被造出来之前，遇到类似的情况，我是怎样说话写作的？我忘了。

所谓"C位"也许是舞台的最中央，所有聚光灯都汇聚于一点的位置，是全场最亮的星；也许是团队最核心的领袖，是每个成员都顶礼膜拜的人；也许是海报里最显著的展示；还可能是游戏里最疯狂的玩家……它可以用这么多让人艳羡的文字去表述那么多让人艳羡的可能，而我们

昪老师

流行语的谐音梗。谐音本来是汉语运用中的一种修辞手法。

昪老师

流行语似乎让我们丧失了语言表达的能力。

 谷儿老师

试着把作文里的流行语换掉吧。

现在只用了两个中西结合的字符就代替了这一切。

流行语让我们的作文变得骨感时尚了,却少了文字应有的圆润与细腻、丰富与真实。当语言不够多姿多彩的时候,思想一定是苍白的;如果词汇来得太快,思想也会消去得很快,于是一篇苍白而肤浅的作文便诞生了。如果你的作文里充斥着这些流行语,你的语言就会变得非常贫乏,因为一个流行语就可以省略几百字。

如果你的作文是这种"时尚"的作文,那么修改作文的第一步,就是先删掉大量流行语。所谓的流行,就是"短平快",而真正的美文,是要慢慢咀嚼的。

记得有学生问我:"老师,为什么诗歌那么美,却流

行不起来?"现在我有了答案,因为它们太丰富了。

真正的语言是用来描述最丰富的外在和最真实的内心的,你惯用流行语时,就再写不出内心的波澜,就只会急到哭,却始终找不到适合的词汇表达自我。你写作文时总是觉得感情特别饱满,但就是说不出来,只能无声地流泪,这就是因为你的语言死了。

以前我会担心自己听不懂别人口中的流行语,觉得自己格格不入,非常落伍,现在我反而庆幸自己不知道大家都刷屏的新闻,因为所谓的新闻,可能俯仰之间,已为陈迹。被流行文化遗忘并不可怕,可怕的是我们忘记了这个世界本来的样子。

旮旯老师

好作文讲的是真情实感和文化底蕴。

旮旯老师

流行这个词本身就代表着短暂。

旮旯老师说成语

"俯仰之间"出自王羲之的《兰亭集序》:"向其所欣,俯仰之间,已为陈迹"。就是以前所喜欢的东西,在短短的时间内,已经成了旧物,表达了作者对"人的欲望没有穷尽,人生短暂"的感慨。

 旮旯老师带你练

关于"流行",你想说什么?写一段200个字左右的小短文。

15

好结尾要把声调降下来
——什么是好结尾

响鼓不用重锤,有理不在声高。好的作文结尾要把声调降下来。

昝旯老师

响鼓不用重锤,有理不在声高。

很多同学把作文的结尾当成表决心的阵地,这些作文的结尾一般满眼的感叹号、满纸的表决心、满篇的慷慨激昂。

用感叹号并没有错,如果你写的是一篇战斗檄文,感叹号可以增加号召力;如果你写的是一篇政府报告,感叹

号可以体现一种权威，领导在用这样的报告发言时，感叹号可以增加凝聚力。

可是，作为一名中小学生，写的作文无非是一些生活琐事、日常游记，满篇的感叹号就会有用力过猛的感觉。用力过猛的作文给人的感觉就会是言不由衷、假大空。真正的高手，善于用很小的声音讲很大的道理。

一位同学写了一篇自己生病的作文。在生病的时候，我们不仅身体虚弱，往往内心也会比较脆弱。这位同学在打吊瓶的时候号啕大哭，这时候妈妈不但没有鼓励她，反而冷冷地说："你已经十岁了，不要总这么娇气，好不好？"她感到非常生气，也非常失望，觉得妈妈不爱她了。直到夜里醒来时，她发现妈妈还陪在自己的病床边。

这时候如果作文的结尾写成大团圆式的结尾，也许是这样的：

我扑到妈妈的怀里，哽咽着说：妈妈，我爱您！

这样的结尾虽然并没有错,但并没有意味深长、余音绕梁的感觉,没办法给读者留下回味的空间。这位小作者很巧妙地在结尾把声调降了下来:

眼泪顺着我的眼角默默地留了下来,我把头蒙进被子里,那夜我睡得很安心。

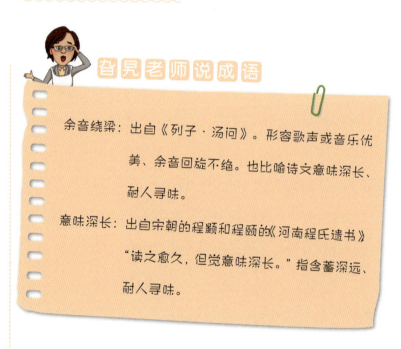

余音绕梁:出自《列子·汤问》。形容歌声或音乐优美、余音回旋不绝。也比喻诗文意味深长、耐人寻味。

意味深长:出自宋朝的程颢和程颐的《河南程氏遗书》"读之愈久,但觉意味深长。"指含蓄深远、耐人寻味。

旮旯老师

于无声处听惊雷。

结尾突然变得好平静,但是表面的平静恰恰是内心的沸腾。好的文章结尾不是喊出口号,大声表达情感,而是能给读者带来思考,引起读者无限的遐想。这就好比笔直的大马路总是不及蜿蜒曲折的幽径更让人向往。

有很多同学问过旮旯老师一个类似的问题:作文的结尾应该设置成悲剧好还是喜剧好呢?

喜剧和悲剧都可以展示现实的悲惨，悲剧能让我们流泪，真正的喜剧能让我们含泪微笑。之所以有悲喜之分，是因为节奏不同。举一个例子，就拿音乐的节奏来说吧，我听过最悲惨的音乐应该是哀乐，但如果试着把哀乐两倍速播放，会发现很欢快。反之，如果把《小苹果》放慢了唱，会发现它其实是很悲伤的一首歌。

这倒是一种有趣的体验，不妨试试。

写作也要把握这种感情的节奏，悲剧的节奏感跟我们生活的节奏更一致，这样更能引起读者的共鸣。喜剧恰恰是加快了节奏感，把所有的不幸集中地爆发到一个节点，或者某一个人身上，这种痛苦恰恰又与生死无关，这就有了喜剧效果。

作文有节奏，人生有节奏，重要的是找到适合的节奏。

很多喜剧作品都是些小人物经历各种不幸，但我们就是笑了。这种喜剧带给我们面对现实的勇气，让我们觉得：原来还有比我们更倒霉的倒霉蛋啊。于是，我们就充满勇气地活了下来。好的喜剧给我们的绝对不是比上不足、比下有余的傻笑，而是含

无言胜有言，无声的力量！

泪的微笑。美丽的人生一定是悲喜交加的。

作文的结尾应该设置成悲剧好还是喜剧好呢？不论悲喜，给人希望的结尾是最好的。海明威《老人与海》的结尾是这样写的：

在大路另一头老人的窝棚里，他又睡着了。他依旧脸朝下躺着，孩子坐在他身边，守着他。老人正梦见狮子。

"梦见狮子"寓意着老人像狮子一样，不放弃、不服输。你可以打倒我，但你战胜不了我，这是对生命充满了希望。

请记住，真正有力量的话，不是喊出来的。真正给人力量的结尾，可喜可悲，但总有希望。

夯兒老师带你练

想想你最想做的是什么？用文字真实地表达出来吧。

心怀童心,迈向成长

贺晃老师

大语文那些事儿
GREAT CHINESE

赵旭 ◎ 著
王雪倩 秦熠 ◎ 绘

写 作
点睛课 2

北京理工大学出版社
BEIJING INSTITUTE OF TECHNOLOGY PRESS

版权所有，侵权必究

图书在版编目（CIP）数据

大语文那些事儿. 写作点睛课. 2 / 赵旭著；王雪倩，秦熠绘. —北京：北京理工大学出版社，2020.10（2023.4 重印）

ISBN 978-7-5682-9077-7

Ⅰ. ①大… Ⅱ. ①赵… ②王… ③秦… Ⅲ. ①作文课—小学—教学参考资料 Ⅳ. ① G624.203

中国版本图书馆 CIP 数据核字 (2020) 第 179813 号

大语文那些事儿·写作点睛课 2

出版发行 / 北京理工大学出版社有限责任公司
地　　址 / 北京市海淀区中关村南大街 5 号
邮　　编 / 100081
电　　话 /（010）68914775（总编室）
　　　　　（010）82562903（教材售后服务热线）
　　　　　（010）68948351（其他图书服务热线）
网　　址 / http://www.bitpress.com.cn
经　　销 / 全国各地新华书店
印　　刷 / 鸿博昊天科技有限公司
开　　本 / 787 毫米 ×1092 毫米　1/16
总 印 张 / 55
总 字 数 / 600 千字
版　　次 / 2020 年 10 月第 1 版　2023 年 4 月第 20 次印刷
总 定 价 / 180.00 元（全 6 册）

责任编辑 / 户金爽
文案编辑 / 梁铜华
责任校对 / 刘亚男
责任印刷 / 边心超

图书出现印装质量问题，请拨打售后服务热线，本社负责调换

卷首语

写出你的个性作文

社交场合，大家最忌讳"撞衫"，因为谁都想穿出自己的"个性"来。写作文是同样的道理，每个人笔下的文字都应该有自己的"防伪标志"。但遗憾的是，我们读到的学生作文，大多是"盗版""翻版"，翻开彼此的文章一看，大家唱的是"同一首歌"！腔调一致，主题一致，甚至"歌词"都一致！

阅卷老师为什么痛苦？不是因为"阅卷无数"，而是因为一天要见那么多篇"多胞胎"，内心恐惧。写美人时，眉毛多半是"柳叶眉"，嘴巴肯定是"樱桃小嘴"，腰只能是"杨柳细腰"……这哪里是在写"美人"？这是在写"植物人"吧！

所以写作文的第一步是观察，像"名侦探柯南"

一样去观察美人究竟哪里最吸引你、美景到底哪一刻最让人动心、爸爸喜欢哪只手拿杯子、妈妈最爱说的口头禅是什么、姥姥为什么总是埋怨姥爷、老师每天如何登上讲台、楼下卖鸡蛋灌饼的大叔做一张饼用几分钟……观察出别人忽略的细节，你笔下的人、物、情、景就可以"活起来"，就一定会与众不同。

　　让人物"活起来"之后，就要揣摩他们"活着的方式"，关注他们"活着的意义"，这样你的文章不仅"活起来"了，而且"活得精彩"。

001　01 写好作文一点儿都不难

009　02 找呀，找呀，找朋友
　　　——写友情

017　03 朋友就是不停说再见
　　　——写友情

023　04 妈妈的小隐私
　　　——记事

031　05 我的妈妈是超人
　　　——写人

039　06 奶奶和《天气预报》
　　　——写亲情

045　07 春节的苦恼
　　　——记事

053　08 大题小作
　　　——大主题作文

目录 CONTENTS

061 09 离别也有千万种
　　——写离别

10 舌尖上的故乡 **069**
　　——状物

077 11 不合格的幼儿园毕业生
　　——写人生信条

12 带雨刷器的眼镜 **087**
　　——写感受

095 13 饮食也有文化
　　——说明文

14 动物朋友的权利 **103**
　　——写评论

111 15 我的自白
　　——应用文

16 我就是我自己 **119**
　　——自我介绍

01

写好作文一点儿都不难

很多同学一写作文就痛苦凑字,可是当你掌握了写作方法时,写作文就会变得很简单了。

我上小学的时候总是特别害怕写作文。一篇文章写了半天，字数总是凑不够。我已经扶老奶奶过马路过了半天了，还是写不够老师要求的字数。最后终于憋不住了：啊，我扶老奶奶过马路，真开心啊！总结句都出来了，字数还是不够……于是，继续往后硬凑：我从小到大就没有这么开心过，这是我出生以来最开心的事了！

　　凑字数凑得好辛苦，所以那时在我的作文里面，你基本看不到

"1996年"这样的字样,因为"1996"如果写成阿拉伯数字就占一个格,写成汉字最多占四个格,在我的作文里从来都是用"公元二十世纪九十年代的第六个年头"来表示"1996年"。

我长大以后才发现文章的字数总写不够的秘密,原来是因为某些字的存在。

你可能听迷糊了,怎么有些字存在,反而使其他字不能存在呢?对。你别以为写上去这个字,你就多占了一个格。正因为写了这个字,其他的字就没办法写了。例如有没有的"有",这个字一出现,你的文章就会变得既枯燥又短小。

奇异老师

试着把作文中满篇的"有"字删掉。

小时候我写作文也是这样写:我们的语文老师可漂亮了,她有一头乌黑的头发,有一双乌黑的大眼睛,有一个鼻子,还有一张嘴。

每个句子的前面都用"有"开头,这样的文章既枯燥又没办法写长。现在你学着我把这些"有"字都删掉,变成:我们的语文老师可漂亮了,一头乌黑浓密的长发披在肩上,她的眼睛特别吸引人,乌黑乌黑的,像葡萄一样。高高的鼻梁下面长着樱桃般的小嘴,同学们可喜欢她了。

把"有"删掉以后是不是读起来舒服多了?当你删去"有"字之后,你自然就要想办法用其他字词来连接各个分句,当你发现连接不通的时候,自然就要变换各个分句

奇异老师

前后对比,让句式有变化后,文字就舒服多了。

的句式，这样你的文章一下就活泼起来了。所以学会这一招，试着把你文章当中的像"有"这种影响文章活泼程度的字都删掉，把你的文章重组一下，立马就会有脱胎换骨的感觉。

我还有一点儿建议，在小学低年级时，写作文尽量少用成语，因为成语的特点就是高度概括，四个字可以概括几百字的内容。而我们很多同学特别喜欢用成语，比如在作文的开头就写：今天万里无云，风和日丽；爸爸的眼睛炯炯有神。

老师最怕听到的就是"炯炯有神"，所有人的眼睛都"炯炯有神"吗？人的眼睛有不同的形状，有单眼皮，有双眼皮，有三角眼，有圆豆豆眼，不一定都写成"炯炯有神"，那样反而显得不生动。而且眼神不一定都是"炯炯"的，眼光是一种光，光是有颜色的，人的眼睛在什么时候会红？什么时候会绿？光也是有温度的。什么人的眼睛看你一眼，你就不寒而栗？什么人的眼睛看你一眼，你就浑身燥热？光还是有压力的。有些人看你一眼，你就很轻松；有些人看你一眼，你就很沉重。这样写眼神比"炯炯有神"这个成语要活泼很多,文章的字数也扩充了很多。

有的同学在写作文时"字不够,标点凑",这倒也没错,但不要简单地往上面加问号、感叹号、省略号,这种拼凑太简单粗暴了。

冬昇老师

每个人的眼睛都不一样,要抓住眼神的特点来写。

你可以检查一下你的作文里有没有用到七种以上标点符号。

你有没有用到问号?我建议你使用问号,不仅建议你用疑问句,还建议你用设问句、反问句。因为这两种句型表达的语气更强烈。

还有,你有没有用感叹号来表达你的惊讶,或者表达你的气愤?

冬昇老师

作文中的问号可以加强语气。

你有没有用省略号来表现言有尽而意无穷?

你有没有用双引号引用名人名言?

冬昇老师敲黑板

写好作文的绝招:

1. 少用"有"字。

2. 少用成语概括。

3. 巧用标点符号。

你有没有用冒号让你文章中的人物自己跳出来讲两句?

貌似我在逼你用标点符号,实质上是暗示你去体会标点符号的作用,暗示你去思考怎么写文章。

要想从根本上把文章写好,先得了解生活,你才能写好生活。小学生了解生活的途径有千百种,我小时候最喜欢一种,那就是看动画片,每天都是等待着下课、等待着放学、等待着动画片的童年。

舒克!舒克!舒克!舒克!开飞机的舒克!

贝塔!贝塔!贝塔!贝塔!开坦克的贝塔!

金刚葫芦娃,孙悟空一个跟头十万八。

唐老鸭和米老鼠过家家,海绵宝宝一笑就露出大板牙。

加菲猫永远穿着花裤衩,凯蒂猫头上总别着一朵花。

白雪公主遇见了阿童木,灰太狼偷走了超人的红内裤。

柯南小朋友与黑猫警长总在办案的现场。

阿拉丁神灯会魔法,哪吒闹海传佳话。

大头儿子,小头爸爸。海尔兄弟,他们是哥俩。

猫和老鼠是一对儿欢喜冤家。

人猿泰山本领大。

樱桃小丸子又旷课了。

蜡笔小新喊:"妈妈、妈妈。"

奥特曼和怪兽对打:我代表月亮消灭他!

樱木花道扣篮帅呆了,哈利·波特骑上了小扫把。

哆啦A梦的大口袋送给了卖火柴的小女孩,蓝精灵在山的那边、海的那边遇见了阿凡达。

 旭昇老师

了解生活的方式有很多,看书、旅游、看动画片……很多方式都可以。

"旭旭"叨叨

当我们抱怨不会写作的时候,其实是我们没有去关注生活,小朋友有一双比成年人更热爱生活的眼睛,把看到的说出来,把说出来的写下来,也许开始略显平淡,甚至杂乱无章,但也强过满口诗词歌赋,成语典故,别让自己的语言太"早熟",要习惯说出心里最真实的想法,记录下最纯真的文字,这绝对是一大笔财富。

叮咚老师带你练

最让你感动的一件事，写一段100个字左右的小短文。

02

找呀，找呀，找朋友
——写友情

在写好友情作文之前，先要体会"朋友"这两个字的真正意义。

找朋友

找呀,找呀,找朋友,

找到一个好朋友,

敬个礼,握握手,

你是我的好朋友。

再见!

你能和我一起把上面那首儿歌唱下来吗？如果可以一起唱出来，就说明我们有共同的童年记忆。

《找朋友》这首儿歌，是我小时候最喜欢唱的一首儿歌。它既不像《卖报歌》那样渗透着烧脑的算术题，也不像《丢手绢》那样让人猝不及防就变换节奏。

前两天，我偶然间又听到了这首歌，仿佛自己回到了那个天真烂漫的童年。不过，时隔三十年再听到这首歌，我猛然发现，最深奥的道理其实都是我们很小的时候天天唱的。不信，你来听。

"找呀，找呀，找朋友"，朋友为什么要寻寻觅觅呢？说明朋友不是我们一生下来就有的，需要我们去寻找。我们每个人一生下来就有爸爸、妈妈、爷爷、奶奶、哥哥、姐姐，但是我们刚生下来时是没有朋友的。家庭不能挑，妈妈也不用找，小蝌蚪才找妈妈呢！但是自己的朋友可以

含儿老师
从相识上看，点明朋友是自己的选择。

挑，而且只能自己慢慢寻找，细细挑选，没有人能代劳。就算找到了好朋友，也许还会吵吵闹闹，分分合合，聚聚散散。

有些人比较幸运，很小的时候就有自己的朋友，我们把这种小时候结交的朋友叫"总角之交"。古时候，小孩子的发型被称为"垂髫（tiáo）"，《桃花源记》里有一句"黄发垂髫并怡然自乐"，黄发借代老人，垂髫就借代儿童。因为古时候的小孩子头发都散着，不扎起来，所以就叫"垂髫"。稍微长大一点儿，变成少年以后，就会把鬓角的碎发扎起来，就叫"总角"，这时候交的朋友就叫"总角之交"。

昏昕老师说成语

总角之交（zǒng jiǎo zhī jiāo）：指儿时结交相识并一直陪伴长大的朋友。古代儿童将头发分作左右两半，在头顶各扎成一个结，形如两个羊角，故称"总角"。

昏昕老师

从年龄上看，朋友之间没有年龄界限。

还有些人小时候没有什么朋友，但老了以后便找到了"老友"，这时候交的朋友不一定是同龄人，也可能是比自己小的人。比如我八十岁了，你这个几岁的小孩子也可以和我做朋友，这种朋友就叫"忘年交"。就是我们彼此都忘了自己的年龄，代沟什么的也都不叫事儿。我见过很多忘年交，年龄稍长的总是有点儿童趣，而年龄稍小的又比同龄人多了几分老成。

还有一些人，开始时是仇人，但是后来经历了一些事情以后，化干戈为玉帛，最终成了朋友。我们最熟悉的就是赵国《将相和》的故事，开头的时候，廉颇总是和蔺相如对着干，可蔺相如不计较，后来廉颇被感动了，意识到自己做得不对，然后就负荆请罪，蔺相如"宰相肚子里能撑船"，两个人不仅成了朋友，还成了"刎颈之交"。

从感情上看，仇人也可以变成朋友。

旮旯老师说成语

刎颈之交（wěn jǐng zhī jiāo）：愿意为你抹脖子、为你去死的朋友，比喻可以同生死、共患难的朋友。

交朋友怎么还像个技术活呢？找啊找，如果找不到，能不能不找了？不可以。不找朋友你就违反了社会主义核心价值观。啊？交朋友不是我个人的事吗？不是。社会主义核心价值观里有一条就是"友善"，没有朋友就谈不上

从人的属性上看，朋友是必不可少的。

友善，你的善只是独善其身。没有办法扩大和影响别人，别人感受不到你的善意，就不叫友善。我们不是古人，可以隐居在大山中一个人生活。新时代，我们生活在人群中，不可能独善其身，为什么不把你的友善传递出去呢？

有的小朋友可能会特别得意地说："我有一堆朋友，而且都是特别要好的朋友。"这位小朋友，朋友是不能用"堆"来形容的，朋友是论个的。我们经常听到的一句话：人生得一知己足矣，真正的知音有一个就好。文章开头那首找朋友的歌词也是"找到一个好朋友"，朋友不是用来消除寂寞感的，所以不用求多。

还有一句话也不对：我的朋友就是你的朋友，朋友永远是一对一 VIP，朋友怎么能转让呢？是谁的朋友就是谁的，不能热传递哦。

> 昌晃老师
> 从朋友的数量上看，朋友不在多，而在知心。

"旭旭"叨叨

有朋友相伴,我们就不会孤单,人人都会唱《找朋友》,你却能从中悟出朋友的真谛。朋友没有年龄、国籍、性别、种族……的束缚,需要的只是一颗真心,你有没有掏心掏肺的朋友呢?

 旮旯老师带你练

你和你的朋友是怎么认识的呢?针对你们成为好朋友的过程,写一段100个字左右的小短文。

03

朋友就是不停说再见
——写友情

把作文主旨落在友情的真谛上,让作文的感情得到升华。

一篇文章居然没有把《找朋友》这首儿歌讲完，现在我们接着讲这首儿歌里的友情观。

朋友，是一种责任，而不是一个机会。

有一句话说"多个朋友多条路"，那根本不是朋友，那是开路机。不能帮你开路的就没资格成为你的朋友了吗？

朋友恰巧不是机会，而是一种责任。当他处于低谷的时候，你要帮他；当他想倾诉的时候，你要听他；当他要滑下去的时候，你要拉他；当他糊涂的时候，你得叫醒他。

有的小朋友说：这一点我就做得非常好，我对我的朋友相当负责，我一发现他哪里错了，绝对第一时间指出，绝不姑息。如果他不听，我就和他绝交，这种人不适合做我的朋友，我要重新选一个。

这让我想起一个"管宁割席"的故事。古时候，有两

> 昝昃老师
> 运用排比句，可以增强文字的气势。

位小朋友，一个叫管宁，另一个叫华歆，这一天，两个人正坐在同一张席子上读书，有个穿着礼服的人坐着有围棚的车刚好从门前经过，管宁还像原来一样读书，华歆却放下书出去看热闹。管宁觉得小华同学太贪玩了，就割断席子和华歆分开坐，并生气地说："你不是我的朋友了。"

当你发现自己的小伙伴犯了错误，你就把你们坐着的席子割开，看似尴尬的是对方，但你自己又得到些什么呢？只是因为别人做的事情和你不同，与你相悖，你就割席子吗？经常看到课堂上有小朋友一吵架就把桌子拉开，有些双人桌拉不开，怎么办？画一条线，然后义正词严地说：不许超过这条线！

昝昱老师

写朋友时，也可以写你们之间发生的不愉快，这样更真实。

一言不合就割席子,一言不合就拉桌子,慢慢地,你会发现,自己坐的席子越割越小了,愿意和你坐同桌的人也越来越少了。到最后,你自己没有了立足之地。在割席子、拉桌子之前,你的耳朵里是不是可以响起这首歌"找呀,找呀,找朋友,找到一个好朋友。敬个礼,握握手"?

确实,你是一个很难得的朋友,因为你勇于指出朋友的错误。不过,在指出朋友的错误之前,你是不是可以先倾听他认为的"对"是什么?然后比较一下你们的分歧点在哪里。如果他真的是在道德上出现了错误,比如偷东西了,那必须指出。

但是,在指出朋友错误的时候,最好不要当着众人的面,以保全朋友的尊严。而且在提建议的时候,也要注意时间场合,不要在朋友情绪不稳定的时候为他提建议,这

> 昏昃老师
> 朋友也有缺点,把他的小缺点写可爱了也很出彩。

时候他不但听不进你的建议，反而还会被激怒。另外，在指出错误以后，你是不是可以陪伴他一起向老师承认错误，帮助他、监督他不再犯错，而不是简单粗暴地一发现就指出，一翻脸就绝交？

"敬个礼"不是见了朋友就毕恭毕敬地鞠躬，你当然也可以搂脖子抱腰，但是你要发自内心地尊重他，不要让对方难堪。"握握手"就是告诉朋友，你犯了错误，我会帮你，不会抛弃你，不会松开手，去割席子，拉桌子。

这首儿歌的最后一句更经典："你是我的好朋友，再见！"这句话告诉我们要让朋友体会到他在你心目中的位置。"再见"这两个字我思考了很久，以前我没有体会到"再见"在友谊里是多么的重要，我们虽然是好朋友，但不可能永远待在一起，再好的朋友也是要分开的。分开并不可怕，世界上有很多宏伟的建筑，就是因为一根一根彼此分开的柱子，才撑起了巨大的穹顶。

昀昃老师

把主旨落在友谊的真谛上，让作文的感情得到升华。

"君子之交"是有距离的，不是天天腻在一起，你侬我侬，友谊不是喝咖啡，滴滴香浓，意犹未尽。最好的饮品就是水，只有水可以天天喝，所以才有"君子之交淡如水"的名句。"再见"两个字在友谊里太重要了，朋友不要怕分开，你要走，我不送你，但你什么时候来，不管狂风暴雨，也不怕路途遥远，我都会去接你。

"旭旭"叨叨

虽然是一首短短的儿歌，但值得我们每个人去审视一下自己的友谊。找到一个好朋友不容易，怎么才能保护我们的友谊呢？最重要的一条：不要随便跟别人借钱，尤其是那种借了还不还的！

昀昃老师带你练

你和朋友之间发生过不愉快的事情吗？请把它写下来吧。

04

妈妈的小隐私
——记事

日常生活中的小事往往透露着浓浓的亲情,抓住这些小事,写亲爱的妈妈吧!

我们一直感受着亲人带给我们的不同感觉,如果有机会,你可以把它写成文章,不一定公布,但是可以把它记录下来。

你和爸爸、妈妈之间有很多欢乐的时光,当然也有很多争吵和误会。你可以不告诉别人你心里的感受,但是你应该告诉你的日记本,让它把这些感受记住。

例如这些天，我妈妈就一直在唠叨：她的平板电脑越来越慢了，今天终于成功地死机了。她很焦急地将平板捧到我的面前，像捧着一个生命一样，乞求医生救救它。我像一个阅人无数的老中医，一手接过平板，心中暗自好笑，不过是垃圾太多了，随便用个清理软件，就能瞬间让这台平板起死回生。

然而，我错了。连续试了好多个软件，都只能清理出一小部分空间。就如同我是个医生，才把病人的鼻腔清空了，却发现心脏还堵着呢。而旁边的"老花镜"正焦急地等着我这个"近视镜"大功告成。

感受到妈妈焦急的眼神，看来我得放大招了，于是我进入了"我的文件"这个文件夹，开始逐个排查、深度分析、手动删除病根。这一深入，我发现了一个秘密——这些年

旮旯老师
虽然是平平常常的一件小事，但妈妈的可爱已经呼之欲出。

旮旯老师
"老花镜""近视镜"是一种借代的修辞手法。

来我妈的这台平板电脑其他的软件几乎没被打开过，而唯一的重灾区就是这款微信软件。

灾情有多严重呢？占了将近3G的内存！垃圾文件、缓存图片……都在里面保存得完好无缺，于是我试着一键删除，但被我妈及时地制止了。

她说这里面有好多都是这些年来珍贵的收藏，做事情不能眉毛胡子一把抓，不能为了揪出一个垃圾文件就错杀一千珍贵回忆。她这一条命令就意味着这几个G的文件我都得一一甄别后才能手动删除。而且我不仅要一个一个删，还要一个一个地先打开询问："妈，这个能删吗？""这个啊，我看一下，哎呀，这些是非常好的养生秘方，留着。""聊天表情啊，他们给我发了红包以后我都要发这个表情来表示感谢的，先留着吧。"

"那这些图片能删吗？"

"那可是咱们过年时全家的照片，怎么能删了呢？"

"可是这里面有好几张，看起来都一样。咱们就留一张行吗？"

"不行，不行，每张都不一样，你仔细看，每个人的表情都有那么一点儿变化，都留着吧。"

"好吧……这些没用的，别人转发的小视频，您就别点开了，特占空间。"

"这怎么是没用的呢？这都是咱老邻居们发过来的。

台兄老师

通过对话，也可以体现人物的性格特点。

你看,这是老罗的儿子比赛得奖的视频,这是你李阿姨广场舞扭秧歌的视频,还有这个,这是我上海老同学的小孙女弹钢琴的视频。人家发过来就是想让咱们一起分享一下快乐,怎么能点都不点开,不理会人家的心意呢?"

在漫长的删除工作中,我突然发现有一些内容是被转发了很多遍的,我就想这究竟是什么啊?好奇害死猫,我居然一个一个地都点开了,点开之后,我才发现,无一例外全是这样的内容:只要你转发本条微信,就可以保佑儿女一生平安。

看到这里,我的手指不自觉地往下点着,但是眼睛已经有些湿润。我眼前的这些险些被我一键清除的垃圾,此刻变得无比珍贵。这里包含着妈妈对邻里之间的扶持和关爱,对朋友、同学的惦念和嘱托,对曾经帮助过她的人的

> **昏昃老师**
> 作文中的转折就像林中的通幽曲径,引人入胜。

真挚的感恩,更有对家人至亲的无限呵护与祝福。

我忍了忍眼泪,抬起头,对妈妈说:"妈,这些咱们都不删了吧?"一直在旁边盯着平板电脑的老妈,几乎绝望地问我:"咋了?修不好吗?"

"不是,我给您把这些珍贵的记忆都存在电脑的云端里。"

"云端?还能找回来吗?"

"随时可以看。"

"行行行,那你赶快存啊。"

"那以后微信是不是就能用了?"

"没问题。以后您敞开了用。再变慢了,您告诉我。我为您检查。"

老妈突然笑逐颜开,这个时候,好像又突然想到了什么。她问:"对了,今天你得教会我一项技能——如何发红包,咱也做回时代新人。"

"好嘞,这个必须认真教。"希望妈妈学会发红包以后,能多拿我做练习。

> **昏旯老师**
> 写妈妈,一定少不了浓浓的亲情。

"旭旭"叨叨

不要随便翻别人的手机,除非别人允许,你瞧我这一翻,就翻出了好多妈妈的"隐私",但这些"隐私"背后又透出了浓浓的爱,你了解妈妈手机上都有哪些APP吗?你知道她最喜欢用手机查阅什么吗?这可是了解妈妈的好途径哦!你怎么和妈妈相处?和爸爸之间又有什么故事?请把这些珍贵的瞬间和浓浓的亲情都记录下来吧。

旮旯老师带你练

日常生活中的小事中也有浓浓的母子情,把你和妈妈之间的小故事写成100个字左右的小短文。

05

我的妈妈是超人
——写人

> 妈妈对我们的爱不一定只通过温情的一面展现出来。她们强悍能干的一面更能体现出"为母则刚"的母爱。

每位妈妈的身上都会有一些让我们自叹不如、甘拜下风的神技能。

我奋笔疾书总结了我妈妈身上的二十一项"神技能"。现在我准备公布于众，各位朋友可以对照一下，看看你的妈妈身上是不是也有类似的"神技能"。

我妈妈的第一项神技能是"翻译"。我的妈妈是一位"翻译官"，在我还不会说话的婴儿时期，我只需要哼哼一声，她就知道我要啥，这可是只有妈妈才具备的神技能。

我妈妈的第二项神技能是"透视眼"。她只需出门前瞄我一眼，就会发出"为什么没穿秋裤就出门？"的灵魂拷问。

妈妈的第三项神技能是"顺风耳"。"听说你涨工资了，怎么没交给我啊？"

这第四项神技能更不得了，她就是一台"测谎仪"。我永远不敢和妈妈对视，怕眼神泄露了我的秘密。

写妈妈要抓住妈妈特有的东西，这样才能真实、生动。

妈妈的第五项神技能是"瞒天过海"。不管妈妈几点钟叫我起床，她都一定在后面跟那么一句："快起来啊，再不起就中午了！"

妈妈还有一项神技能，就是"预言未来"。"你怎么穿那么少啊，每天穿那么少，到了四十岁不得关节炎，算我输。"

"口是心非"也是妈妈的一项神技能，"天儿这么晒，每天骑车上班也是挺辛苦啊。""对呀，妈，要不我今天打车去上班好了。""想什么呢，快走吧，路上骑车小心点儿。"

调侃的口吻有时可以让形象更生动、感情更饱满。

她"挑肥拣瘦"的神技能我也是容忍不了的。"这些海鲜我吃不惯，快把冰箱里的那碗剩稀饭拿过来，我觉得

那个喝着比较舒服。"

妈妈"神出鬼没"的神技能也不知道是从哪儿学来的,我曾怀疑她是不是霍格沃茨魔法学院的。因为无论我把游戏卡藏在哪儿,最终都能不翼而飞。

妈妈还是天生的"辩证达人"。她有时候会说:"别老窝在家里,你也出去走走转转,看看外面的世界。"但如果我听了她老人家的话,她又会说:"一天就知道往外面跑,你是野孩子吗?"

如果我说我的妈妈是"基因专家",你肯定不信。但听听下面的这句话,你肯定会对我的评价竖起大拇指的,

  旮旯老师
人物描写真实最可贵。

"你瞧你那一身臭毛病,一定都是遗传你爸的。"

妈妈自己就是"维多利亚的秘密"。因为只要老妈买了件新衣服,家里不可避免地就要上演一场 T 台走秀。

"厨神下凡"说的就是我妈妈,每次下馆子,她总能在服务员上菜的同时快速地、流利地、熟练地报出每道菜的菜名,以及主要的食材和料理方法。

妈妈还是个"心算天才"。我们家只要吃饺子,老妈和的面和拌的馅永远都是刚刚好,不服不行啊。

老妈内外兼修,还是一个"超市买手"。她熟悉各大超市的优惠活动,附近几条街的商贩没有她叫不上名字的,我曾一度怀疑她原来的职业是商场特工。

妈妈还有一手,那就是"股市无影手"。21世纪初,她也学着别人炒股,但特别专一,永远只买那几只股票,而且买完就了事,几年都不去看一眼,偶尔打开一看还都涨停,你服不服?

说到口才,妈妈绝对是"谈判高手"。如果我犯了错,我妈一定会不停地讲道理,直到我认错。如果她做错了,也一定会讲道理,直到我认错。

如果你觉得前面的技能都不是真功夫,我告诉你一个妈妈的真功夫——华佗再世。只需要我轻轻地咳嗽一声,不用望闻问切,她就知道我是风热感冒还是风寒感冒,真是比神医还神。

如果你了解我的妈妈,肯定知道她还有一项神技能,就是"出尔反尔",我从小就总是听她说:"等你18岁以后,我就不管你了;再过几年,等你上了大学,我就不管你了;再过几年,等你大学毕业,我就不管你了;再过几年,等你工作了,我就不管你了;再过几年,等你成家了,我就不管你了……"直到现在,她还是在叮嘱我什么时候才能脱秋裤。

你千万不要以为妈妈是个老古董,她可是时时刻刻紧跟潮流。什么新鲜的事物她都喜欢追随,微信刚刚盛行的时候,她很快学会了发微信,也很快学会了撤回上一条微信。

> **昍老师**
> 正话反说,反而更能强化表达效果。

让我觉得最神奇的，可能不只是我妈妈具备全天下的母亲都有的这一项神奇的功能——能从千万人中一眼就发现自己的孩子。

作文的结尾要呼应开头，这样的作文才"完美"。

我是妈妈的女儿，大人们经常说，女儿是妈妈的小棉袄。其实，我特别想做妈妈的防弹衣，去保护妈妈。可能女儿的力量比较微弱，但是即使微弱，我们也能变成小棉袄带给妈妈一些温暖。我努力做好我的"小棉袄"，虽然我妈妈偶尔抱怨这件棉袄是"黑心棉"。

所有的妈妈最在乎的都不是节日，也不在乎假日，也不在乎生日，只在乎有我们陪伴的每一日。母亲节的时候回去陪伴一下妈妈，有你陪伴妈妈的每一天，妈妈都像是在过节。

你的妈妈有什么神技呢？写下来让我们见识一下吧。

不写不知道，妈妈真奇妙！其实她们在做妈妈之前，也都是普通人。知道为什么她们做妈妈后会化身为超人吗？因为爱。对子女的爱、对家人无微不至的关心让她们拥有了好多项神技能。如果你对你的妈妈细心观察，那么一定也会发现她拥有很多项神技能，想一想会是什么呢？

昝晃老师带你练

把妈妈的神技能写下来，写成100个字左右的小短文。

06

奶奶和《天气预报》
——写亲情

写作素材就来自生活中的点点滴滴。写亲情就可以从亲人的一个小爱好或者小习惯写起。

昚昆老师

从天气写起，为下文做铺垫。

　　这几天天气不太好，阴雨连绵。每当遇到这样的日子时，我总是特别想念我的奶奶。

　　老人家还在世的时候，每当这样的天气，她一定会提前一天提醒我出门要带伞，记得多穿衣服，明天一定下雨，明天一定降温……

　　奶奶之所以如此笃定，是因为有《天气预报》这个栏目给她做后盾。从小，我就有一个印象，每天奶奶雷打不动，一定要准时收看中央电视台的节目，哪档节目呢？不是有关民生大计的《新闻联播》，也不是赚足眼泪的电视连续剧《渴望》，而是《天气预报》。可以说，她一天都不落，从头到尾所有城市的天气预报都要看，包括香港、澳门、台湾。

　　因此我曾一度怀疑，在海峡的那一边，奶奶有失联多年的亲人。每当电视里面《天气预报》的片头曲一响起，

我就会不耐烦地问:"奶奶呀,您又不种地,那么关心天气干什么呀?"

每当这个时候,奶奶一定一脸严肃地跟我说一个字:嘘!

是的,这就是我们家,即使着了火,也得在看完《天气预报》之后再告诉奶奶。

我的大学是在外地读的,每次和家人通电话,妈妈都要叮嘱我:"孩子,不到清明节千万别脱秋裤。"然后爸爸坐在电话旁边儿补充道:"不行,不到'五一'千万别脱秋裤!"

接下来你就会听到一个特别笃定的声音:"不到立夏绝对不能脱秋裤!天气预报要坚持每天看。"没错,这是奶奶的声音。现在我如果不到夏天就有了脱秋裤的念头,

昝昃老师
用夸张的手法,可以让人物特点更鲜明。

都觉得自己是在犯罪。

为什么有那么多像奶奶一样的老年人，那么喜欢看《天气预报》这个节目呢？有一天我躺在床上思考这个问题。也许是当她们老了，已经没有精力去打听孙男娣（dì）女们每天究竟在忙碌些什么，但她至少可以知道他们在哪座城市，知道那座城市的天气。为此，她们终于和孩子们有了共同语言，又有了话语权，又有了家长的权威。而且这权威还是天赋人权，最重要的是老人家又有了存在感。

奶奶年少的时候，可能从来没有离开过故乡。后来长大了，也许走过很多地方，这些城市都有她独特的记忆，所以她默默关心很多个地方，很多座城。

奶奶年轻的时候争强好胜，老了以后，明白一切都是随缘的，随遇而安就好。所以《天气预报》中那个"局部地区"有雨，奶奶永远不会较真"局部地区"究竟是什么地区。年少的时候,我们总是以为这个世界非白即黑,可能上了年纪以后,就不再相信这个世上有什么事情是绝对的,不会在意《天气预报》的内容正确率的高低。人生其实就如同天气,它不是在这里,就是在那里,总会有地方刮风下雨,也许不准,但想要告诉你预报结果的那份爱却丝毫不减。

好的作文结尾,要升华主题,给读者启发。

年少的时候,总是惹下祸以后才后悔莫及,上了年纪,即使晴天出远门,也会在自己的行李箱里放上一把伞。当你终有一天老到连《天气预报》都看不了时,不妨闭上眼睛,回首向来萧瑟处,才发现人生其实也无风雨也无晴。

既然今天我们聊了聊奶奶眼中的《天气预报》,作为孙女,作为晚辈,我最后也来报一份他老人家喜爱听的《天气预报》:

各位观众欢迎收听今天的天气预报，

明天全省晴天，

局部地区多云，

但希望这多云不出现在各位的脸上。

"旭旭"叨叨

一个再常见不过的电视栏目《天气预报》，我就能抒发这么多感慨，那些天天抱怨自己生活太单调，没有写作素材的同学们，是不是也深受启发啊？写作素材就是生活的点点滴滴，我已经给大家做出了榜样。

旮旯老师带你练

亲人的习惯中往往隐藏着浓浓的亲情，找一个让你最有感触的亲人的习惯，以《我的习惯》为题，写一篇100个字的小短文。

07

春节的苦恼
——记事

假期里好玩儿的事很多,可以写进作文里的事更多,不要再写只属于你一个人的假期了。

说到过年,我真的有点怕。我从小就怕过年,可能有人要问了:小孩子不都喜欢过年吗?吃好的、穿好的,还有压岁钱。

千万别提压岁钱了。压岁钱这个东西让我纠结了整个童年。怎么会这么纠结呢?按理说,压岁钱这个东西,大家都知道是长辈给小辈的一个彩头,大部分情况下都是有进有出、收支平衡的。尽管如此,

大多数家长还是会教孩子，不能毫不推诿、心安理得地就接过来。所以从小面对压岁钱，我就变成了一个迷茫的孩子：拿还是不拿？这是个问题。

但是亲友们都要给你，在面对七大姑、八大姨的"围剿"时，我伟大的母亲，仿佛拥有了三头六臂，使出一招白鹤亮翅，充当一下人体盾牌站在我的前方，并以迅雷不及掩耳之势将我手中的钱迅速地夺过来，还回去。

其实我的双手不过是一个中转站，等到你来我往进行七八个回合以后，我会偷偷地看一眼妈妈。发现她的眼神当中闪过一丝轻松：真不容易，终于可以把钱接过来了。

最后拿到压岁钱的自己，简直就像经历了一场生死保卫战，然后得到了一点儿少得可怜的战利品。所以从小我就有一个梦想：春节期间，电影院什么都甭（béng）演，就上映一场贺岁大片，叫《智取压岁钱》。

后来慢慢长大了，我开始注重自己的身材，所以立志不吃晚饭。但是吃零食能吃到撑，一边哭一边吃那种，我怎么能这样？我该怎么办？我也很绝望的！但转念安慰自己：我的身上流着中华民族的血，怎么能禁得住舌尖上的诱惑呢？甚至中国很多节日，在我看来都是"美食节"。

端午节吃粽子，中秋节吃月饼，腊八节喝腊八粥。腊月二十三吃糖瓜，腊月二十六吃块肉，正月里天天都有饺子蘸醋。

> **旮旯老师**
> 假期作文不要只停留在记录假期中的某一天，也可以写假期中的节日。

> **旮旯老师**
> 要从你自己的视角去写这个世界，这样才真实可爱。

哎，我是不是一说起吃来就一套一套的啊？嗯，不能再说下去了，再说下去，稿纸上就都是口水了。

所以，每逢佳节胖三斤①，春节不胖行不行？不行，绝对不行！以这样的增肥速度，叫人如何不害怕？

我一度怀疑可能是家里的饭太养人，于是那年年夜饭决定下趟馆子，和家人一块出去吃！咱不怕花钱，别胖就好，但是就怕结账的时候，各位抢着付钱。可我的那些亲朋好友还都是实诚人，每到结账的时候，就会上演一场动作大戏。

我设想的结账场面是这样的：我爸假装上洗手间就把

> 笞児老师
> 别人写年夜饭都是其乐融融，你可以反其道而行之。

① 1斤=500克。

账结了，或者我妈在大家的谈笑风生中，一个云淡风轻，转身溜走，偷偷去结账，让后来者后悔莫及。

然而这些桥段都被一一识破。每到饭局结尾，大家都屏气凝神互相监督，谁都无法逃离众人的视线范围，一旦服务员登场，大家会齐刷刷地掏出自己的卡与钱，争先恐后地往前伸手，还喊着：我来！我来！刷我的！"噼里啪啦"地把别人的手摁回去。

真的特诚恳，光嘴上争执还不够，身体还要阻挡，互相卡位，就像打篮球的挡拆一样精准。不时有小朋友被大人们结账时的气势吓哭。

抢着结账的人们，身体上一个劲儿地较劲儿，嘴里还要大声喊出那种强硬中带有一丝嗔怪的台词："哎，你这就没意思了啊！""哎呦，

你可真有意思！""呃，一点小意思嘛！""随便意思一下，跟我抢什么！"就这几句话，若被放在汉语听力考试题里，一定会把老外搞得蒙头转向的。

> **佘晃老师**
> 表情、语言和动作结合来写，画面感十足。

我就不明白了，为什么平日里看起来妈妈和姨妈两个人好得买菜都得手挽手，只要到柜台前一结账，就一定会各自亮出降龙十八掌，六亲不认。

还有更绝的——螳螂捕蝉，黄雀在后，趁大舅和二舅扭打在一起，抢着付账的那一瞬间，爸爸一个筋斗云翻到了服务员面前，把账结了。

佘晃老师说成语

螳螂捕蝉，黄雀在后：螳螂想捕捉蝉，却不知黄雀正在后面等着呢。比喻目光短浅，没有远见。也比喻有后顾之忧。

随着科技的发展，用手机就可以结账了。这为抢单的朋友们增加了难度。所以，要么你得率先抢下对方的手机，要么你得一个箭步上前捂住商家的二维码，总之不能让对方扫码成功。所有热爱抢单付账的朋友们，基本上都是吃饭五分钟结账俩小时。

吃完年夜饭，大年初一，你收到最多的就是拜年短信，这个也让人很害怕。这有什么可怕的呢？你会收到各种煽情的、调皮的、祝福的、热情洋溢的短信。

在阅读过程中，你情不自禁地拍案叫绝，或者难以自持地潸然泪下。

结果读到最后，你发现：不对啊，我的朋友叫张明啊，怎么落款变成了"刘小天给您拜年了"？

原来他这条短信不仅是转发，还忘记了修改落款，真的很尴尬啊。

我不反对转发、群发短信，毕竟咱们都有那么多好友，每个人都私人定制一条祝福短信工程浩大。不过，群发的这条不必太花哨，一句真诚的祝福也就够了，让我知道多年来没有联系的你居然还健在，而且还没有把我拉黑，这就让我觉得非常欣慰了。如果在群发短信的同时，还能群发一个红包，那就锦上添花了。

有相同感受的朋友，可以给我一点儿掌声。说了这么多"怕"，其实，细心的朋友会发现，我所有"怕"的背后都是对真情浓浓的渴望。

"旭旭"叨叨

我们的假期往往正好赶上重大节日,在写假期的时候不要只写一日游,也可以写写节日里有意思的人和事,包括风土人情。我就选取了寒假中的春节来写吉庆,将"压岁钱""年夜饭""群发短信"三个过年时最常见的场景写得妙趣横生,相信你也一定可以把假日写得更丰富多彩。

旮旯老师带你练

试一试"抢红包"怎么写,注意人物的心理、表情、语言和动作。

08

大题小作
——大主题作文

大主题作文怎么写?很简单,你只需要"大题小做"就行了。

经常有同学抱怨说有的作文主题太大了,根本不知道从何入手。比如"一带一路"的主题该怎么写。

我会告诉你，最好别写。你也许会惊讶，为什么呢？

因为这么大的主题，应该留给《人民日报》的社论，太大的主题你即使写了，也会很空洞、很"虚"，没有一些实实在在的东西。

如果非要写大主题的作文，你必须记住4个字：大题小做。

什么叫"一带一路"？我们先来思考这个问题。什么叫"一带"？丝绸之路经济带。什么叫"一路"？21世纪海上丝绸之路。"一带一路"是对这两句话的一个简称。那么思路来了，这两句话共同的交集就一个词——丝绸。

> **螢兒老师**
> 所有的大主题，我们都可以往细处想，找一个小的切入点。

这便是一个小的切入点,那么,现在你要思考的就是丝绸在你身边经常出现吗?

你一下想到了可能在你身边经常出现的最喜欢丝绸的人,就是你的妈妈或者妈妈的妈妈、爸爸的妈妈。

她们什么时候与丝绸关系最紧密呢?你会不会突然灵光乍现想到一个场景——拍照。

不管是亲身出行还是在朋友圈里面周游世界,总有一个场景,你一定不会陌生,那就是在各大景点妈妈们挥舞着丝巾拍照的那个镜头。

她们不太喜欢年轻人所推崇的那种高冷范儿、小清新,或者森系打扮。她们不喜欢那些颜色,那些颜色太冷了,她们喜欢饱和度极高的玫红、亮橙、宝石蓝。但是,如果把这些亮色同时都穿在自己的身上,实在是需要莫大的勇气,那怎么办呢?办法来了,她们想到了丝巾。

服装不敢挑战鲜艳,但可以配一条鲜艳的丝巾做点缀。在她们挥动丝巾的同时,还很喜欢模仿,像芭蕾舞演员一样高雅地交叉双腿,或是像民族舞演员一样热情地拥抱天空。

所以在这些妈妈的心中,这些姿势应该是世上最美的拍照造型。成千上万的妈妈们会在镜头面前很从容地掏出自己准备许久的风格各异的丝巾,然后摆出平时难得一见的造型。

其实不是只有我们的妈妈们爱丝巾,古今中外的女性也都对丝巾情有独钟。

《西游记》里,敦煌的壁画里,佛教的石刻上面,神仙姐姐们坐在莲花宝座上都是身披纱巾的。唐朝有一幅很著名的画卷叫《簪花仕女图》,上面画的就是那些又有钱又有闲的唐朝仕女们,她们围着长长的丝巾,这是上流社会的一种装饰。

现在,很多舞台上的表演,女孩子都喜欢挥舞丝巾,尤其是表演民族舞蹈的小姑娘们,特别喜欢笼着一层薄薄的、长长的丝巾来跳舞,给人留有一种身材曼妙、身份神秘、很"仙"的感觉。

丝巾在20世纪20年代的欧美更是风靡一时,许多奢侈品牌都推出了自己的丝巾系列产品,成为当时大牌女星不可缺少的配饰,还记得《罗马假日》里赫本脖间的那条小丝巾吗?多么俏皮的经典形象啊!

丝巾和旗袍、高跟鞋这些小资色彩浓厚的装饰相比实用性更强,因为丝巾除了装饰以外,还能遮挡风沙,还可

> **昚昃老师**
> 过渡句,直接引出对丝巾历史的叙述。

> **含昇老师**
> 全方位写丝巾对我们生活的重要，为大主题做铺垫。

以防晒、擦汗、包扎伤口；真着急了，还能当绷带用。丝巾简直可以和男士所钟情的万能瑞士军刀相媲美。

如果没有当年的那条"丝绸之路"，没有丝绸贸易的刺激，可能中国的丝绸技艺就不会不断提升、精益求精，更不会有今天的华美绝伦，举世赞叹了；如果没有当年的那条"丝绸之路"，爱美人们的服饰上少了最精彩的"点睛之笔"，那么全世界都会少了无比亮丽的一抹颜色。一条窄窄的丝巾，牵着一条长长的丝绸之路，影响了多少国度、多少年代、多少人的生活！丝路连接着东方与西方，丝巾系住了古老与崭新，丝丝相扣，生生不息。

> **含昇老师**
> 大主题作文可以"小做"，但最后一定要"做大"。

今天的"一带一路"是人们对美的追求，对幸福的分享，对美好生活的向往，这条路让更多的人享受到了丝般顺滑的体验，感受到了五彩斑斓的艺术，领会到了精益求精的中国制造，同时也邀请到了来自五湖四海的朋友，大家都在脖间系上一条中国的丝巾，结伴去旅行吧！重走一遍当年的"丝路"，展示自己的美丽人生。

"大题小做"型作文分为两步：一、从大主题里寻找出小切入点，回忆我是怎么一步一步剖析"一带一路"的概念，然后找到"丝巾"这个小切入点的；二、由小的切入点开始，但最后一定要回到大的主题上来，回忆我的最后两段话。

昝昇老师带你练

用"大题小做法"，以《梦想》为题，写一篇100个字左右的小短文。

09

离别也有千万种
——写离别

大多数离别是痛苦的、不舍的,但作文中也可以写喜悦的离别,这就是"反弹琵琶法"。

告别是人生寻常事,但真到告别的时候,说再见又会觉得很伤感。我们每个人都要面对离别,离别总是透着一丝忧伤。

前不久,我所在的学校举办了毕业典礼,在这个典礼上我和我的

学生一一拥抱，当时心里真的特别不舍，所以没有控制住自己的泪水。

事后特别想谈一谈离别，但是我又不想刻意渲染这种离别的气氛。因为，悄悄是别离的笙箫。"轻轻的我走了，正如我轻轻的来。"离别应该是安静的，所以你要写离别，一定要去温习一下徐志摩的《再别康桥》。

谷儿老师

恰当引用名句可以为你的作文增添文采。

人生就是一次又一次的离别，尤其是当老师的，注定要送走一届又一届的学生，大家恰同学少年，总以为来日方长，却往往是后会无期。总说毕业遥遥无期，转眼就各奔东西。

那么走出校园的你呢？长大了，从事工作了，可能要拜师父，学技术，那便还会面临师徒作别。我从小最爱看

的剧就是《西游记》。《西游记》里有一个特别悲痛的场面，就是唐僧因为孙悟空三打白骨精，要把孙悟空赶走。然后孙悟空弱弱地跪在师父面前说："师父，您真的要赶我走吗？"这句话一出催人泪奔，让我哭了整个童年。可见师徒作别也很痛苦。

我们每个人几乎都无法避免的应该是与亲人的作别，这种作别应该是最痛的，但是，看完《唐山大地震》电影后，我才知道，永别虽然痛苦，但你别无选择，而真正痛苦的离别，是你本可以做出抉择，却不知如何选择。电影里有个镜头：一截因地震倒塌的横梁，这边压着儿子，那边压着女儿，救援的人问孩子的妈妈：只能救一个，救谁？如果你是孩子的妈妈你该如何选择？无论放弃谁都是在心头剜下一块肉。面对这种艰难的抉择，这位妈妈的心中会留下一生的余震。

昌昆老师
离别有很多种，一种离别表达一种感情。

还有一种离别是人生一定会经历的。这种离别不是与别人作别，而是我们自己和青春作别。我对我的青春记忆很深刻，可是记忆再深刻，青春也终将逝去。所以，有一部作品叫《致青春》，还有一首歌叫《终将逝去的青春》。青春没有什么过不去，只是青春再也回不去了。

面对生命的终结，有很多人依依不舍，但是又无可奈何。但是还有一些人，自己主动选择了放弃生命。例如屈原的投江殉国，屈原的一小跳，可能是我们很多人心中的一大跳，这是与自己生命和理想的告别。

还有一种离别，是运动员们会面临的赛场作别。我们经常看到球星亲吻绿茵场，那一瞬间场内场外热泪滚滚。再光辉的岁月，也有谢幕的时候。

如果你是个演员，还可能面临和舞台的作别。小说《芳华》里面，演员与舞台作别时是很痛苦的。我是个教师，我和讲台作别也会很痛苦。梅艳芳红馆的那次演唱会，算是她生命中的绝唱，一袭雪白的婚纱成了她生命中最后的留白。

昴昇老师
我们不仅要与人作别，长大后还会跟职业告别。

我们有时要和动物作别。电影《忠犬八公》是我看过最催泪的电影了，忠犬八公选择用短暂的一生来等待它的主人。动物不仅要和我们作别，动物和动物之间也作别。元好问在诗中说："问世间情为何物，直教人生死相许。"这首词写的是两只大雁，其中一只大雁已奄奄一息了，另一只大雁就陪伴在它身边，不吃不喝。最终两只大雁同时死掉了。然后呢，诗人把它们掩埋了，还立了一座坟丘，取名为"雁丘"。

这个典故的所在地就是山西太原汾河公园，公园里有这么一座雁丘，上面就书写着上面那两句诗。

说完现代的离别，我们再说说古代的离别。古代的人也很重情义，于是有一种离别，叫君臣作别。例如最著名的《出师表》，那可谓字字如泣、句句沾襟。

古代还有一种作别,就是亡国后和自己国家的作别。

还有一种作别在小说里面出现过,就是江湖作别。《水浒传》中梁山一百单八将受到朝廷的招安,一碗酒饮下去,从此再别江湖。这碗酒以后,再无梁山好汉。梁山好汉都去哪儿了呢?他们都上了沙场。正所谓"醉卧沙场君莫笑,古来征战几人回?"沙场的作别,其实也是生命的道别。

这些人都是英雄。说到英雄,有一个英雄最经典的道别镜头——霸王别姬。宋代词人李清照曾经留下了"至今思项羽,不肯过江东"的诗句,叹息英雄的命运。

说起项羽,我们再回到课本里,如果说课本里面最经典的是项羽的作别,应该还有一个能和他相媲美的,大家都不会否认的,那就是朱自清写的《背影》:青布棉袍、黑布马褂,父亲那个胖胖的背影,撑住月台爬上来……每次一读到这儿,我的泪就又出来了。

控制一下情绪，咱们再说说诗歌里的离别。有一种离别是乡愁，这就是余光中的《乡愁》。

小时候，

乡愁是一枚小小的邮票，

我在这头，

母亲在那头。

说了这么多痛苦的离别，其实有一种告别应该是喜悦的，那就是和过去的自己告别，和过去那个不好的自己、那个不完美的自己、不成熟的自己作别，化茧成蝶、凤凰涅槃。也许过程是痛苦的，但痛苦过后，才能见彩虹，结局是完满的。

总之，所有的作别，其实都是和时光作别。不论和谁作别，不论和什么作别，都是因为时间造成的。有一首歌叫《时间都去哪儿了》，有一部电影叫《岁月神偷》。岁月之殇，蓦然回首，发现只剩《光阴的故事》。

离别不全是悲伤的，也有喜悦的。

"旭旭"叨叨

人生有很多次相遇,就注定有很多次别离。不同年龄、不同身份、不同物种、不同经历造成了不同的别离,大多数别离是忧伤的,我把它写出来,就是要提醒大家珍惜眼前人,相守不容易。不过我还在结尾提到一种令人喜悦的别离,这便是写作中的"反弹琵琶"的手法,各位同学不妨想想,除了老师所写的这一种,还有没有快乐的别离呢?

旮旯老师带你练

用"反弹琵琶法",以《离别》为主题,写一篇100个字左右的小短文。

10

舌尖上的故乡
——状物

每个人的家乡都是自己心中最美的地方，可以写美丽的景色、悠久的历史、丰富的特产，还可以写家乡的美食。

奋儿老师

幽默的开头，让读者对家乡的特色有了深刻印象。

相信你肯定写过类似《我的家乡》这样的作文。你的家乡在哪里呢？我的家乡在山西，过了太行山，还有五百里①。每当我和别人介绍说我是山西人的时候，大家对我的提问都惊人地相似："你是山西人啊？那你爸是煤老板吗？""你们家里人是不是都是挖煤的呀？你们那儿是不是一铁锹下去都是煤呀？""哎，你怎么这么白呢？山西人的皮肤不应该和煤一样又黑又亮吗？"

"我要是去一趟山西，在路口蹲上一个小时，然后回家抖一抖身上的衣服，那些煤就够我们家烧一冬天了吧？"

大家对山西的误解居然这么深！没错，山西煤矿资源丰富，但山西拥有的资源可绝不仅仅是煤炭，何况如今处于"转型跨越发展期"的山西，会给你带来更多惊喜！

欢迎你来山西看一看，了解更多灿烂的山西文化。

①1里=500米。

常言说"地下文物看陕西，地上文物看山西"，山西现存的古建筑居全国之首，可以说山西整体来说就是一座古文化博物馆。

今天，我想独辟蹊径地做一回导游，从一个吃货的角度来讲一讲我们山西的饮食文化，带你逛一逛舌尖上的山西。

> **昝兒老师**
> 一句话点出家乡的最大特色，统领下文。

最能代表山西饮食文化的就是一碗面。

陕西有油泼面，新疆有拉条子，河南有烩面，武汉有热干面……为什么偏偏说山西是面食之乡呢？没错，很多地方都有美味的面食，但是它们仅仅是面，而我们山西的面是我们山西人的生活。

我们山西人有一个共同的特点,就是外表看起来都朴实无华,但是个个都充满了想象力,尤其是在做面食这件事情上简直是脑洞大开。

山西的面食从原料和制法上,就完胜其他地方。如果排列组合一遍,可能有上千个品种,仅仅是普通人家一般也会十几种面食的做法。如果其他省市不服,你们可以一块儿来和山西面食进行一场车轮战,不过输的肯定是你们。

> **旮旯老师**
> 在叙述中洋溢着家乡的自豪感和对家乡的热爱。

有人会说:"山西不就有个刀削面吗?"大错特错!

我现在还不提山西的面食种类,咱先说说山西面食的制作原料,你可能就会惊得张大嘴巴。

有的人又说了:"做面食的原料不就是小麦吗?"一错再错!

在山西,做面食的原料可不仅仅是小麦,还有高粱面、玉米面、大豆面、绿豆面、豌豆面、土豆面、荞麦面、莜麦面、小米面、榆皮面……

这些面可以做成:豆面抿尖、白面剔尖、红面擦尖、荞面碗托、玉米窝窝、土豆不烂子、莜面栲栳栳(kǎo lao lao)、泡泡年糕……

除了原料多样以外,制作方法之多也是惊人的。有朋友又问了:"制作方法不就是一个擀面杖、一把菜刀、一个面板吗?"错上加错!

山西人做面,除了刀以外,我们还有剪刀、镂床、擦面板、压面机、铁筷子、铜镘子、木签子……

旮旯老师

从面食的原料、做成的种类和工具的繁多详写家乡的特色。

没见识过山西面食的人一听我这样介绍肯定会说:"别闹了,这是吃还是玩儿呀?"我们山西人就是能把吃玩儿出花样来,我们山西人是充满童心和想象力的。

有朋友可能要沮丧了,那完了!我们家没这些工具,是不是注定我做不出山西的面食了?别急,山西的面食制作是两个极端,要么工具繁多,要么简单至极。单凭勤劳的双手，我们就能制作出揪片儿、<u>鱼鱼</u>、猫耳朵这样花哨的面食。

有朋友可能好奇："这些面食我在饭馆里边儿怎么都没见过呀？"在山西，所有好吃的面食，大多深藏在每个普通老百姓的家中，而不是饭馆里。

为什么呢？我也思考过这个问题，可能有两个原因导致了很多好吃的面食在饭馆里吃不到。第一个原因是山西的特色面食做起来特别费力，饭馆用机器人做刀削面我是见过的，是蛮快的，但山西人认为最好吃的面是手工面，

叮咚老师
提出疑问，吸引读者往下读。

绝对不是机器制作的面食。手工制作就会特别耗时耗力。你要想中午吃一顿特别正宗的莜面栲栳栳，那可能得全家总动员，忙上两三个小时。家里上至八十岁的老人，下到三岁的顽童，统统都得上阵，这样中午才能吃到一碗特别正宗的山西面食。饭店不可能为了一碗面全员齐动手，耗时一上午去制作。

第二个原因就是我们山西的面食不太喜欢放乱七八糟的调料，其他地方的面食都有一大堆调料浇在面上，连面都看不见了。这个不是我们山西面食的特点，山西的面食要求调料非常简单，金牌调料就是自家熬制的西红柿酱，里面放鸡蛋都多余。因为山西人认为太过复杂的调味就抢夺了面的香味，喧宾夺主了。所以想吃最地道的一碗山西面就是西红柿酱面，简约不简单，可是饭馆就没的赚了，毕竟调料花哨些才能吸引人眼球。

你如果来山西，问当地人："你觉得哪家饭馆的面食最正宗？"他们几乎会异口同声地告诉你："我姥姥做的最正宗，我奶奶做的最好吃，我妈妈做的焖面天下第一。"谁都觉得自己家的面食最美味。

山西面食最正宗的版本都在普通人家里，每户人家都有自己的祖传秘方。三三两两搭配出来的做法和口味就完全不同。这些秘方都是姥姥传给妈妈，妈妈传给孩子，世代相传，这就是只有在家才能吃到的味道。

看似在写家乡的美食，其实在写热爱家乡之情。

有人说山西人太恋家了，不愿意出远门，我推算大抵和这碗面有关系。因为在哪儿都吃不到家里面这碗面的味道。所以这碗面不是一碗简单的面，那是家的味道，那是乡愁，那是我们热爱的生活。

"旭旭"叨叨

舌尖上的中国，大家都爱看，为什么不能写写舌尖上的故乡呢？我写了故乡的面，我还可以写山西的醋，山西的杏花村汾酒。那么，如果让你选一个最能代表你家乡的食物，会是什么呢？你对它的制作过程了解吗？家乡人为什么会喜欢它的口味？有什么特别之处吗？假如你做家乡的导游会怎样把它推荐给我们呢？

 旮旯老师带你练

以《家乡的美食》为题，写一篇100个字左右的小短文。

11

不合格的幼儿园毕业生
——写人生信条

人生信条不一定很宏大，幼儿园里学过的基本道理都是值得我们一生去践行的人生信条。

叒昔老师

开头就反其道而行之，引起读者的好奇心。

我突然发现，自己是个不合格的幼儿园毕业生，所以今天我想和你聊聊我们在幼儿园里学过的东西。

你肯定又要大跌眼镜了：啊！叒昔老师幼儿园都没毕业吗？听我给你讲讲，也许你和我一样，都得重修幼儿园的学分。不信？你可以看看富尔格姆的散文《信条》，富尔格姆在文章里列出的信条，哪一条不是我们幼儿园里面学过的常识？我们分别对照一下，一条一条看下去，看看自己是不是一名合格的幼儿园毕业生。

第一条：有东西大家分享。这第一条就让人很为难，因为我们已经习惯性地把分享理解成了炫耀，就是你没有我有，我炫耀给你看，或者理解成了恩赐，你没有我有，我抛给你。更糟糕的是还有一种对分享错误的理解，就是有些东西反正我留着也没用，反正我自己也不喜欢，不如给你吧。

《信条》节选

下边是我的信条：

我真正需要知道的一切，即怎样生活、怎样做事和怎样为人，我在幼儿园就学过。

有东西大家分享。

公平游戏。

不打人。

交还你捡到的东西。

收拾好你自己的一摊子。

不要拿不属于你的东西。

惹了别人你就说声对不起。

吃东西之前要洗手。

便后冲洗。

热甜饼和冷牛奶对你有好处。

过一种平衡的生活——学一些东西、想一些东西、逗逗乐、画画儿、唱唱歌儿、跳跳舞、玩玩游戏，外加每天干点儿活。

每天睡个午觉。

当你们出门，到世界上去走走时，要注意来往的车辆，要学会手拉手，紧挨在一起。

要承认奇迹。

在那杯皿里的金鱼、老鼠、小白鼠甚或那粒种子，它们都会死去。我们也会。

这些都不是分享，包括满大街的共享单车，也不属于分享，我们把它叫作租赁。

分享究竟是什么呢？分享其实很简单，就是流行歌曲里的一句歌词"把你喜欢的果汁分我一半。"你愿意吗？这个果汁是你喜欢的，现在要把你喜欢的东西分我一半，这个境界比"己所不欲，勿施于人"还要高。你最喜欢的东西，你愿意拿出来给别人吗？这就叫分享。

"公平游戏，不打人，交还你捡到的东西。"这些话是不是听起来特别朴实，特别有"底线"？不就是公平、不暴力、不抢别人东西吗？但如果真的能做到这三点，世界上就没有战争了，比赛没有黑哨了，社会上也没有贪污犯了，是不是很美好呢？可惜这些都还存在，说明我们根本没做到。

旮旯老师说成语

己所不欲，勿施于人：你不喜欢的，也不要给别人。

旮旯老师
分两步写分享，我们认为的分享和真正的分享。

"交还你捡到的东西。"上一周我刚看到一则新闻，就发生在我的身边，一位失主将钱包落在了出租车上，然后几经周折联系到了这个司机，得到的答复却是：司机认为不归还钱包是他的权利。我们扪心自问：我真的可以把捡到的东西全都交还吗？

"收拾好你自己的一摊子，不要拿不属于你的东西。"这一摊子包括你自己的生活、学业、家庭、事业。总之，这些是你自己的，你不要总是盯着别人的生活、别人的学习、别人的家庭，否则你注定不会快乐。

"惹了别人你就说声对不起。"这绝对是幼儿园的第一课。但我们现在经常发现，在大街上看到的情景是这样的："你瞅我干吗？""我就瞅你了，你怎么着啊？"然后一场血拼在所难免。如果你让别人感到不快乐了，一定要主动说声对不起，这不仅是礼貌，更是一种勇气。一定要诚恳而不是调侃地说对不起。"Sorry"这个单词在英语

旮旯老师
引用生活中的事例，让观点更有说服力。

当中的含义不是"对不起",而是"愧疚"。"I'm sorry"是发自内心的对自己做错了事情而感到惭愧。

"吃东西之前要洗手。"这也是我们从小就接受的教育,饭前便后要洗手,讲卫生一定是一个好习惯,我们都喜欢和讲卫生的人待在一起。即使我们以后长大了,只作为一个普通的餐厅服务员,有一个讲卫生的好习惯,也不会允许自己在给别人上菜的时候把大拇指泡在汤里的,那是真烫啊!

"便后冲洗。"这个我们在自己家里面都做得很好,抽水马桶,动动指头就可以。但是在公共卫生环境里,很多人做得就不太好了。我们有美丽皮囊的同时,还要有优雅文明的举止。

"每天睡个午觉,热甜饼和冷牛奶对你有好处。"这两条归结起来就是会休息才会有一个健康的身体,我们要学会爱自己。我们不一

定都去喝冷牛奶，因为西方人的饮食习惯和东方人不太一样，但是至少要好好吃早餐，总是饿着肚子去上学，肯定会不健康。

> 旮旯老师
> 人生信条不一定是多高远的事情，也可以是生活习惯。

"过一种平衡的生活。"什么是"平衡的生活"？学一些东西、想一些东西、逗逗乐、画画画儿、唱唱歌儿、跳跳舞、玩玩游戏，外加每天干点儿活，是不是很朴实？这就告诉我们要学会在平凡中寻找快乐。生活不只一面，你不能只做一个书呆子，只会学习，长大了天天闷在车间里搞科研工作。你也不能天天只是唱歌、画画、跳舞、做游戏。你可能当不成舞蹈家、当不成画家、当不成科学家，但是当你发现生活有很多面的时候，你可以做一个生活家。相信我，谁都愿意和生活家做朋友。

"当你们出门，到世界上去走一走时，要注意来往的车辆，要学会手拉手，紧挨在一起。"这就告诉我们，我们活在这个社会上是需要朋友、需要亲人、需要团队的。如果你不合群，那么你可能会生活得很孤独寂寞，学会手牵手一起过马路，这样你就安全了。

"要承认奇迹。"这是我们成年人最容易犯的一个错误，就是失去了好奇心，不再相信有奇迹。我们长大以后也不要故步自封，不要守旧保守，要有开拓，要保持童心未泯。只要你有颗童心，你就永远都在童年。

"在那杯皿里的金鱼、老鼠、小白鼠甚或那粒种子，

> **叮咚老师**
> 揭示人生哲理，给人以启示。

它们都会死去。我们也会。"这一条告诉我们什么呢？告诉我们从小就要学会认识生命、敬畏生命。生命对于每个生物，都只有一次。如果懂得了这个道理，我们就不会去破坏和伤害任何生命，那些虐猫的惨剧就不会再上演。我们要珍爱生命，远离伤害生命的一切行为。

富尔格姆在幼儿园里面学会的这些格言听起来是不是都很简单？不过都是一些我们称为"底线"的东西。我们说道德时特别喜欢用"底线"这个词，好像道德就是一架梯子，圣人就在高耸入云的那一端，而普通人就在接近地面的这一端，这个地面就是我们的底线。但是我们发现一个奇怪的现象：这些看似底线的东西，如果做到了，其实我们就是圣人了。

> **叮咚老师**
> 将道德比喻成一架梯子，形象而生动。

"旭旭"叨叨

很多同学给我留言,希望我帮他们搜集一些名人名言,以备写作文时引用。其实名人不一定都能说出名言,名言也不一定总来自名人,你瞧今天我写的这篇文章,是不是每一句名言都来自你的幼儿园老师啊?如果你要写人生信条,只需要我们回忆一下幼儿园里面学过的这些基本的道理,每一个简单的道理背后都是需要我们一生去践行的人生信条。

旮旯老师带你练

不经意的一句话很有可能会影响你一生,想一想你的爸爸、妈妈、爷爷、奶奶、同学、朋友……他们有没有哪句话让你印象深刻,对你影响深远呢?把它用文字记录下来吧。

12

带雨刷器的眼镜
——写感受

再小的痛苦,只要是亲身经历的,就能写得真实。

昱昆老师

从自身独有的痛苦出发，更能写出真情实感。

我要播报一条重要消息：今天晚上下雨了！你可能会说，下雨有什么稀奇的啊？如果你不近视，你绝对体会不到一个在雨中行走的、戴眼镜的人的痛苦，这是那些只有戴眼镜的人才懂的忧伤。

今天，我在雨中行走时突发奇想，为什么我们的眼镜不能像汽车一样安装一副雨刷器呢？总用手指头当雨刷器也太痛苦、太麻烦了！回到家以后，我就在网上搜索了一下，别说，还真有带雨刷器的眼镜。

我看完这个眼镜的造型后，就默默地把这个网页关掉了。因为我如果戴上这副眼镜，就真应验了那句俗语：丑人多作怪。

除了下雨天，做运动的时候，戴眼镜的人也不方便。悄悄告诉你，我是一个运动健将，尤其是篮球打得那叫一个棒！有一次，我想来一个华丽的转身，然后飞身上篮，想想这动作就帅得一塌糊涂。结果，身体刚刚转了一半，眼镜就被对方球员的胳膊肘撞飞了，飞出去足足有10米远。那次受伤之后，我就一直做着同一个噩梦，那就是每个 NBA 球员的鼻子上都顶着一副眼镜。

旮旯老师
先扬后抑的写法，让戴眼镜的痛苦更突出。

运动的时候会出汗，所以戴眼镜的运动员会比较倒霉。尤其是像我这样有选择困难的人，眼镜滑下来，我到底要不要去推它？我该用哪个手指头去推？这是多大的烦恼啊！后来我决定干脆哪个指头也不要用了，我自己发明了一种很好的方法，就是眉头一皱，鼻子一耸，眼镜自动就推上去了。

如果有一天，你发现对面有一个人好端端的，他突然向你皱眉头、耸鼻子，这时你不要惊慌，很有可能是

他的眼镜滑了下来。

大夏天，人容易流汗，眼镜不停往下滑比较痛苦，那要是天冷了，应该没这种痛苦了吧？更倒霉！大冬天我戴着眼镜、口罩，骑着自行车在呼啸的北风中狂奔，只要我呼一口气，水汽就直接蒙在了我的镜片上，所以我几乎是在"盲驾"呀！什么酒驾、醉驾，跟我的"盲驾"比起来，简直是小巫见大巫。如果大冬天你在路上遇到一个戴着眼镜，又戴着口罩，还在骑着自行车的人，要赶快自动远离他。

戴眼镜的人热天不行，冷天也受罪，吃饭的时候总该很幸福吧？如果别人给我端上热腾腾的一碗奶油蘑菇汤，

> 昝兒老师
> 从生活常识着手，赢得读者的认同感。

那么正在我激动万分,准备大快朵颐的时候,我才发现一层雾气又布满了我的眼镜。

昝儿老师说成语

大快朵颐(dà kuài duǒ yí):朵颐:鼓动腮颊,表示大吃大嚼。大快朵颐形容痛痛快快地大吃一顿。

所以,每次面对热腾腾的美味,我只能闻其味,不能见其形,永远没有完整地欣赏过一次美味。遗憾!

说完吃,再来说一说玩。看3D电影对于戴眼镜的朋友来说简直是一场噩梦。当别人欣赏大片的时候,我在不停地调教鼻梁上的两副眼镜。以后谁敢请我看3D电影,我就和他断交!

说到朋友,我又想起来我的一个损友,他照相特别喜欢开闪光灯。我说:"妹子啊,你知道吗?眼镜是会反光的,眼镜反光时拍出来的照片和鬼是一模一样的。"

戴眼镜的我还有一种痛苦,一直没跟别人说起过,就是特别艳羡别人戴墨镜的样子,帅帅的,酷酷的。在电影院里,黑漆漆的,戴几副眼镜都没人管你,但在太阳底下,如果你戴一副近视镜,外面再套一副墨镜,那就有点弄巧成拙了。感谢上帝,有人发明了一种近视太阳镜,就是近视镜在太阳底下就变成墨镜了。但是这个东西细思极恐,你想一想这个情形:一到太阳底下,它的镜片就变黑了。不论场合,

> **昱昊老师**
> 幽默的自我调侃，引起读者的共鸣。

不论情景，它就变黑了。在那段戴着这副奇特功能眼镜的时光里，我身边的朋友不是崇拜我身残志坚、眼盲心不盲，而是怀疑我加入了不可告人的非法组织。

如果你还觉得这些痛苦都不算什么，那么我再来说说在公共浴室洗澡的时候戴眼镜的人有多尴尬吧。洗澡时戴不戴眼镜真是一个两难的选择，戴还是不戴呢？戴眼镜吧，洗澡本来就已经一丝不挂了，戴个眼镜进去，有点儿不伦不类，感觉在偷窥别人；不戴眼镜吧，很多时候就把沐浴露当成洗发水用了。难怪我的头发越来越少了！说多了都是泪啊！

不说眼泪还好，每次伤心难过擦眼泪的时候，眼镜特别碍手。我们经常看到王子给公主擦眼泪，都是抬起对方

的下巴,哪里见过抬起对方的眼镜来呢?记得在国外,有一次我参加变装主题聚会。那些朋友们都变换了各种角色,而我永远只能变两种角色:一个是柯南,另一个是哈利·波特。谁敢建议我演丑女贝蒂,我和谁急。

再来说说坐过山车,别人都是很紧张的,紧紧拽着保险杠,只有我紧紧地摁着眼镜腿,我就怕车一起动,我后面那位特兴奋地张大嘴高喊"啊……"的时候,我的眼镜片"啪嚓"一声飞到他的嘴里,那比小李飞刀还厉害,杀伤力太强。所以过山车我几乎不敢坐。

昏晃老师 运用了夸张的手法,放大戴眼镜的痛苦。

最后说一说化妆的时候,本想凹个造型,化妆时戴眼镜吧,它就遮住了要化妆的部位,不戴眼镜又瞄不准化妆的部位,没办法,我只能每天素面朝天。

请全世界的人都善待自己的眼睛,善待身边戴眼镜的人吧。

"旭旭"叨叨

我们一看到"痛苦"这样的主题,首先想到的都是天灾人祸、国破家亡、妻离子散、哀鸿遍野、身患绝症、倾家荡产……其实我们普通人一辈子都很难有这样的遭遇,想象出来的痛苦,不是真的痛苦。"可怜身上衣正单,心忧炭贱愿天寒"是白居易亲眼看见的惨状,"艰难苦恨繁霜鬓,潦倒新停浊酒杯"是杜甫亲身经历的痛苦,你的痛苦也许不及他们,但也一定有你自己的小"痛点",再小的"痛点"只要是你亲身感受到的,就能写得真实。我的眼镜就是我的小"痛点",你的小"痛点"在哪里呢?

旮旯老师带你练

以《我的痛苦》为题,写一篇100个字左右的小短文。

13

饮食也有文化
——说明文

说明文不是说明书,不要满篇都用硬邦邦的数字和枯燥的说明文字,说明文也可以有文学性。

> **昝昙老师**
> 说明文可以纵向说明，比如历史发展脉络。

不知道你读到这里的时候，是不是饿着肚子。如果真是那样，你一定会很痛苦的，因为下面我要写中国的饮食文化。

我自称是一个资深的吃货，那么怎么才能算得上是资深吃货呢？要从吃上寻根，捯出文化来，做一个有文化的吃货，这才叫资深吃货。

中国古人不仅创造了辉煌的文化，也创造了最古老的农耕饮食文化。这一点和西方不太一样，西方的饮食文化基础是畜牧文化。我们的老祖宗一开始以农耕采集为主，而西方人是以游牧打猎为主。

后来我们把采集逐步固定化，就变成了种植。西方人把打猎固定化，变成了豢（huàn）养。东方人种植植物，西方人豢养动物，所以东方人的饮食以蔬菜等植物为主，而西方人的饮食以肉食为主。

> 叴昃老师
> 通过东西方饮食文化的对比写饮食文化和生存需求的关系。

切割，是西方人吃饭的第一步。猎物带回来以后，得把皮先剥了，然后把肉切成块才能吃。所以直到今天，西方人的餐桌上必须摆的餐具还是刀叉。

西方人的餐桌上经常会有生肉，因为人类最初吃的肉就是生的。后来因为森林有天火，雷电把森林引着了，有些动物困在森林里面跑不出去，就被烧死了。突然又天降大雨，把这场天火扑灭了。有些动物的尸体没被完全烧焦，倒是被烧熟了，祖先们发现这些烧熟的食物味道好极了，于是他们才开始尝试吃熟食。所以，吃牛排时厨师一定会问你要几分熟，这一问正说明厨师"不忘初心"。

在中国正好相反，熟才是食物的第一标准。在饭店，服务员端上来一盘菜，色、香、味都没有还能忍受，但是如果不熟，客人一定是忍无可忍的。

怎么才能让我们的食物变熟呢？西方人直接用火烤，我们喜欢用水煮，当然水也要靠火加热，怎么才能把水烧开？我们祖先发明了很多烧水的炊具，例如鼎（dǐng）、镬（huò）、甑（zèng）、甗（yǎn）、鬲（lì）……

> 叴昃老师
> 中国古代炊具的描写增添了文章的文化内涵。

如果在字典里你都查不到这些字，就可以来山西省博物院，在一楼右侧的大厅里有一面墙，上面写着这些炊具的名称，旁边配有这个炊具的照片、炊具的用途，特别详细的一张大表。

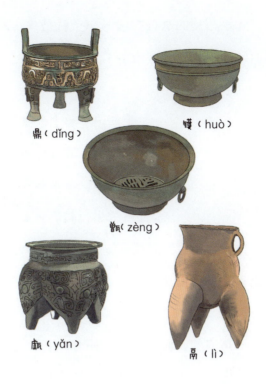

鼎（dǐng） 镬（huò） 甑（zèng） 甗（yǎn） 鬲（lì）

 奤兒老师说典故

刘邦的父亲被项羽抓住了，项羽说："如果你不向我投降的话，我就把你爹煮了。"刘邦说："咱俩拜过把兄弟，我爹就是你爹，你要实在想煮你爹的话，记得煮好以后分我一杯羹。""羹"就是镬里面煮出来的肉汤。

臣请就汤镬：你要是真的想杀我，就把我煮了吧。

和水相关的烹饪方法第一个就是煮。最早在曹植的诗里面已经有"煮"这个字了。

七步诗

【三国·魏】曹植

煮豆燃豆萁，漉豉以为汁。

萁在釜下燃，豆在釜中泣。

本是同根生，相煎何太急！

夯兒老师
说明文也能引用典故，谁说说明文不可以文采飞扬？

他煮什么呢？煮豆子，煮豆子如果着急的话就煮不软，所以煮是一个慢功夫。古人特别喜欢煮，生活的各个方面都要用到。例如"青梅煮酒""煮盐""煮茶"，古人喝的茶不是泡的，而是煮的。还有一些文艺青年煮雪，漫天大雪时把雪铲到锅里面煮。《红楼梦》里林黛玉吃药时，就必须用雪化成的水才行。

还有一种烹饪方法叫焖。我们吃的米饭一般都是焖出来的，怎么才能把米饭焖得既有一层薄薄的锅巴，又不至于煳锅呢？答案是用电饭锅。但古人没有电饭锅，控制不

夯兒老师说成语

焚琴煮鹤（fén qín zhǔ hè）：焚烧弹的琴，把天上的仙鹤煮了。比喻随意糟蹋美好的事物。

了火候，所以在古人看来，"焖"这种烹饪技术特别高超。

另外一种烹饪方法叫蒸。蒸相对简单一些，不用接触水，它是靠蒸汽把食物加工熟的。因为不接触水，所以食物里的营养不容易流失。在我们中国民间有一种非常高档的宴席，叫全蒸席。一桌子菜全部都是蒸出来的，我们特别熟悉的满汉全席，蒸羊羔、蒸熊掌、蒸鹿尾儿……全是蒸出来的。

蒸还有一个好处，就是能保持菜的热度。我们中国人特别在乎菜是热的，西方好多菜都是凉的，甚至是冰冻的。在中国，如果家里来了客人，上了一盘放凉的炒菜，那是一种怠慢，感觉在吃你们家的剩饭。

从科学的角度进行说明，显得有理有据。

还有几种烹饪方法，比如"熬"，熬比煮还要慢，所以我们经常说这日子真难熬啊。"炖"，水要比煮少一些，而且有一个慢慢收汤的过程。"烩"，水比炖又要少一些。还有一个字"汆"（cuān），就是水开了以后，把丸子馅弄成圆形，放在水中，这叫汆丸子。"焯"（chāo），把菜在开水里焯一下，然后捞出来再加工。还有一种烹饪技术叫"涮"，你肯定吃过涮羊肉吧？什么是真正的涮呢？你在你们家擦过地吗？擦地就得涮拖把，需要手里拿着拖把的杆，将拖把放在水池里面摇摆，这个动作就叫涮。所以正确的涮羊肉方法是拿筷子夹一片肉在锅里边来回摇摆几下，是不是很形象呢？

说了这么多就是要告诉大家吃也要吃出文化来。如果你还想听更多的饮食文化，可以来请我吃饭哦。

"旭旭"叨叨

很多同学提到写说明文，就觉得枯燥。记住！说明文不是说明书，你要写成"一天三次，一次两片"，那肯定没人愿意读，说明文也可以有文学性，甚至也可以表现一个宏大的主题，例如上文，我就引经据典地给大家展示了灿烂的中华饮食文化；除了举例子，做对比，还引用了诗歌和有趣的成语故事，学好这些方法，你的说明文，也可以化腐朽为神奇。

旮旯老师带你练

以《我们的学校》为题，写一篇200个字左右的说明文。

14

动物朋友的权利
——写评论

小动物很可爱，我们都很喜欢。但我们人类真的和动物和平共处了吗？

最近我特别不开心,因为看了很多新闻报道以后,感觉人类与动物之间的关系总是处理不好。

先来说说人类在语言上对动物的攻击,人类特别喜欢把自己的责任推到动物身上,有的人懒得运动,却抱怨自己胖得像猪一样;有的

人喜欢耍一些鬼把戏，大家说这人耍猫儿腻；而有的人不懂感恩，就被称为白眼儿狼；有的人目光短浅，又被评价为鼠目寸光、井底之蛙；有的人傻乎乎，就被嘲笑为蠢驴一头；那些不安好心的人，我们说他们是黄鼠狼给鸡拜年……

旮旯老师

一连串成语和俗语的引用，在嬉笑的同时引人思考。

我们人类自己做的这些龌龊的事情，为什么都推到动物的身上呢？作为人类的我很惭愧。

我们人类不仅在精神上给动物"泼脏水"，肉体上对动物也绝不手软。就因为人类对象牙、虎皮、鹿茸、熊掌、猴头、鱼翅、蛇胆、犀牛角的偏爱，不知道每年有多少动物被残忍杀害。有些人为了谋取私利，多么残忍的事都能做出来。

有一则新闻报道，巴西里约热内卢的奥运会上，有一个火炬传递的仪式，巴西人脑洞大开，在火炬传递的广场上，用铁链拴住一只美洲豹来给他们站台助威。结果在把美洲豹送回动物园的途中，美洲豹试图挣脱锁链攻击观众，吓得观众四散奔逃，情急之下，巴西官方把它一枪崩了。就这样，象征和平的奥运火炬传递仪式让巴西人搞成了血染的风采。一个吉祥物，没能保住自己的吉祥，也真的是悲哀。

这只美洲豹不是唯一无辜送命的，在这之前，一个四岁的小男孩在动物园游玩时，不小心掉到了大猩猩的笼子

105

里，警方也是一枪把大猩猩崩了。当时的目击者说，小孩掉到大猩猩的笼子里时，大猩猩根本没理孩子，而且离孩子特别远，更别说去攻击孩子了，甚至当大猩猩看到外面那些游人们大喊大叫的时候，还试图用自己的身体去保护这个受了惊吓的孩子。但是，这只猩猩还是被一枪崩了。

更奇葩的是，智利有一男子想自杀。自己跳进了动物园的狮笼里，狮子没理他，心想，你们人类好无聊啊。但这位男子不断地撩狮子，对狮子又咬又抱，折磨得狮子忍无可忍，于是将其摁倒，就在这一瞬间，一声枪响，狮子倒地了，而那位想自杀的男子被救了出来。估计狮子临死

昏昱老师
层层递进，用多个鲜活的事例写人类对动物的伤害。

也弄不明白自己为什么好端端地挨枪子。"呃,你们给我送吃的,我不吃你们非让我吃,我吃了你们把我打死了,这不是钓鱼执法吗?"

当然,作为人类,在自己的生命与动物的生命之间抉择的时候,会首先保护同类,这是无可厚非的。但问题是,是什么造成了人和动物只能活一个的尴尬局面呢?这种局面造成的原因,多半缘于人对动物的不尊重。

动物园里面某些游客追逐恐吓动物,随意开闪光灯拍照,把动物完全当作自己的玩具。有人甚至往动物身上投石头、木块、碎玻璃片、矿泉水瓶,听到动物的惨叫声,他们就非常过瘾。

这些做法都太野蛮了,不够文艺,文艺青年对待动物时是这样做的:有些文艺青年为了求爱浪漫,活活让一瓶子萤火虫窒息而死;为

了让自己的卧室特别有情调，不知道拔了多少根孔雀毛；想拥抱大自然，但不敢拥抱大海，只能拥抱海豚，硬生生把海豚拖上了岸。

人是所谓的万物之灵，但是我们的寿命长度可能不及一棵树，我们的速度不及豹，数量不及蚂蚁。我们凭什么去主宰其他动物的生命呢？当我们以"万物之灵长"来自居，来划分和动物的界限时，不要忘了，我们也是从动物一步一步进化而来的。

众生平等，这绝对不是一句矫情的口号，这是活在这个世界上，对生命最基本的尊重。希望我们善待动物，尊重每个生命。

春昇老师
用反问句引起读者思考。

"旭旭"叨叨

有些人一提到"和谐"这个词，就怪笑，说明他根本不知道"不和谐"是多么危险的一种境地。人与人，人与动物，人与植物，人与自然都要和谐相处，人类才能守住自己的生存家园，爱大自然其实就是爱自己，尊重每个生命才是人类的最高修养。我写了关于人与动物的思考，你能不能思考一下人与植物有哪些不和谐的相处行为？你来曝曝光。

我还想推荐你去读读王开岭伯伯的一篇文章《对动物权利的声援》，你一定会有更多想法的。

旮旯老师带你练

以《植物与人类》为题，写一篇 200 个字左右的小短文。

15

我的自白
——应用文

如果你积累了足够多的素材,检讨也能写得妙笔生花。

今天，我想教一个让老师喜欢上你的办法，那就是——写检讨！

你的嘴巴是不是张得大大的？老师怎么会喜欢一个犯错误、写检讨的学生呢？你要知道，老师并不是不喜欢犯错误的学生，而是老师

更喜欢犯了错误能改正错误，并且能用极其富有文采和智慧的检讨书来表达改正错误的决心的学生。

现在，我们就在检讨书上下点儿功夫。

有的同学可能又要苦恼了：我是一个好孩子，我这辈子可能都不会犯错误，我没有写检讨书的机会啊！我想对这些同学说：欲加之罪，何患无辞。谁还没犯过错误？一定要珍惜每次犯错误的机会。

今天我要教你写的检讨书是一种非常高级的检讨方式。你以前写的那些检讨只能算是初级水平的检讨，但就连这种初级水平的检讨，好多同学也是不会写的。

初级检讨很简单，一共就五步。

第一步，一定要在开头为你所犯的错误定性。定性一定要定得高一些，这和写作文是一样的，调子要定得高一些，你一定要对自己所犯的错误猛烈而响亮地进行抨击，不妨上升到人性泯灭、家国存亡的高度。切忌把自己犯的错误定义为不痛不痒、无所谓的小错误，这样的话你开头就输了。

第二步，一定要描述整个犯错误的过程，这里考查的是你对新闻要素掌握得如何。因为整个犯错的过程就是五个W："Who、What、Why、When、Where"，这五个要素如果你都能写到，那说明你写记叙文的功底比较深厚。还要不时加入自己犯错误时的心理活动，要突出善与恶的斗争、灵与肉的挣扎，而且挣扎得越残酷越能博得大家的谅解与同情，这是关键的一步。

第三步，你要剖析自己犯错误的原因，一定要彻底地把自己打翻、砸烂、煮熟,还要揭开伤疤,触及灵魂。这种痛彻心扉的认错态度,能让杜鹃为之啼血,能让六月为之飞雪,这样才合格。

当然,你要强调错误的形成是有一个过程的,它是早期形成、长期发展的结果,"千里之堤,毁于蚁穴",你必须把这些重要信息写上去,最后要表态:百转千回,不该这样走;千错万错,不该这样错。也不要忘记控诉一下你周围的环境有多么的强大、多么的恶劣。"我本出淤泥而不染,奈何淤泥高过头!"能有我今天的结果,不仅仅是因为我个人,还有环境的巨大影响。

召昃老师说成语

千里之堤，毁于蚁穴：一个小小的蚂蚁洞，可以使千里长堤毁于一旦。比喻小事不注意会出大乱子。

第四步，分析一下自己所犯错误的严重影响，若不是班长及时指出，老师及时发现，父母及时提醒，有关部门及时介入，后果简直不堪设想。"不堪设想"这四个字简直是屡试不爽。

第五步，要表决心。今后要怎么做？很简单，把你之前的做法反过来写。

这是最初级的检讨书的写作步骤。即使是最初级的检讨也考验了你记叙文的各项基本功。如果你能写好检讨，怎么会写不好作文呢？

什么是高级的检讨书？下面这位学生的检讨书就比较高级了。

我的自白

小石同学（我的学生）

离期中考试过去已经有两星期了，忘却的救主快要降临了吧？我正有写一点儿东西的必要。真的，学生敢于直面严肃的考试，敢于正视残酷的竞争，这是怎样的哀痛者和幸福者？然而，考试又常常为庸人所设计，以陷阱的迷惑来自我满足。竟流下鲜红的"×"和无脸的成绩，在鲜红的"×"和无脸的成绩中，又给人进步的奖励，维持着这似人非人的考试制度。

我在今天早晨才得知有生物作业的事，第三节课便得到噩耗，说老师要亲自检查，但对于这一切，我竟至于没有动笔。我向来不惮以抄作业的方式应付老师的，然而我还不料也不信，老师竟然让自己举手承认没有完成作业。况且始终诚实的我，更何至于无端在大家面前说谎呢？

没有交作业，没有任何借口，只能说明学习态度有问题，以后要该玩的时候玩，该学的时候学。不能该玩的时候玩，该学的时候还玩儿。老师的眼神已使我目不忍视，老师的忠告尤使我愧不忍闻。我还有什么话可说呢？我懂得学习不好的缘由了，沉默呵，沉默，不在沉默中奋发，就在沉默中沉沦！

如果你是小石同学的老师，读到这样的检讨书，你还能生得起气

来吗？相反，你会觉得这学生简直是块宝啊！为什么？如果你读过鲁迅的《纪念刘和珍君》，一定会欣然一笑。这篇检讨完全是在模仿鲁迅这篇文章里著名的段落。

有些同学问我学习语文究竟有什么用？学习语文很有用，如果你觉得学习语文没有用，说明你没有用过语文。上面这位小石同学把杂文变成了应用文，应用文就是在用文章。我们学的东西、用的东西和考的东西，其实是一个东西，而你总是将三者割裂开来，所以就会掉入"学的不考，考的没用，用的又不教"这样的恶性循环里。如果不学以致用，学习就是没用的。

读完《寒号鸟》，你会不会像喜鹊劝说寒号鸟一样对自己说：趁天亮，快写字，现在懒惰，将来难过？读完《荷塘月色》，你会不会在"这几天心里颇不宁静"的时候，出去看看"田田的叶子"？读完《红楼梦》，如果有一天你在街上见到一个女孩特别眼熟，你会不会像贾宝玉一样脱口而出：这个妹妹，我曾见过？

如果你把学过的语文真正用起来，你会发现语文太有趣了，生活太丰富了。你的举手投足、一言一行都能让身边的人感叹：哇，好有魅力！

"旭旭"叨叨

　　同学们，我们不要抱怨写作没有素材，中小学阶段你要学十二年的语文课，有几十本课本，近千篇课文，都是你的素材库，有些同学将学过的课文都融会贯通在了自己的作文里，而有些同学都不记得自己去年学过哪篇课文了，多可惜啊！

　　还有生活，就是我们的大素材库，校园生活丰富多彩，犯错误，写检查，我们都经历过，但是有几位同学能想到通过写检查也能锻炼自己的写作水平呢？有谁想过模仿鲁迅的名作可以写检讨呢？开动你的脑筋，不妨再来仿写一篇，小石同学仿写鲁迅，你能不能仿写一下冰心呢？把语文用起来，奇妙无穷！

旮旯老师带你练

　　以《我的错误》为题，写一份自我检讨。字数不限。

16

我就是我自己
——自我介绍

"介绍自己"的前提是了解自己。你了解自己的身体、性格和爱好吗?

昝晃老师

引用妈妈的话，点出自己的性格。

我经常听到妈妈向别人求援："我家的小宝贝太内向，一个好朋友也没有，就喜欢一个人待在家里自己玩，还玩得挺开心，我们当家长的都快急死了……"

朋友不是越多越好，因为朋友在带给你欢乐温暖的同时，你也要花时间、花精力去陪伴朋友，在他需要你的时候，你要去帮助他，我们的能力和精力都是有限的，所以有一两个知心好友就很幸福了。至于一个好朋友也没有，也许正是因为我太看重朋友了，所以选择朋友时比别人更慎重，不过没朋友只是暂时的，也不要太替我着急了。

不想吃饭不代表我不会吃饭，不想交朋友，不代表我不会和别人交流啊，我只是更喜欢自己玩。

我们的爸爸、妈妈认为我们内向，是一个缺点，甚至是一种病，好像内向的我们一定反应迟钝、很孤单、很懦弱。

他们天天逼我们出去玩，告诉我们别那么害羞，一个人在家里没意思。他们哪知道我们一个人可以玩得很欢乐！我喜欢一个人玩拼图游戏，一拼就是一下午，我还喜欢泡在图书馆看漫画书，还喜欢画漫画，我喜欢做手工，我喜欢观察大街上来来往往的汽车的标志，我喜欢气喘吁吁地爬山，我喜欢用望远镜看星星，我喜欢静静地观察家里的小猫、小鸟、小乌龟，我喜欢做很多事，就是不喜欢被人打扰。

对，我们就是内向的孩子，可爸爸、妈妈天天想让我们变得外向些、活泼些，我就想问，你们能把那些活泼多动的小伙伴变成我们这样吗？

> 昝昇老师
> 用第一人称进行叙述，更自然流畅。

我们谁都变不成别人的样子，自己快乐就好。

也许外向的小朋友，善于表达，但我们内向的小朋友，善于倾听，不能只有人说话，没有人听话吧？而且我们会专注地听，分析地听，充满想象力地听你说话。

所以爸爸、妈妈请放心，我们上课也是在这么专注地听课，成绩也不会差。而且据说世界首富比尔·盖茨、炒股票的大神巴菲特、苹果手机的缔造者乔布斯、化学家居里夫人、大音乐家肖邦、《哈利·波特》的作者罗琳都是内向的人，他们取得了多大的成就啊！

至于你们觉得我们内向的孩子都少言寡语，那你们就又错了。

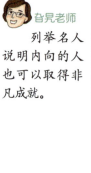
春儿老师
列举名人说明内向的人也可以取得非凡成就。

我们不是不爱聊天，是你们聊的东西根本不是我们的兴趣点，所以你们要做的不是让我们变成外向的小孩，而是用心了解我们的世界，如果我们彼此有了相同的爱好，那时与你们交流的我们便会滔滔不绝，变成叽叽喳喳的小喜鹊。

  了解自己可能是人一生最难的功课了，但我们的作文偏偏爱出《介绍我自己》这样的题目，向别人介绍自己的前提是了解自己，你了解自己的身体吗？了解自己的爱好吗？了解自己的性格吗？知道自己的口味吗？知道自己最擅长什么，又最不擅长什么吗？如果有人想了解你，你会怎么介绍给他听？如果有人误解了你，你是不是也会开始怀疑自己？

  我们每个人都有不同的性格，所以世界才是缤纷多彩的，没有人能取代你，你也别想着变成别人，做好你自己，活出自己的精彩，发自内心地为自己写点儿文字。

昀昇老师带你练

以《自我介绍》为题,写一篇作文,字数不限。

心怀童心,迈向成长

贺显老帅

大语文那些事儿

GREAT CHINESE

赵旭 ◎ 著
王雪倩 秦熠 ◎ 绘

阅读洋葱课

北京理工大学出版社
BEIJING INSTITUTE OF TECHNOLOGY PRESS

版权所有，侵权必究

图书在版编目（CIP）数据

大语文那些事儿.阅读洋葱课/赵旭著；王雪倩，秦熠绘.—北京：北京理工大学出版社，2020.10（2023.4重印）

ISBN 978-7-5682-9077-7

Ⅰ.①大… Ⅱ.①赵… ②王… ③秦… Ⅲ.①阅读课—小学—教学参考资料 Ⅳ.① G624.203

中国版本图书馆 CIP 数据核字 (2020) 第 179811 号

大语文那些事儿·阅读洋葱课

出版发行 /	北京理工大学出版社有限责任公司
地　　址 /	北京市海淀区中关村南大街 5 号
邮　　编 /	100081
电　　话 /	（010）68914775（总编室）
	（010）82562903（教材售后服务热线）
	（010）68948351（其他图书服务热线）
网　　址 /	http://www.bitpress.com.cn
经　　销 /	全国各地新华书店
印　　刷 /	鸿博昊天科技有限公司
开　　本 /	787 毫米 ×1092 毫米　1/16
总 印 张 /	55
总 字 数 /	600 千字
版　　次 /	2020 年 10 月第 1 版　2023 年 4 月第 20 次印刷
总 定 价 /	180.00 元（全 6 册）

责任编辑 / 户金爽
文案编辑 / 梁铜华
责任校对 / 刘亚男
责任印刷 / 边心超

图书出现印装质量问题，请拨打售后服务热线，本社负责调换

卷首语

为什么你只"阅读"不"理解"

很多同学阅读量并不小,但是只"阅读"不"理解",那就不叫"阅读理解"。

可以用来训练阅读理解能力的文章唾手可得,比如你学的课文,每一篇课文都是阅读理解最好的范文。还有你阅读的课外书,也都可以作为阅读理解的文章来分析。可是读了这么多书,为何阅读能力还是没有一点儿提升呢?

其实,学会阅读理解有一个小秘密,那就是:阅读和写作不分家。阅读和写作根本就是一回事,通过你的写作能力可以检验你的阅读理解能力,反之,如果你的阅读理解能力提升了,写作水平也一定会提高。那么问题来了,你学了那么多篇课文,哪一篇影响过你的写作呢？

说白了，阅读理解就是读懂一篇文章的前因后果：读懂前因就是弄明白作者在写这篇文章之前是怎么想的；读懂后果就是弄明白读者在读这篇文章之后又是怎么想的。

你真正理解了一篇文章时，就可以学习它的手法，模仿它的语气，摘录或者化用其中好的句子，运用到自己的作文里。所以，如果阅读能力迟迟不见提升，很有可能是你把阅读和写作割裂开了。我将在这本书里以一种全新的思路来为你讲解阅读，这种新思路就像一种神奇的魔法，它既可以帮你打开阅读理解的大门，也可以帮你推开写作的一扇窗。

001　01 题目的秘密

02 开头的秘密 009

017　03 中间的秘密

04 结尾的秘密 025

031　05 "比喻"最简单也最困难

06 修辞里的小伙伴（一）041

049　07 修辞里的小伙伴（二）

08 修辞里的小伙伴（三）053

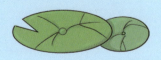

059　09 你中有我、我中有你的"表达方式"

目录 CONTENTS

10 环境为一切服务 065

075 11 高手都会"三结合"

12 "顺叙、倒叙、插叙、补叙"
   絮絮叨叨 085

095 13 塑造人物方法多多

14 引用是为了凑字数吗？ 103

109 15 元芳，"这个人"
      你怎么看？

16 让你学会答题有腔调 115

121 17 文章要有"曲线美"，
      必须详略得当

18 如何评价文章 127

01

题目的秘密

题目,是文章的眼睛,要靠它眉目传情。

什么是题目,你思考过这个问题吗?题在古文中就是额头的意思,目,就是眼睛。题目,就是一篇文章的额头和眼睛,要靠它眉目传情。没看懂题目,就如同和一个人交流,却始终不敢看对方的眼睛,那怎么能走到别人心里面去呢?所以,想要读懂一篇文章,先要读懂它的题目。

无论是写作还是阅读理解,题目都是重中之重。在阅读理解里,我们经常遇到这样的题:这篇文章的题目有什么作用?这篇文章的题目有什么妙处……

这时候，首先要分辨题目的词性，如果题目是名词，很有可能是在文章中反复出现的一个词。比如，《皇帝的新装》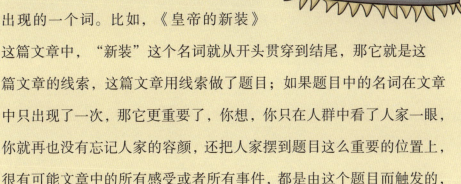这篇文章中，"新装"这个名词就从开头贯穿到结尾，那它就是这篇文章的线索，这篇文章用线索做了题目；如果题目中的名词在文章中只出现了一次，那它更重要了，你想，你只在人群中看了人家一眼，你就再也没有忘记人家的容颜，还把人家摆到题目这么重要的位置上，很有可能文章中的所有感受或者所有事件，都是由这个题目而触发的，它就是一个导火索。

例文：

皇帝的新装

从前，有一个皇帝，他特别喜欢好看的新衣服。为了穿得漂亮，他把所有的精力都用在新衣服上了，他一点儿也不关心军队，也不喜欢去看戏。他很少乘着马车逛公园，除非是为了炫耀一下新衣服。他每个钟头都要换一套新衣服。在他住的那个大城市里，生活很轻松、很愉快，每天都有许多外国人来。

有一天来了两个骗子，他们号称自己是织工。他们说能织出谁也想象不到的世界上最美丽的布。这种布的色彩和图案不仅非常好看，而且用它缝出来的衣服还有一种奇特的功能，那就是凡是不称职的人或者愚蠢的人，都看不见这衣服。皇帝听后非常高兴，于是传令下去让两个骗子立刻开工。

骗子把衣服织好后，他们让皇帝把身上的衣服全都脱掉。并装作捧着衣服的样子，把他们刚才缝好的新衣服一件一件交给皇帝。皇帝在镜子面前左看右看，并不断扭着肥胖的腰肢。"上帝，这衣服多么合身啊！样式裁剪得多么好看啊！"大家都说，"多么美的花纹！多么美的色彩！这真是一套华丽的衣服！""大家已经在外面把华盖准备好了，只等陛下一出去，就可撑起来去游行！"典礼官说。

于是，皇帝就在街上开始游行。站在街上的人都说："皇上的新装真是漂亮！他上衣下面的后裾是多么美丽！衣服多么合身！"虽然他们其实什么衣服都没有看到，但谁也不愿意让人知道自己看不见，因为这样就会暴露自己不称职或是太愚蠢。皇帝所有的衣服都没有得到这样普遍的称赞。

"可是他什么衣服也没有穿呀！"一个小孩子最后叫出声来。"上帝哟，你听这个天真的声音！"爸爸说。于是大家把这孩子讲的话私自低声地传播开来。"他并没有穿什么衣服！有一个小孩子说他并没有穿什么衣服呀！""他实在是没有穿什么衣服呀！"最后所有人都说。

皇帝有点儿发抖，因为他也觉得老百姓所讲的话是对的。不过他自己心里这样想："我必须把这游行大典举行完毕。"因此，他摆出更骄傲的神气，他的内臣们跟在他后面，手中托着一个并不存在的后裾。

文中的题目"新装"是个名词，贯穿全文，很明显，这是本文的线索，文章围绕"新装"展开了故事情节：

皇帝爱新装——骗子织新装——君臣看新装——皇帝展新装——孩子揭新装

如果题目里不仅有名词,还有动词,那就可以组成一个主谓短语或者动宾短语,甚至就是一个句子,这样就可以直接描述一个事件了,比如《鲁提辖拳打镇关西》《明湖居听书》《看花灯》《学雷锋》……所以阅读理解中如果遇到带动词的题目,这种题目的好处就是概括事件。

还有些题目在文中完全没出现过,比如《变色龙》,文章中从头到尾都没有出现"变色龙"这个词,那这样的题目是不是"跑题"了呢?不是的,《变色龙》写的是一个叫奥楚蔑洛夫的人,这个人遇到

身份不同的人，就会表现出不同的态度，变化自如，活像一只变色龙。所以《变色龙》这个题目巧妙地运用了比喻的修辞手法，把奥楚蔑洛夫比喻成了变色龙，是不是特别形象、生动？没错，形象、生动就是这类题目的好处。

但是，有一个误区，大家认为只要是比喻，妙处一定是形象、生动。这是不准确的。

在大多数情况下，抽象的东西需要形象化才好理解，比如有一首诗叫《乡愁》，但什么是"乡愁"呢？诗人余光中在诗里就把抽象的乡愁比作一枚小小的邮票，立刻为乡愁赋予了形象。

但有些时候，题目恰恰需要抽象概括，比如文章中描写了初升的太阳、萌发的新芽、鲜翠欲滴的绿色……我完全可以把初升的太阳比作希望,把萌发的新芽比作希望,把绿色也比作希望,而希望是一个很抽象的词,这就是比喻的另一个功能——化形象为抽象。这样转化的好处是高度概括。

有的文章题目为了吸引读者会制造悬念,比如《这就是我想要》,这种文章不读完就不知道作者想要啥,所以妙处就是制造悬念、吸引读者。

好题目的妙处有很多,你可以体会一下学过的课文题目,看看它们的妙处都在哪里。

奋笔老师带你练

结合上文,思考以下文章题目的妙处。

《荷塘月色》

《辣妹子》

《我跟宝宝学"偷菜"》

《最后一课》

《礼物》

《想北平》

《春天的心跳》

参考答案

《荷塘月色》:题目概括了文章的主要内容,也点明了作者要描写的一个对象。

《辣妹子》:概括主要内容。

《我跟宝宝学"偷菜"》:概括主要内容。

《最后一课》:概括了文章的中心事件。

《礼物》:概括文章的事件线索。

《想北平》:概括了文章的中心事件。

《春天的心跳》:化北京为神奇,寓有魅力。

02

开头的秘密

文章开头结构上总起全文、引出下文，内容上或开篇点题、照应题目，或开门见山，或渲染气氛，或制造悬念……

一分钱

我在马路边捡到一分钱，

把它交到警察叔叔手里边，

叔叔拿着钱，

对我把头点，

我高兴地说了声：叔叔，再见！

这首儿歌大家都耳熟能详，其实它的歌词就是一篇短小精炼的文章，我将以它为例，为你剖析阅读的秘密。

"我在马路边，捡到一分钱"是文章的开头，捡到钱以后呢？发生了什么事？后面发生的事，都是因为我捡到一分钱而引发的，这样的开头就起到了引起下文的作用。

开头直接点题。不仅如此，还点出了人物"我"，点出了地点"马路边"，还点出了事件"捡到一分钱"。这样的开头，好处就是点明了时间、地点、人物、事件，起到了开门见山的作用。

现在我们来挑战一下，给这首儿歌改写成不同版本的开头试试。如果开头这样写：我是一个诚实的孩子，有一天我在马路边，捡到一

分钱……这样的开头虽然平淡了点儿,但起到了点明主旨的作用,主旨就是要表扬我的诚实。

或者将开头改为:我的同桌丢了一分钱,这件事全班都知道了。这就引起了读者的好奇:哎呦喂,怎么丢了一分钱呢?谁偷的啊?全班都知道了,影响很恶劣啊……这就制造了悬念,引起读者的好奇,吸引读者往下读。

再或者我们把开头改为:北风嗖嗖地刮着,路上已经没有什么行人了,我把脖子缩进围巾里,低头走路,突然发现马路边有一分钱……"这样的文章开头,它的作用就是渲染气氛。

昝兒老师敲黑板

开头的作用:

1. 点题。

2. 交代时间、地点、人物、事件。

3. 点明主旨:我是一个诚实的孩子……

4. 制造悬念:我的同桌丢了一分钱,这件事全班都知道了。

5. 渲染气氛:北风嗖嗖地刮着……

6. 引起下文:怎么处理这钱呢?

7. 前后对比:我是一个出了名的小气鬼,平时一分钱都要掰成两半花。

最后再来改个版本：我是一个出了名的小气鬼，平时一分钱都要掰成两半花……这就与后文捡到钱后把它交到警察叔叔手里边形成了强烈的对比，人物形象更加光彩。

昏晃老师带你练

阅读下面的文章，回答文章下面的问题。

我爱水，所以我爱大海，爱长江，也爱小溪流。但是我最爱的还是湖。

静静的湖，像是一块无瑕的翡翠，在阳光的照射下，闪烁着美丽的光泽。

我喜欢独自一个人坐在湖畔，看着平静的湖面幻想。我想，湖中一定有一个明亮的水晶宫，那是鱼儿的家园，不然它们为什么会整天那么欢快？水晶宫里一定有一块巨大、发光的翡翠，不然湖水为什么会绿得这样美？我凝视湖面，偶尔投一枚石子，让它激起一道道波纹，或是放一只纸船，让它随着湖波飘荡。

静静的湖是可爱的，但雨中的湖更动人。细丝般的春雨飘下来，不停地织啊织，织出湖——这块绿色的"锦"。"锦"上无穷无尽的圆环，像美丽的姑娘绣出的朵朵鲜花。

雷雨到来时的湖真热闹。你看，天空中一道亮光，那是开幕的礼花上了天。你听，"轰隆"，礼炮响了，大会就要开始了。等大雨落下，

联欢会立刻开始。你看到湖面上朵朵竞相开放的雨花了吗?那是正在翩翩起舞的金鱼姑娘头上的玉花。你想知道节目是否精彩吗?那"哗哗"的雷鸣般的"掌声"会把一切都告诉你……

湖是美的……

(选自《语文世界(小学生之窗)》2018年第22期,作者:葛海燕)

1. 给短文加个题目。

2. 用下划线画出文中的过渡句,用( )标出文章的开头。开头的作用是什么?

3. 文中的"礼花"指＿＿＿＿＿,"礼炮"指＿＿＿＿＿,"玉花"指＿＿＿＿＿,"掌声"指＿＿＿＿＿。

03

中间的秘密

中间段的作用是过渡,是阅读理解的重头戏。

我们接着研究《一分钱》这首儿歌,儿歌的中间段是:"把它交到警察叔叔手里边,叔叔拿着钱,对我把头点"这三句。也就是说我不仅没把这一分钱一脚踢开,还跑到了警察叔叔面前上交了,中间段连接了上下文,它的作用就是过渡。

但往往事情没这么简单,我又要改写了,如果中间部分这么写:我在一个隐秘的角落里捡到了一分钱,看四周没人,悄悄地把它装在了我的口袋里,然后我打算跑到马路对面买根冰棍儿,发现马路对面的墙上写着标语"拾金不昧是好少年的美德",我的内心稍微纠结了一下,但最后还是装作没看到,继续买冰棍儿。付款时由于紧张,兜里的钱掉在了地上都没发觉,多亏卖冰棍儿的老奶奶提醒了我,我才意识到拾金不昧是美好的品德,于是我摸了摸刚才捡到的一分钱,向警察叔叔跑去。

这种一波三折描述内心纠结的写法会让情节摇摆起来,吸引读者。文章有了"曲线美"才吸引人。

中间段是阅读理解的重头戏,经常会考某个句子的含义。比如,"叔叔拿着钱,对我把头点"这句话的含义。只要问到句子的含义,一定是这个句子里有一个或者几个词不简单,需要体会它的象征意义。例如"点头"这个动作,表面意思是我上交的这一分钱警察叔叔他收到了,同时也是对我拾金不昧行为的肯定和赞扬。

登旲老师敲黑板

中间段的作用:

1. 过渡。

2. 摇摆。

昝晁老师带你练

阅读下面的文章，回答文章下面的问题。

父亲的礼让

那一年夏天，我在学校贫困生申请表上签了字。我想减轻父母的忧愁，因为学校有规定，一旦被确定为贫困生，将可免去全年的学杂费，而这些学杂费用足够我家人一年的生活开支。

最后，只有我和嘎子被列为准贫困生，之所以被称为准贫困生，是上面只给了一个名额，所以，我和嘎子之间，只有一个会成为正式的扶助对象。

接下来，学校分别派两名老师前往我们两家作调查。我陪老师到家时，已经是中午了，父亲急忙上前迎接，说："今天早上喜鹊不停地叫，我就知道有贵客要来，欢迎老师。"

我帮忙招呼老师坐下后，把父亲和母亲拉进里屋，向他们详细说明我的申请以及准贫困生的事。最后，我一本正经地说："只有一个名额，所以，我们必须抓住。"

父亲低下头想了想，问我："那嘎子家境如何？"

我说："比我强不到哪去，他父亲上山打柴弄折了腿，靠母亲支撑全家。"

父亲最后对我说："这个名额我认为归人家，你不能争，我们家境比他强，况且我和你娘还能挣钱。"

好说歹说，父亲骂了我一通，说我年纪轻轻地不学好，我觉得一肚子委屈。

父亲到外面招呼老师，转回头对母亲说："娃他娘，今天有贵客，把家里的鸡杀一只。"

接下来，他乐呵呵地笑着，对老师说："没啥，孩子听话就行，关于学费的问题，我和娃他娘都认为不算啥，我们有能力承担，谢谢校领导的关心。"

老师吃惊地望着父亲，我站在院子里，感觉眼眶里都是泪水，我

真的不明白父亲为什么会作出这样的决定,这样会损害我的尊严!

母亲在院子里抓鸡,几次都没抓住,父亲过来帮忙,院子里鸡飞狗跳的。抓到时,父亲对老师说:"家里每年都会养几十只鸡,足够生活开支啦。"

父亲还破例从井底取出放了几十年的老酒。那天,父亲喝得大醉。当晚我没有回学校,夜里醒来时,我听到父亲的咳嗽声和母亲的哭泣声。

直到多年后,做了父亲的我才忽然明白父亲的良苦用心。

(选自《作文之友》2014年第000卷第003期,作者:佚名)

1. 给画线的字在 ____ 里注音。

2. 写出下面词语的近义词。

礼让 _____ 承担 _____ 哭泣 _____ 忽然 _____

3. 从文中找出两个成语，写在下面，并选择其中一个成语造句。

---

4. 课文结尾说"直到多年后，做了父亲的我才忽然明白父亲的良苦用心"，你知道当初的父亲那么做的理由吗？

---

5. 读完此文，你懂得了什么？

参考答案

1. shé，zhēng。

2. 谦让；担当；啜泣（饮泣、哭泣、抽泣、抽咽）；突然。

3. 一干二净；张牙舞爪（любые成语）。

4. （例如：）他觉得我该懂得道理，要勇于担当而不能再胆怯。（或：他相信接受多挫折会变通，更有机会战胜挑战的困境与坎坷。）

5. 做一个像父亲那样勇于承担责任、有爱心的人。

04

结尾的秘密

结尾使文章结构完整,内容上有点明中心、升华感情的作用。

《一分钱》这首儿歌的结尾是：我高兴地说了声，叔叔，再见！开头是"捡到一分钱"，中间交给了警察叔叔，最后和叔叔再见，结尾照应了标题和开头，使得整个故事有始有终，非常完整。

如果后面再加一句"原来做好事的感觉这么好啊！"，则会借自己之口抒情的同时还点明了文章的主旨。

结尾还有一种类型，就是情理之中、意料之外。跟警察叔叔说了再见之后，突然从灌木丛中钻出了一个扛着摄像机的大叔和一个漂亮的小姐姐，他们说："你好啊，小朋友，刚才这一分钱是我们故意放在地上的，我们就是想试试看身边还有没有拾金不昧的人，正好看到你把钱捡起来交给了警察叔叔。"这是意料之外，但又是情理之中。之所以有人跟拍，肯定是拾金不昧的行为很罕见，而往往美德就在最单纯的孩子身上发光，这就是情理之中。情理之中、意料之外的结尾又叫"欧·亨利式结尾"，因为欧·亨利的很多小说都是这种类型的结尾。

　　还有一种结尾是喜剧性的，比如：我在马路边捡到一分钱，这个消息在学校不胫而走，学校接到了失主的表扬信，把我评为了"全校好少年"，大家都向我学习，所有人都做到了拾金不昧。真的所有人都能做到拾金不昧吗？太难了，所以喜剧性结尾其实是对生活美好的期盼。

　　有喜剧性结尾，自然就有悲剧性结尾，虽然不忍心，但是我还是设计了一个悲剧性结尾：我高兴地说了声，叔叔，再见！然后蹦蹦跳跳地过马路回家，因为太开心了，没看到红灯，我只顾往前走，突然冲出一辆自行车，我被撞倒在地……

　　把美好的东西摧毁给你看，这就叫悲剧，这样结尾的好处就是让我们懂得珍惜眼前的一切美好，同时也提醒我们要时时刻刻注意安全，开心也不能忘记规则。

叴旯老师敲黑板

结尾的方式及好处:

1. 照应标题、开头(前文)使文章结构严谨,浑然一体。

2. 总结全文,点明主旨:原来做好事的感觉真好啊。

3. 情理之中、意料之外:电视台外景采访,果然还有人会拾金不昧。

4. 喜剧结尾:学校接到了失主的表扬信,把我评为了好少年(现实中实现不了,美好寄托)。

5. 悲剧结尾:突然冲出一辆自行车(珍惜美好,令人深思)。

 叴旯老师带你练

阅读下面的文章,回答文章下面的问题。

我爱牵牛花

有人喜爱娇艳的牡丹,有人喜爱芬芳的茉莉,我则喜爱平凡的牵牛花。

乐于向高处攀登,这是牵牛花的本色。开始,她那纤细的茎蔓围着篱笆杆向上缠。慢慢地,篱笆被牵牛花占满了。只要从屋檐下拴几根绳子连在篱笆上,牵牛花的茎又会沿着绳子向上爬去,那翠绿的叶子,红的、白的、紫的花组成了条条花索,像是在屋前挂上了条条彩带。

牵牛花是凭着坚忍不拔的毅力向上攀登的。她把自己的身体全部缠绕在篱笆上,一点儿也不游离。正因为她缠得牢、攀得紧,风吹雨打不会掉下来。偶尔被大风吹下来,也不灰心,一有机会,她就借助风的力量再次攀上去。

牵牛花一生一直在攀登。一天,两天,一个月,两个月,直到霜打叶落,生命到了最后一息才罢休。到了深秋,她虽然枯萎了,却留下了一粒粒饱满的种子。明年,篱笆上、屋顶上,又将爬满奋力向上攀登的牵牛花。

(选自《作文世界(小学版)》2004年第11期,作者:李思婕)

1. 文章的开头点明了什么?这样开头的好处是什么?

_____

_____

2. 概括文章中间段的意思。

_____

_____

3. 作者写这篇文章是为了赞颂牵牛花(　)的精神,抒发(　)的感情,所以,作者把(　)作为主要内容来写。

_____

_____

4. 文章的结尾照应了_____,它的作用是什么?

_____

_____

参考答案

1. 开头点明主旨:我爱牵牛花。这样的开头开门见山,点明了关爱的主旨。
2. 向海边赞颂着牵牛花的朵朵。
3. 努力向上奋发,奋发奋发牛花,向海边赞颂着牵牛花的朵朵。
4. 开头,使文章结构严谨,浑然一体。

05

"比喻"最简单也最困难

比喻可以化平淡为生动,化深奥为浅显,化抽象为具体。

在古代汉语里,"喻"的意思就是明白,"比喻"就是打个比方让别人明白。比喻是一种常用的修辞手法,用跟甲事物有相似之点的乙事物来描写或说明甲事物。

甲事物就是本体,属于被比喻的事物;

乙事物就是喻体,属于打比方的事物;

连接甲物和乙物的词叫喻词,表示二者是比喻关系。

不是所有的比喻句这三个部分都要同时具备,比喻按这三个部分的异同和隐现情况分为:明喻、暗喻、借喻。

明喻,就是明确地让你明白;暗喻,就是悄悄地让你明白;借喻就是借个东西让你明白。

明喻的特点是本体、喻词和喻体同时出现。常用的喻词有:像、好像、好似、如、有如、如同、恰似、仿佛……

例句:

月亮(本体)像(喻词)一个大玉盘(喻体)。

他(本体)一动也不动,仿佛(喻词)石像(喻体)。

暗喻的特点是本体、喻体同时出现,但用"是""成""成为""变为"等系词代替"像"一类的喻词。

例句:

月亮(本体)是(喻词)一个大玉盘(喻体)。

母亲啊!你(本体)是(喻词)荷叶(喻体),我(本体)是(喻词)红莲(喻体)。(冰心《荷叶母亲》)

霎时间,东西长安街(本体)成了(喻词)喧腾的大海(喻体)。(袁鹰《十月长安街》)

借喻是比喻中的高级形式,运用它时要求

本体与喻体的关系十分密切,在特定的语境中,由喻体就可以直接领会到本体,所以无须出现本体和喻词。

例句：

大玉盘(喻体)挂在天上。

我似乎打了一个寒噤；我就知道,我们之间已经隔了一层可悲的厚障壁(喻体)了,我再也说不出话。(鲁迅《故乡》)

旮旯老师敲黑板

使用比喻手法时要注意：

1. 本体和喻体必须是性质不同的两类事物(盘子可以像月亮,但你家的盘子有点像我家的盘子,这可不是比喻)。

2. 本体和喻体之间必须有相似点(盘子和月亮都是圆圆的、亮亮的)。

我们在学习时要特别注意识别以下几种"假"比喻句：

一、真比较，假比喻

我们知道,只有当甲、乙两种事物之间具有某些相似之处(而不是相同点),而且分属于不同的类别时才能构成比喻,否则就不是。

例句：

1. 小明长得像他爸爸。

2. 他手上的钢笔好像是我丢失的那一支。

这两个例句都不是比喻句，一是因为句子中的甲、乙事物都是同类；二是他们有相同点而不是相似点。例句2是把"他手上的钢笔"与"我丢失的那一支"在外形、颜色和品牌等方面作比较。

二、真举例，假比喻

人们在说明某种现象时，从众多的事物、人物或现象中选出一个（种）或几个（种）作为例子，也常会用到"像"这些比喻词。此时，"像"并不表示比喻，而是表示举例。

例句：

3. 像昚晃老师这样可爱的人，谁会不喜欢呢？

4. 为正义事业敢于牺牲生命的热血青年很多，像黄继光、刘胡兰就是这样的人。

例句3不是比喻句，而是在举例。例句4也不是比喻句，句中"像黄继光、刘胡兰就是这样的人"只是"热血青年"中的两个事例。

三、真推断，假比喻

人们对尚未发生的事物和尚未产生的结果作出预先的猜测、估计和推断时，通常也用带有"像"等词的句子来表达。

例句：

5. 昚晃老师下个月好像要去广东。

6. 月还没有落，仿佛看戏也并不很久似的，而一离开赵庄，月光又显得格外皎洁。（鲁迅《呐喊》）

例句6中虽然也有"仿佛"一词,但全句内容只是在"时间"上进行估计、猜测、推断,表现"我"对看戏依依不舍的心情。

四、真拟人,假比喻

有些句子中虽有"像"等比喻词,却不是比喻句,而是拟人句。

例句:

7. 街上的柳树像刚刚挨了批评似的,低垂着头。

8. 微黄的阳光斜射在山腰上,那点薄雪好像忽然害了羞,微微露出一点粉色。(老舍《济南的春天》)

这两句话运用的修辞手法是拟人,而不是比喻。例句7是把柳树形象地比作低头认错的孩子。例句8赋予"薄雪"以人的神态,形象地写出了夕阳映照下的美丽雪景。

五、真夸张,假比喻

有些句子运用的是夸张手法,而非比喻,尽管句中有"像""仿佛"等喻词。

例句:

9. 太阳刚一出来,地上已经像下了火。(老舍《骆驼祥子》)

10. 穿的虽然是长衫,可是又脏又破,仿佛十多年没有洗,也没有补。(鲁迅《孔乙己》)

例句9虽然有"像"一词,但全句是运用夸张手法写天气炎热,突出了祥子在烈日下拉车的痛苦和艰辛。例句10也是运用夸张手法写孔乙己穷困潦倒的经济状况和好吃懒做的性格特征。

当"像""好像""仿佛"等词语，在表示同类事物比较、举例、推断、拟人、夸张时，它们都不是比喻关系，这时它们所在的句子都不是比喻句，也就是我们所说的"假比喻句"。

比喻的好处是：化平淡为生动，化深奥为浅显（翻转），化抽象为具体（翻转）。当然有些特殊场合也需要将浅显化为深奥，将具体化为抽象。

旮旯老师带你练

一．下面的句子中是比喻句的画√，不是比喻句的画×。

1. 我走在院墙外的水泥道上。水泥道像铺上了一块彩色的地毯。

2. 这根火柴给小女孩带来了温暖，她觉得自己好像就坐在一个大火炉前面。

3. 数不清的树木连成一片，像绿色的海洋。

4. 树枝不摇了，鸟儿不叫了，蝴蝶停在花朵上，好像都在听同学们读课文。

5. 蜻蜓飞得很低，仿佛要触到水面。

二．阅读下面的文章，回答文章下面的问题。

威尼斯的小艇

威尼斯是世界闻名的水上城市，河道纵横交错，小艇成了主要的交通工具，等于大街上的汽车。

威尼斯的小艇有二三十英尺①长，又窄又深，有点儿像独木舟。船头和船艄   向上翘   起，像挂在天边的新月，行动轻快灵活，仿佛田沟里的水蛇。

我们坐在船舱里，皮垫子软软的，像沙发一般。小艇穿过一座座形式不同的石桥。我们打开窗帘，望望耸立在两岸的古建筑，跟来往的船只打招呼，有说不完的情趣。

① 1 英尺 =0.3048 米。

船夫的驾驶技术特别好。行船的速度极快，来往船只很多，他操纵自如，毫不手忙脚乱。不管怎么拥挤，他总能左拐右拐地挤过去。遇到极窄的地方，他总能平稳地穿过，而且速度非常快，还能急转弯。两边的建筑飞一般地往后倒退，我们的眼睛忙极了，不知看哪一处好。

　　商人夹了大包的货物，匆匆地走下小艇，沿河做生意。青年妇女在小艇里高声谈笑。许多孩子由保姆伴着，坐着小艇到郊外去呼吸新鲜的空气。庄严的老人带了全家，坐着小艇上教堂去做祷　　　告。

　　半夜，戏院散场了，一大群人拥出来，走上了各自雇　　　定的小艇。簇拥在一起的小艇一会儿就散开了，消失在弯曲的河道中，传来一片哗　　　笑和告别的声音。水面上渐渐　　　　　　，只见月亮的影子在水中摇晃。高大的石头建筑　　　　　　在河边，古老的桥梁横在水上，大大小小的船都停泊在码头上。　　　　　　笼罩着这座水上城市，古老的威尼斯又沉沉地入睡了。

1. 给画线的字标注拼音。

2. 选词填空。

（1）（静寂/沉寂）　　　　　笼罩着这座水上城市，古老的威尼斯又沉沉地入睡了。

（2）水面上渐渐（静寂/沉寂）　　　　　，只见月亮的影子在水中摇晃。

（3）高大的石头建筑（矗立/耸立）　　　　　在河边。

（4）一座古朴典雅的"丝绸之路"巨型石雕，（矗立/耸立）　　　　　在西安市玉祥门外。

3. 威尼斯是世界闻名的水上城市，河道纵横交错，小艇成了主要的交通工具，等于大街上的汽车。

这里的"大街"指的是＿＿＿＿＿，"汽车"指的是＿＿＿＿＿。从这句话可以看到小艇在威尼斯的＿＿＿＿＿。

4."船头和船艄向上翘起，像挂在天边的新月，行动轻快灵活，仿佛田沟里的水蛇。"这句话运用了＿＿＿＿＿修辞手法，好处是＿＿＿＿＿。

参考答案

一、1.√ 2.× 3.√ 4.× 5.×。
二、1.艄（shāo），翘（qiào），耷（dā），古（gǔ），哗（huā）。
2.（1）操纵；（2）沉稳；（3）耸立；（4）簇拥。
3.河道，小艇，重要作用。
4.运用了明喻的修辞手法，形象生动地描写出威尼斯小艇的特点。

06

修辞里的小伙伴（一）

拟人是把物当作人来写；拟物有两种，一种是把人当作物来写，别一种是把甲物当作乙物写。

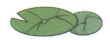

修辞方法除了比喻,还有比拟。比拟不是比喻加拟人,是拟人加拟物。拟人就是把物当作人来写,赋予物以人的动作行为或思想感情。

例句:

枯草像爸爸的头发。

这句话是比喻还是拟人呢?

我们来分析一下:这句话的本体是枯草,喻体是爸爸的头发,头发和枯草有相似性,很明显,这是一个明喻,而不是拟人。

并不是句子里出现了人物就叫拟人。拟人是把物当作人来写,直接赋予其人的动作行为或情感。

例句:

枯草看到爸爸的头发以后也笑了。

枯草本来是没有情感的,但它有了人的情感——笑了,说明这句是直接赋予物以人的情感,所以这句话用了拟人的修辞手法。

拟物,一种是把人当作物来写,使人具有物的动作或情感。

例句:

请各位同学竖起耳朵听课。

人的耳朵是不能竖起来的,小兔子的耳朵可以竖起来。这就是把

人拟作了小兔子，这就是拟物。

另一种是把甲事物当作乙事物来写。

例句：

1. 我的心都碎了。

甲物是心，乙物可能比较难找，但只要我们思考一下，什么东西容易碎呢？玻璃、鸡蛋壳……心不会碎，所以把心当作了玻璃来写，说明心受伤了，碎了，这也是拟物。

2. 我的心飞出了教室。

心不会飞，只有鸟会飞，所以该句是把心当作了小鸟来写，这也是拟物。

旮旯老师敲黑板

比拟：

比拟可以分为拟人、拟物两类。

1. 拟人。拟人就是把物当作人来写，赋予物以人的动作行为或思想感情。

2. 拟物。拟物又包括两类：一是把人当作物来写，使人具有物的动作或情态，比如：竖着耳朵听课；二是把甲事物当作乙事物来写，比如：心都碎了、心飞出了教室。

还有一种修辞叫借代，这种修辞的妙处是突出特征。

例句：

1. 知否，知否，应是绿肥红瘦。

绿代指叶子，红代指花。不说叶肥花瘦，而是说绿肥红瘦，哇，叶子绿油油的颜色和花的鲜红颜色一下子在我们脑海里浮现了。

2. 一个红领巾向我跑来。

少先队员最明显的特征就是胸前的红领巾，这样借代让少先队员的特征更加突出了。

有个难点，很多同学区分不了借代和借喻。

借喻我们之前讲过了，没有本体和喻词，只有喻体。借喻是长得像，有相似性；比如"大玉盘挂在空中"，月亮和大玉盘有相似性，这就是借喻。借代不是长得像，而是只有相关性。叶子不可能长得像绿色，花不可能长得像红色，只是颜色相关，所以这是借代。

叴旯老师带你练

一．判断下面句子的修辞手法。

1.六月的阵雨落下的时候,湿润的东风走过荒野,在竹林中吹着口笛。

2.雨后,我们会看到地上有很多水洼,就像有趣的镜子,映射着我们的脸。

3.海底不是一点儿声音都没有,海底的动物常常在窃窃私语。

4.看到数学试卷上的分数,我的心都碎了。

5.这是一片白桦树林,风猛烈地吹着,像少女的白裙在舞动。

6.风筝花花绿绿,各式各样,有"老鹰",有"鹦鹉",有"仙鹤",有"蜈蚣"……

二．阅读下面的文章,回答文章下面的问题。

我的小绵羊,刚刚剪完毛。瞧它一脱大衣,就乐得咩咩叫。"来,小绵羊,我领你吃青草。"看到好久不见的青草,小绵羊馋得不住地吃,美得直撒欢儿。

小绵羊吃青草,我在河边坐。

河边,一排垂柳,绿莹莹的柳枝上,小鸟正在开音乐会,垂柳的枝条伸进解冻的小河,跟河水握手。

河对面,一片绿油油的麦苗像铺到天边,阳光下,风儿像童话里的仙女,用温柔的手,抚摸着麦苗。

咦,什么时候飘起了小雨?像绿丝线,从地上牵起麦苗,麦苗长啦!高啦!

"咩——咩!"小绵羊又高兴地叫,一定是挂满雨珠的小草更嫩了。

雨,湿了我的头发,湿了小绵羊的毛,可我们舍不得回去,我们慢慢地走,见那星星点点是花骨朵全开啦!路旁的花丛,像天边飘来的彩霞。啊,小花正吸着小雨呢!我想:这雨一定是甜的,便忍不住

仰起头，用舌尖去接那绿色的雨滴。

小绵羊却抢先尝到了甜味，它叫着"咩——咩！"，好像在说"蜜——蜜！"

（《新语文学习（小学中年级版）》2012年第03期，作者：望安）

1. 在文中找出两个拟人句写在下面。

_____

_____

2. 如果你给这篇短文起个题目，你认为下面哪个更好？

　　A. 小绵羊　B. 春　C. 垂柳

3. 文章中反复出现了一个拟声词，是_____，照样子，写出你知道的动物的叫声。

_____

_____

07

修辞里的小伙伴（二）

夸张有扩大夸张、缩小夸张和超前夸张三种形式。

修辞里的小伙伴很多,还有一种修辞手法叫"夸张"。使用夸张的修辞手法,有很多好处,比如:烘托气氛,增强感染力,增强联想……

夸张可分为三种形式:

第一种是扩大夸张,跟吹牛有点儿像,就是故意把客观事物说得"大、多、高、强、深……"的夸张形式。

例句:

飞流直下三千尺。

这句古诗用"三千尺"这一夸张的修辞手法,形容瀑布像银河一样从天上落了下来。

第二种是缩小夸张,缩小也是一种夸张,跟谦虚有点儿像,就是故意把客观事物说得"小、少、低、弱、浅……"的夸张形式。

例句:

在您面前,我的智商为零。

有个地缝我都想钻进去。

一个浑身黑色的人,站在老栓面前,眼光正像两把刀,刺得老栓缩小了一半。

现在有些成语也有同样的表达效果,比如:寸土必争、滴水不漏、寸步难行。

第三种夸张形式比较少见,叫超前夸张,即在时间上把后出现的事物提前一步的夸张形式。

例句:

看到试卷上的分数那一刻,我的屁股就开始隐隐作痛了,少不了一顿揍。

下一位修辞小伙伴是对偶,它经常在诗词里出现。当它在现代文里出现的时候,往往是引用了一些诗句。使用对偶的修辞手法可以让文字便于吟诵、易于记忆,使词句有音乐感、表意凝练、抒情酣畅。对偶肯定是偶数句,两句话的字数要相同,相同位置的词性也要相同,词义还得相近或者相反。

例句:

无边落木萧萧下,不尽长江滚滚来。(杜甫《登高》)

 谷见老师带你练

把下面的句子,用夸张的修辞手法改写。

1. 爸爸端来一个很大的蛋糕。

---

2. 外面的雨好大。

---

3. 我的同桌朵朵很害羞,每次老师让她回答问题,她的声音都很小。

参考答案

1. 爸爸端来一个比自家还大的蛋糕。
2. 外面的雨下得像瀑布一样。
3. 我的同桌很害羞,每次老师让她回答问题,她的声音比蚊子的嗡嗡声还小。

08

修辞里的小伙伴（三）

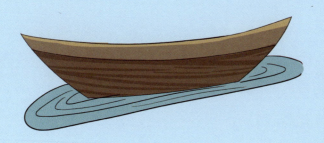

排比、反复、对比、设问和反问都是修辞手法。

接下来,我们看看排比这位小伙伴。

例句:

青岛的海真广阔啊,让你一眼望不到边际;青岛的海真蓝啊,蓝得仿佛那是一块碧蓝的宝石;青岛的海真汹涌啊,波浪滔天,似千军万马,滚滚袭来。

排比句至少要有三句,排比句的好处是节奏鲜明、内容集中、增强气势,叙事透辟、条分缕析,长于抒情。

"反复"也是一种修辞手法,多次强调,加深印象。《诗经》里最喜欢用反复的修辞手法。

《诗经·蒹葭(jiān jiā)》

蒹葭苍苍,白露为霜。

所谓伊人,在水一方。

溯洄从之,道阻且长。

溯游从之,宛在水中央。

蒹葭萋萋,白露未晞。

所谓伊人,在水之湄。

溯洄从之,道阻且跻。

溯游从之,宛在水中坻。

蒹葭采采,白露未已。

所谓伊人,在水之涘。

溯洄从之,道阻且右。

溯游从之,宛在水中沚。

你有没有发现,好几句类似的话在反复出现?这就和我们唱歌时的"副歌"部分一样,通过这种手法,再一次证明《诗经》最初是用来唱的。

反复和重复不一样,反复是修辞,重复是病句。

例句:

我爸爸把我打得浑身遍体鳞伤。

这就是一个病句,浑身和遍体是一个意思,所以是犯了重复的毛病。

对比这种修辞手法,可以使所表现的事物特征或所阐述的道理观点更鲜明、更突出。

例句:

你是大人,我是小孩。

语言上的巨人,行动上的矮子。

如果把两物对比——揭示好同坏、善同恶、美同丑的对立，就能让我们在比较中得到鉴别。如果是一物对比——揭示事物的对立面，反映事物内部既矛盾又统一的辨证关系，就能帮助我们全面地看问题。

对比，是对比双方各占一半，而另一种修辞——衬托，是有一个主角，其他事物都是配角，配角的出现就是为了突现主角的"光辉形象"，所以这种修辞手法，一般会有主次之分。

例句：

我个子长得比班上很多同学都高，但是虫虫比我高，飞飞比虫虫还高一头。

我和虫虫都是配角，就为了衬托飞飞的身高最高。

设问和反问也是修辞手法，设问是自问自答，提出问题，引发读者的思考。就像课堂上老师问："这道题选什么呢？"同学们答不上来，老师自己回答："我觉得应该选 A"。这就是自问自答。如果老师直接告诉大家答案，就不能引起同学们积极地思考了。

反问是强调语气，可以使语气强烈，强化情感。老师如果说："这道题难道不是选 A 吗？难道还要让我再讲一遍吗？"这就是反问，是为了加强语气。

所有的修辞都是为了修饰文字而生的，感谢修辞，让我们的言辞更漂亮，更有深度，更能表达我们的情感。

旮旯老师带你练

阅读下面的文章，回答文章下面的问题。

三月桃花水

是什么声音，像一串小铃铛，轻轻地走过村边？是什么光芒，像一匹明洁的丝绸，映照着蓝天？

啊，河流醒来了！三月的桃花水，舞动着绮丽的朝霞，向前流啊。有一千朵桃花，点点洒在河面，有一万个小酒窝，在水中回旋。

三月的桃花水，是春天的竖琴。

那忽大忽小的水声，应和着拖拉机的鸣响；那纤细的低语，是在

和刚刚从雪被里伸出头来的麦苗谈心；那碰着岸边石块的叮当声，像是大路上车轮滚过的铃声……

三月的桃花水，是春天的明镜。

它看见燕子飞过天空，翅膀上裹着白云；它看见垂柳披上了长发，如雾如烟；它看见一群姑娘来到河边，水底立刻浮起一朵朵红莲，她们捧起了水，像抖落一片片花瓣……

啊，地上草如茵，两岸柳如眉，三月桃花水，叫人多沉醉。

（人教版部编本四年级下册《三月桃花水》，作者：刘湛秋）

1. 仿写词语。

草如茵　柳如眉 _____

2. 作者把三月桃花水想象成 _____ 、 _____ ，还想象成 _____ 和 _____ 。

3. 短文表达了作者对三月桃花水的喜爱之情，请找出句子并抄下来。

_____

_____

4. 文中画线的句子，运用了 _____ 修辞手法，好处是 _____

_____ 。

参考答案

1. 云如絮；浪如水；日如盘。
2. 小铃铛，竖琴，鸣奏，明镜。
3. 啊，地上草如茵，两岸柳如眉，三月桃花水，叫人多沉醉。
4. 运用了排比的修辞手法，好句子更美丽，速度更快。

09

你中有我、我中有你的"表达方式"

记叙、描写、说明、议论和抒情是文章的表达方式。一篇文章里会有多种表达方式。

像我们每个人都有自己习惯的说话方式一样，每篇文章也都有自己的表达方式。概括起来，文章的表达方式有：记叙、描写、说明、议论和抒情。

记叙——是对人物的经历和事件的发展变化过程的叙说，它是写作中最基本、最常见，也是最主要的表达方式，是在叙事文章中应用较为广泛的一种表达方式。

例句：

有一天，我在马路边的地摊上，买了一只小蜗牛，我准备了一个玻璃水缸，把蜗牛放了进去，做它的新家。（记叙）

描写——为了使人物或事物更加形象，更好地表达主旨，或者为了交代得更详细，往往采用描写的表达方式。

例句：

小蜗牛有金黄色的外壳，透明的小触角，喜欢慢吞吞地走路。（描写）

说明——作解释，有利于把人、事、物准确地展示给读者。

例句：

小蜗牛一分钟才能走3厘米。蜗牛不仅有牙齿，还是世界上牙齿最多的动物。在它的舌头上长着无数细小而整齐的角质牙齿，最多的有135排，每排105颗，因此它们的牙齿可以多达1万颗。（说明）

议论——文章开头或结尾的议论往往是文章的主旨；文章中间的议论，常起过渡、引出主旨的作用。

例句：

小蜗牛虽然慢，但是它在细细地咀嚼它的人生啊！慢也是一种人生态度啊。（议论）

抒情（直接、间接）——表达的往往是文章的主要情感、文章的主旨。在开头起定基调的作用；在结尾，往往可以使文章的立意得到升华。

例句：

多么可爱的小蜗牛啊，我不怕慢了，向你学习慢得有意义。（抒情）

 昝兒老师敲黑板

在一篇文章中使用了五种不同的表达方式，可见它们不是只能单独存在的，正所谓：你中有我，我中有你。

比如：

1. 记叙文中的议论往往起画龙点睛、揭示记叙目的和意义的作用。

2. 议论文中的记叙往往起到例证的作用。

3. 说明文中描写、文艺性笔调起到点染作品使之更加生动形象的作用。

怎么判断一篇文章的文体呢？如果一篇作文有400字，其中有300字都在写人记事，那这篇文章就是记叙文。虽然文章最后可能有抒情，比如写《我的妈妈》，最后可能会有抒情：我爱我的妈妈！但文章的主体是在写人记事，就可以判断它是记叙文。

不懂表达方式连一个好警察都做不了，如果一个小偷被抓住了，你是警察的话要怎么审问呢？审问过程就是文章的不同表达方式。

文章的表达方式就像审问小偷的步骤：

记叙——交代一下犯罪过程吧。

描写——交代得详细一点！

说明——具体偷了多少金额？

议论——坦白从宽，抗拒从严！

抒情——出去后好好做人吧！

昝兒老师带你练

用不同颜色的线画出不同表达方式的文字吧。

有一天,我在马路边的地摊上,买了一只小蜗牛,我准备了一个玻璃水缸,把蜗牛放了进去,做它的新家。小蜗牛有金黄色的外壳、透明的小触角,喜欢慢吞吞地走路。

小蜗牛一分钟才能走3厘米。蜗牛不仅有牙齿,还是世界上牙齿最多的动物,在它的舌头上长着无数细小而整齐的角质牙齿,最多的有135排,每排105颗,因此它们的牙齿可以达到1万颗以上。

小蜗牛虽然慢,但是它在细细咀嚼它的人生啊,慢也是一种人生态度啊。

多么可爱的小蜗牛啊,我不怕慢了,向你学习慢得有意义。

10

环境为一切服务

环境描写是指人物所处的具体的社会环境和自然环境的描写。

在阅读理解中，环境是一个特别宽泛的话题，环境包括自然环境和社会环境。我们能看到的花花草草、风雨雷电都属于自然环境。社会环境就是我们所处的社会政治环境、经济环境、法制环境、科技环境、文化环境等宏观因素。

在文章里，环境就像一个默默奉献的人，它特别伟大，因为环境要为一切服务。

首先，自然环境的描写可以推动情节的发展。如果没有前面的自然环境铺垫，就没有后面的情节。比如《水浒传》中，有人要害林冲，林冲因为得罪了小人而被发配到草料场工作，但那天天降大雪，大雪把草屋压塌了，林冲没办法再住，于是，林冲拽了被子搬到了山神庙里。结果半夜听到外面有着火的声音，就去推门，无意中听到纵火人之间的对话，原来他们想一把火把草料场和林冲一起烧掉。林冲因为一场大雪躲过了杀身之祸，也惹下了杀身之祸。大雪就是自然环境的描写，它推动着情节的发展。

 登儿老师敲黑板

自然环境描写的作用：

1. 推动情节的发展。

2. 烘托人物感情，表现人物性格。

3. 衬托主题。

4. 渲染气氛。

5. 交代故事发生的时间、地点。

例文：

界河

[希腊] 安东尼斯·萨马拉基斯

记得他们初抵此地时，还是春寒料峭。然而几天前却突然放晴，现在竟是明媚和煦的春天了！

……

天气多好啊！他把衣服和枪靠放在树干旁，纵身跳入水中，承受了两年半的折磨，他那迄今还留有两道弹痕的躯体，顿时化作了另一个人。无形中，仿佛有一只拿着海绵的手抚过他的全身，为他抹去这两年半中留下的一切印迹。

他时而仰泳，时而俯泳。他顺流漂浮，又长时间地潜入水中……当兵的他一下子变成了一个孩子——他毕竟只有23岁。

左右两岸，鸟群在自由飞翔，有时它们盘旋在他的头顶，和他亲昵地打招呼。

少顷，顺流漂下的一根树干出现在他的前方。他一个长潜试图抓住树干。他真的抓住了！就在他浮出水面的刹那间，他发现约在30公尺①开外的前方有一个脑袋。

……

他实在无法扣动扳机，他觉得此刻这条恋人般的河未能把他们隔开；相反，却把他们联合在一起了……

---

① 1公尺=1米。

随着彼岸的一声枪响,他只是瞥见鸟群被惊起。他应声倒下,先是膝盖跪下,后是平扑在地。

小鸟不懂亲昵,但是主人公能看出来亲昵,说明主人公对大自然是有情感的,他向往自由,热爱自然,想像鸟儿一样自由飞翔。这段景物描写的作用是:烘托人物感情。

本来两军战士都在洗澡，看到对方后都匆匆上岸。小战士出于对生命的尊重，没有开枪。但是随着敌军的一声枪响，小战士扑倒在地，牺牲了。枪声渲染了悲凉的气氛，也衬托了主题，鸟群的惊起表达了对生命的渴望。

自然环境描写突显出大自然的美丽可爱，反衬出战争的残酷、可恶。例文的前半部分都在交代故事发生的时间和地点，后半部分在交代故事发生的社会背景。

社会环境描写的作用是：

1. 交代人物活动。

2. 交代事件发生发展的社会背景。

3. 交代时代特征、社会风貌等。

眢覒老师带你练

阅读下面的文章,分析文章中的自然环境和社会环境描写。

林海

我总以为大兴安岭奇峰怪石高不可攀。这回有机会看到它,并且走进原始森林,脚踩在积得几尺①厚的松针上,手摸到那些古木,才证实这个悦耳的名字是那样亲切与舒服。

大兴安岭这个"岭"字,跟秦岭的"岭"大不一样。这里的岭的确很多,高点的,矮点的,长点的,短点的,横着的,顺着的,可是没有一条使人想起"云横秦岭"那种险境。多少条岭啊,在疾驶的火车上看了几个钟头,看也看不完,看也看不厌。每条岭都是那么温柔,虽然下自山脚,上至岭顶,长满了珍贵的林木,可是谁也不孤峰突起,盛气凌人。

目之所及,哪里都是绿的,的确是林海。群岭起伏是林海的波浪。多少种绿颜色呀:深的,浅的,明的,暗的,绿得难以形容,恐怕只有画家才能够描绘出这么多的绿颜色来!

兴安岭上千般宝,第一应夸落叶松。是的,这里是落叶

---

① 1 尺 ≈ 33.33 厘米。

松的海洋。看，海边上不是有些白色的浪花吗？那是些俏丽的白桦，树干是银白色的。在阳光下，大片青松的边沿，闪动着白桦的银裙，不是像海边的浪花吗？

两山之间往往流动着清可见底的小河。河岸上有多少野花啊！我是爱花的人，到这里却叫不出那些花的名儿来。兴安岭多么会打扮自己呀：青松做衫，白桦为裙，还穿着绣花鞋。连树与树之间的空隙也不缺乏色彩：松影下开着各种小花，招来各色的小蝴蝶——它们很亲热地落在客人身上。花丛里还隐藏着珊瑚珠似的小红豆，兴安岭中的酒厂酿造的红豆酒，就是用这些小野果酿成的，味道很好。

看到那数不尽的青松白桦，谁能不向四面八方望一望呢？有多少省市用过这里的木材呀！大至矿井、铁路，小至椽柱、桌椅。千山一碧，万古长青，恰好与广厦、良材联系在一起。所以，兴安岭越看越可爱！它的美丽与建设结为一体，美得并不空洞，叫人心中感到亲切、舒服。

及至看到了林场，这种亲切之感更加深厚了。我们伐木取材，也造林护苗，一手砍，一手栽。我们不仅取宝，也做科学研究，使林海不但能够万古长青，而且可以综合利用。山林中已经有不少的市镇，给兴安岭增添了新的景色，增添了愉快的劳动歌声。人与山的关系日益密切，怎能不使我们感到亲切、舒服呢？我不晓得当初为什么管它叫做兴安岭，由今天看来，它的确有兴国安邦的意义。

（作者：老舍）

1. 给下列词语中加点的字注音。

空隙_____ 盛气凌_____人 俏_____丽

2. 文章中对大兴安岭的自然环境的描写非常精彩："大兴安岭多么会打扮自己呀：青松做衫，白桦为裙，还穿着绣花鞋。"这句话运用了_____修辞手法，"衫"指_____，"裙"指_____，"绣花鞋"指_____。

3. 作者从_____、_____、_____三个方面讲大兴安岭的景物特点。

4. 作者以细腻的笔触描绘了大兴安岭的美丽风光，同时抒发了什么感情？

参考答案

1. xì, líng, qiào。
2. 该句话使用了拟人的修辞手法。"衫"指青松，"裙"指白桦，"绣花鞋"指野花。
3. 从"岭"的姿态到"林"的色彩，作者抓住"岭""林""花"为兴安岭的景物特点。
4. 表达了对祖国北疆这座山的热爱，讴歌了大兴安岭为祖国建设和人民幸福作出的巨大作用。

11

高手都会"三结合"

动静结合、虚实结合、抑扬结合在文章中也是结合着使用的写作手法。

文章中的写作手法也是结合着使用的,有三对相结合的手法我们简称它是"三结合"的手法。

动静结合

其实上升到哲学高度的话,万事万物都是动静结合体。坐着一动不动,就一定没动吗?你的心脏在跳动,你的血液在流动。哲学家认为人无法两只脚迈进同一条河流,因为河流是在流动的,地球在转,自然地球上的一切都是运动的。所以我们这里谈的静,是相对静止。

动静到底怎么结合呢?

1. 化静为动

就是把静止的事物当作运动的事物来写,当然有了活力。

例句:

淡黑的起伏的群山,仿佛踊跃的铁的兽脊,都远远地向船尾跑去……(鲁迅《社戏》)

群山原为静态，此处说它向船尾跑，就是化静为动。山不会跑，但是作者笔下的小主人公坐的船是会跑的，船往前冲，船上的小伙伴以小船为参照物，感觉自己没动，而是山在往船尾跑。如果路上有两辆车以相同的速度同向而行，双方会觉得自己静止不动。

2. 以动衬静

动还可以理解成有声，静理解为无声。有声音就是动，没声音就是静。

例句：

教室安静得掉根针都能听到。

本来针掉下来是有声的，而能听到如此微弱的声音，恰恰说明教

室安静,这就是以动衬静,以有声衬无声。

以动衬静的窍门是:想写静,先写动,高手都是反着写的。想写宝宝心里苦,就写脸上挤出笑。想写一个地方土地平旷、屋舍俨然、有良田美池桑竹之属,就要先写山有小口,仿佛若有光,初极狭,才通人。复行数十步,豁然开朗。高手都是反其道而行之,这样写一个人、一个地方就写活了。

古诗里这种手法也很多。如王维的《鸟鸣涧》这首诗,"人闲桂花落,夜静春山空。月出惊山鸟,时鸣春涧中。"就是以花落、鸟鸣的动态来表现春山幽静的月夜景色。一"惊"一"鸣",更表现出春山的静谧。

虚实结合

虚写一般是回忆过去或者畅想未来。文章中如果出现这样的字眼"想当年""看将来"等,应该就是虚写。除此之外,出现做梦、想象和联想也是虚写,因为梦境、想象和联想都不是现实。

联想和想象还是有细微的差别的:

联想是一条线,由甲事物联想到乙事物,再由乙事物联想到丙事物……

想象是一个面,由一个物像发散思维,想到其他很多东西。

抑扬结合

抑是否定,贬损;扬是肯定,称颂。抑扬关系可分为欲扬先抑(也就是先抑后扬)和欲抑先扬(也就是先扬后抑)。

1. 欲扬先抑

《战国策》中有一段"冯谖（xuān）客孟尝君"的故事，文章的开头写冯谖既无爱好，又无能耐，还爱提要求、发牢骚，天天抱怨自己给孟尝君当门客待遇太低：食无鱼、出无车。作者把他贬抑到最低处，然后却笔锋一转，写他如何为孟尝君谋划了人生最重要的退路，有一个成语"狡兔三窟"，就是告诉我们不要一直往前冲，要给自己留好退路。孟尝君最后对冯谖说："天啊，你才是我的救命恩人。"这种欲扬先抑的写法写出了冯谖非凡的才能和独特的个性。

2. 欲抑先扬

本来要批评一个人，却先表扬他一番，聪明的老师、家长都喜欢用这种手法。如果哪天你被老师请到办公室，先被平白无故地表扬了一番，接下来就要做好被批评的准备了。这种手法使文章一放一收，跌宕起伏，逸趣横生，可以收到曲折尽情之妙。

昝兕老师带你练

阅读下面的文章，回答文章下面的问题。

四季之美

春天最美是黎明。东方一点儿一点儿泛着鱼肚色的天空，染上微微的红晕，飘着红紫红紫的彩云。

夏天最美是夜晚。明亮的月夜固然美，漆黑漆黑的暗夜，也有无数的萤火虫翩翩飞舞。即使是蒙蒙细雨的夜晚，也有一只两只萤火虫儿，闪着朦胧的微光在飞行，这情景着实迷人。

秋天最美是黄昏。夕阳照西山时，感人的是点点归鸦急急匆匆地朝窠里飞去。成群结队的大雁，在高空中比翼联飞，更是叫人感动。夕阳西沉，夜幕降临，那风声、虫鸣听起来也叫人心旷神怡。

冬天最美是早晨。落雪的早晨当然美，就是在遍地铺满白霜的早晨，在无雪无霜的凛冽的清晨，也要生起熊熊的炭火。手捧着暖和和的火盆穿过廊下时，那心情和这寒冷的冬晨多么和谐啊！只是到了中午，寒气渐退，火盆里的火炭，大多变成了一堆白灰，这未免令人有点儿扫兴。

（作者：【日】清少纳言；卞立强译）

1. 下面的句子中，动态描写的是：

（1）即使是蒙蒙细雨的夜晚，也有一只两只萤火虫，闪着朦胧的微光

在飞行,这情景着实迷人。

(2)东方一点儿一点儿泛着鱼肚色的天空,染上微微的红晕,飘着红紫红紫的彩云。

(3)夕阳照西山时,感人的是点点归鸦急急匆匆地朝窠里飞去。

2. 这篇短文是按照_____顺序来描述景物的,其中:

春天,最美的时间是_____

夏天,最美的时间是_____

秋天,最美的时间是_____

冬天,最美的时间是_____

3. 这篇短文采用了_____相结合的写作手法。

参考答案

1.(1)(3)。
2. 季节,黎明、夜晚、黄昏、早晨。
3. 动静。

12

"顺叙、倒叙、插叙、补叙"絮絮叨叨

顺叙：按照时间、事件的先后顺序来写。

倒叙：先写结果或高潮，再交代以前发生的事。

插叙：在主线中间插入相关片段。

补叙：叙事结束，补充交代相关内容。

记叙顺序一般可分为顺叙、倒叙、插叙、补叙四种。

顺叙是写记叙文最常用、最基本的方法,一般是指按照事件发展的时间先后次序来叙述,比如:昨天看到了一个特别喜欢的玩具,到今天我还念念不忘,明天我要去玩具店把它买回来。

采用这种方法，能使文章的层次同事件发展的过程基本一致，容易把事件记叙得有头有尾、脉络清晰。

但是顺叙不一定都是按时间先后来叙述，有时候也可以按照地点的转换或者事情内在的逻辑关系为序来叙述。

例：

今天我在学校和好朋友发生了不愉快的事，回到家后跟妈妈说了这件事，妈妈带我去好朋友家里和解。

逻辑顺序就是从原因到结果、从主要到次要、从整体到部分、从概括到具体、从现象到本质……

例如：《中国石拱桥》一文先说世界上石拱桥的特点，然后说中国石拱桥的特点，再说中国石拱桥的杰作——赵州桥和卢沟桥，就是按由一般到特殊的顺序，使读者对中国石拱桥的了解由浅入深，从总貌到具体。

在叙述一个事例时，由于时间变化与空间转换以及逻辑的推进往往是伴随的，所以在一篇文章中常常是几种顺叙的方法兼而有之。

 旮旯老师敲黑板

顺叙的方法可分为以下几种：

一是完全按时间顺序记叙。

二是以地点的转换为顺序来叙述事件。

三是以事情的内在逻辑关系为序来叙述事件。

倒叙，不是把故事的头尾完全颠倒过来写，而是根据表达的需要，把事件的结局或某个最突出的片断提前叙述，然后再从事件的开头按原来的发展顺序进行叙述。倒叙能制造悬念，增强文章的吸引力，使文章引人入胜。使用倒叙方法应注意的是：文章开头交代了事件的结局后，要转回到事件的开头，从起因写起，在叙述完事件的经过后，还要回到结局上来，这样才能首尾相合、结构完整。

插叙，是在叙述中心事件的过程中，为了帮助展开情节或刻画人物，暂时中断叙述的线索，插入一段与主要情节相关的内容，然后再接着叙述原来的内容。插叙的内容对中心内容起补充、解释或衬托作用，根据中心内容的需要可长可短，但不能超越表现中心思想的范围，否则会喧宾夺主、烦琐累赘。使用插叙时，要安排好与中心内容的衔接，使过渡自然、内容贯通一气。

例句：

大雄求叮当猫：你那里有没有代写作业的神器啊？我的作业多得写不完！

叮当猫：你忘记今天老师刚在课堂上表扬你是一个诚实的好孩子了吗？

叮当猫的这句话一出来，我们的脑子里面立马浮现出一个老师在课堂上表扬大雄的场景。

这就是插叙，脑补了一个画面。

补叙，也叫追叙，是行文中用三两句话或一小段话对前边说的人或事作一些简单的补充交代。补叙通常是中心事件的有机组成部分，文章的关键之处。没有补叙，故事情节上就会出现漏洞，令人不解。

例句：

"柯南，你是怎么发现凶手的？"

"因为我在他的手机里看到了一条奇怪的留言，于是开始怀疑他。"

柯南的解释就是补叙，没有这段情节的补充，推理就会显得不合理。

插叙和补叙的区别在于，插叙是为了使文章更丰满，补叙是为了使文章更完整，一篇文章可以不丰满，但不能不完整。所以，补叙通常是事件的有机组成部分，没有补叙，故事情节上就会出现漏洞。此外，补叙可以在篇中，也可以在篇末，而插叙只能在篇中，不能在篇末。这很好理解，因为篇末没东西可插了。

皆晃老师带你练

阅读下面的文章,回答文章下面的问题。

蜜蜂

听说蜜蜂有辨认方向的能力,无论飞到哪里,它总是可以回到原处。我想做个试验。

一天,我在我家花园的蜂窝里捉了一些蜜蜂,把它们放在纸袋里。为了证实飞回花园的蜜蜂是我放飞的,我在它们的背上做了白色的记号。然后,我叫小女儿在蜂窝旁等着,自己带着做了记号的二十只蜜蜂,走了两里多路,打开纸袋,把它们放出来。那些被闷了好久的蜜蜂向四面飞散,好像在寻找回家的方向。这时候起风了,蜜蜂飞得很低,几乎要触到地面,大概这样可以减少阻力。我想,它们飞得这么低,怎么能看到遥远的家呢?

在回家的路上,我推测蜜蜂可能找不到家了。没等我跨进家门,小女儿就冲过来,脸红红的,看上去很激动。她高声喊道＿＿＿有两只蜜蜂飞回来了＿＿＿它们两点四十分回到蜂窝里,满身都是花粉呢＿＿＿

我放蜜蜂的时候是两点整,也就是说,在四十分钟的时间里,那两只小蜜蜂飞了两里多路,这还包括了采花粉的时间。

天都快黑了,我们还没见到其他蜜蜂飞回来。第二天我检查蜂窝时,又发现了十五只背上有白色记号的蜜蜂。这样,二十只蜜蜂中,十七只没有迷失方向,准确无误地回到了家。尽管它们逆风而飞,沿途都是一些陌生的景物,但它们确确实实飞回来了。

蜜蜂靠的不是超常的记忆力,而是一种我无法解释的本能。

1. 在_____处填上标点符号。

2. 根据意思在文章中找到对应的词语。

形容很准确,没有一点错误。_____

生疏,不熟悉。_____

3. "我"是怎样做这个试验的?试着用简单的词语概括出来。

捉蜜蜂→_____→_____→_____

4. 这一系列试验过程,充分体现了法布尔_____的品质。

5. 这篇文章用了什么记叙顺序?

参考答案

1. "。!"
2. 准确无误;陌生。
3. 系线做记;记记号;放蜜蜂。
4. 求真。
5. 顺叙。

13

塑造人物方法多多

塑造人物形象的方法有:

从肖像、行动、语言、心理、细节等方面的正面描写和从环境和他人两方面的侧面描写。

在一篇文章中,如果想把一个人物写得有血有肉,需要进行全方位立体化的描写。从描写角度上来说,写人物和画人物有异曲同工之妙。描写一个人可以正面描写,直接写他长什么样;也可以侧面描写,间接写别人眼中的他啥样。

正面写一个人可以进行肖像描写、行动描写、语言描写、心理描写和细节描写。肖像描写就是写一个人长什么样,就像一个人的照片;肖像描写也可以表现性格,正所谓"相由心生";肖像描写还可以折射一个人的思想,使人物的形象更加丰满,就像给人化妆;肖像描写还可以增强文章的可读性。

行动描写就像视频,让人物动起来。行动描写也可以表现人物的性格,做什么事?怎么做事?是有始有终的人,还是半途而废的人?行动描写还可以折射一个人的思想,是鬼鬼祟祟的人,还是光明正大的人?行动描写当然也可以增强文章的可读性。

当肖像描写和行动描写还是没办法让我们清晰地了解一个人时,那就得请这个人自己"说话"了,这便是语言描写。语言描写也可以体现一个人的性格。妈妈说出来的话和姥姥说出来的话肯定不一样。不同的思想才会说出不同的话,所以语言描写还可以折射一个人的思想。说出不同的话,形象就变得丰满了,这样也增强了文章的可读性。

常言道:知人知面不知心,相处一段时间,才知道一个人心里怎么想。可见心理描写是更"高级"的手法,这种手法可以直接表现人物性格,暴露人物思想。一个人的心里所想,和他的表面所为不一定完全一致,这样,人物形象是不是就更血肉丰满了?读者的好奇心也被调动了起来,所以心理描写也增强了文章的可读性。

细节描写会出现在行动描写、语言描写、肖像描写和心理描写中。不要小看细节,因为往往是一些微不足道的细节,决定了整个事态的发展。细节描写可以生动真切地刻画人物性格和心理,它的妙处就是

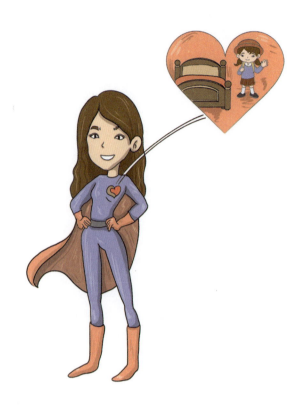

以小见大。

　　写一个人只是进行直接描写还不够,要想人物形象血肉丰满,要进行侧面描写,比如可以对这个人所处的环境进行描写,环境包括自然环境和社会环境。自然环境描写的作用是烘托人物、营造气氛,为人物出场做铺垫。社会环境描写就是对这个人的背景或者历史社会原因做介绍。

　　侧面描写还可以借助他人,对主角以外的其他人进行描写,也就是对配角进行描写,目的是与主角做对比或者衬托主角光环。侧面描写可以让读者从多个角度,客观全面地了解主角。借他人之口客观全面地评价,既可以表现主角的影响之广,又会让读者觉得真实可信。

登凡老师敲黑板

塑造人物形象的方法
- 正面描写
  - 肖像描写 → 表现性格
  - 行动描写 → 折射思想
  - 语言描写 → 使形象血肉丰满
  - 心理描写 → 增强文章可读性
  - 细节描写 → 生动,以小见大
- 侧面描写
  - 环境
    - 自然环境
      - 烘托人物
      - 营造气氛
      - 为人物出场做铺垫
    - 社会环境 → 介绍历史社会原因
  - 他人 →
    - 对比、衬托(多角度、客观全面)
    - 借他人之口客观全面评价
    - 表现主角影响之广
    - 真实可信

笪晃老师带你练

阅读下面的文章,回答文章下面的问题。

优雅的清洁工

在老家县城,有一位年轻英俊的清洁工,每天早晨拉着垃圾车经过我家楼下时,都会摇动他手上的摇铃。当我提着垃圾袋走向他时,他总是微笑着,在垃圾车旁,优雅地做个"请"的姿势,就像在说"欢迎光临"。

他跟一般清洁工有所不同,总是打扮得很整洁,甚至时髦,像是在做一件很荣耀的事。有一次,我还看见,他用扫帚对准了地上的一个烟蒂,摆出打高尔夫球的姿势,一杆把烟蒂挥入距离十来步的簸箕内,而且还顽皮地对我扮了个鬼脸……

我不知道他的名字,只知道他正值青春年华。原先他在省城一家

宾馆里当迎宾先生，后来因为老父病重，便回老家照顾病人，同时兼职做了一名清洁工。

在与垃圾打交道的过程中，他总能抱着一颗感激淘金的心，因为有事做是最重要的。被他优雅、自信、有礼的言行所感动，每次倒垃圾时，我都不忘说声"谢谢"。对此，他很激动，他说，自己永远不会看轻自己，但仍然在乎别人的尊重与肯定。

他把"劳动"两个字演绎得尊贵无比。

一天见他一次，真是三生有幸。因为，他不仅帮我们带走了生活垃圾，也净化了我们日渐蒙尘的内心。

（《课堂内外：高中版》2020年第9期第35-35页，作者：周爱雪）

1. 文章中都用了哪些人物描写的方法？

2. 认真读短文，作者为什么说"一天见他一次，真是三生有幸"？用原文来回答。

3. 文章中的清洁工是一个什么样的人？用自己的话概括。

参考答案

1. 外貌描写、行为描写、语言描写、动作描写。
2. 因为，他不仅帮我们带走了生活垃圾，也净化了我们日渐蒙尘的内心。
3. 乐观、优雅、有礼貌、爱岗敬业和懂得感恩的人。

14

引用是为了凑字数吗?

引用可以增强文章的文艺性、说服力,增强人物的主动性。

说到引用,你首先想到的是不是引用名人名言?引用名人名言就是拉名人来为我们"站台",让我们的观点显得更有说服力。但是要知道,有时候名人们的观点并不一致,甚至有时完全相反:

例句:

走自己的路,让别人说去吧!(正方)

要想不迷路,就要多问路。(反方)

你以为正方引用了名人名言就可以理直气壮了?没那么简单,反方也可以引用名人名言让正方观点站不稳脚,看来所谓引用名言,除了让"名人打架"以外,没什么太大效果。

如果你认为"引用"只是为了拉名人"站台",那你还没有领略到引用的真正价值。

如果你要写一篇文章,想让文章变得文雅,古香古色,可以引用一些诗词。假如爷爷爱好文学,可以让爷爷在文章中随口吟诵几句诗词。引用古诗词不仅可以让文章变得文雅,还可以使人物的形象更加

丰富饱满。

在人物传记中,直接采用大量原始材料也是引用,例如为鲁迅作传,必然会引用鲁迅当年的亲笔信件,这样的引用可以更原汁原味地表现人物特点,揭示人物精神面貌,也便于读者对人物做出客观公正的评价。

除了引用诗词和原始资料以外,还可以引用故事,好处是让文章更活泼,更吸引读者。比如写妈妈,想赞美妈妈是一个有爱心的人,那么怎样才能证明妈妈是个有爱心的人呢?比如引用一段姥姥讲的妈妈小时候抢救受伤小鸽子的故事,就可以印证你的观点了。

很多文章中还喜欢引用大量的、详细的数据来准确、有力地证明自己的论点，客观翔实的数据总是容易令人信服，感受也会更加直观。不过，在引用数据时，一定要确保数据的准确性、真实性，一旦有一项数据作假，所有数据都作废。

旮旯老师带你练

阅读下面的文章，回答文章下面的问题。

赢自己一把

曾有一个很笨的孩子。功课咋样先不说，只知道每次开家长会，老师宣布班上学生的成绩，他老爸吊着一颗心只想早一点儿听到念他孩子的名字，结果是念出他孩子的名字时，老师就做了完结式的停顿，接下去就说：完了。

他老爸也不生气，只说："儿子，这世界上许多人你没法比。你只跟你自己比。你只要每天都能赢自己一次，我就高兴了。"有一次，儿子考试得了60分，乐得老爸搂着儿子啃排骨似的，因为_____。后来这孩子机灵了，知道自己功课比不过别人，就不再想当什么牛顿、阿基米德了。他作文写得好，于是就每天写文章给自己看，让自己每天赢自己一把。结果，这孩子轻而易举地捡了个中文系的保送指标，把他的大学给念完了。

有记者问奥运金牌得主刘易斯："您是世界上跑得最快的了，您没有竞争的目标怎么办？"刘易斯答："我下一步该做的是，粉碎自己。"还记得在京城采访一个红歌星时,他在我的采访本上写下留言,他写的是:愿你的今天胜过昨天!

我觉得这话挺有哲理的。所以我说,你且记住了:人生终归是你自己的。你不妨时时给自己提个醒:赢自己一把!

（作者：周凤妮）

我下一步该做的是,粉碎自己。

1. 把上面这篇文章中引用的名人名言摘录下来，并说明引用的好处。

2. 发挥自己的想象力在文中的横线上填上你认为最好的缘由！

3. 中国也有一位像刘易斯一样的飞人，他是_____

4. 文中刘易斯说"粉碎自己"，对于这句话，你觉得是什么意思？

5. "你不妨时时给自己提个醒：赢自己一把！"同学们，你们是怎样理解这句话的？

6. 比一比，先加拼音，再组词

赢（　　）_____　　　赢（　　）_____

参考答案

1. 我一个个地破纪录，粉碎自己。
   围你的今天比昨天强！
   引用的好处是有着说服力。
2. 方向；因为他以前从来没这样过。
3. 刘翔。
4. 我们要不断超越自己。
5. 取得成功的关键是战胜自我。
6. 赢（yíng）输赢，赢（léi）羸弱。

15

元芳，"这个人"你怎么看？

评价人物首先要界定人物身份，然后从事例中概括总结。

到了学期末,班主任会给你写"操行评定",就是评价你这个人这一学期在学校的表现如何。在阅读理解里面,我们也经常遇到这样的题:主人公是一个什么样的人物?如何评价这个人物?

在电视剧《神探狄仁杰》里,剧中的狄公经常征求助手李元芳的意见,问"元芳,你怎么看?"从而借二人对话引出对案情的分析。李元芳的标准回答是:"大人,我觉得此事颇有蹊跷。"

但是，在做阅读理解题时，遇到"你怎么看主人公的性格？"的问题你不能像李元芳一样回答："此人颇有蹊跷。"那等于什么也没答，你需要详细地评价一下这个人。

如果要评价一个人，第一步先界定他是一个什么样的人。可以从身份入手。比如：她是一个知识渊博的老师，他是一个德艺双馨的艺术家，他是唐朝最伟大的边塞诗人。

第二步，要回答凭什么说他是这样的一个人，例如要证明他是德艺双馨的艺术家，就得分别从"德"和"艺"两方面展开来回答：怎样不吝提携后辈，技艺如何高超。

总结一下答题思路：第一句概括界定身份，第二句将人物身份的定语一一找出对应的事例。这很考验概括能力。

如果我们在评价人物的时候，所遇到的是比较丰满的人物的话，那么我们要知道，丰满不是说这个人长得胖，而是性格比较复杂，不是单一的性格，甚至有时候这个人的性格还前后矛盾，他的内心一定会有挣扎，所以阅读理解的题目中经常会出现一个词，即"微妙的心理"，它指的就是这种心理，只有把"挣扎之处"答出来，才说明你审清题了。

阅读人物传记时，你会发现人物基本都是成功人士，所以，考题往往会这样问：这个人是怎么成功的？你认为成功的要素有哪些？

一个人要想事业成功，一定离不开两大因素：内因和外因。

先说内因，第一是要有"智"，这个人首先要有智慧或者天赋，有可能二者皆有；第二是要有"爱"，就是对事业的热爱；第三是"勤"，

就是工作时要勤奋。虽然成功需要努力,但不是努力就会成功,所以还要有外因。外因,可以概括为天时、地利、人和。天时,就是机遇,机遇摆在面前时,一定要会去把握;地利,就是所处的环境和条件,能清醒地认清环境,并利用好一切条件;人和,你不是一个人在战斗,要想成功需要有团队的协同、前辈的提携、后辈的帮助、家人的理解等。

在阅读理解中,回答这类问题时,就可以从内因、外因两个方面去考虑作答。

叁兕老师带你练

阅读下面的文章，回答文章下面的问题。

孔子拜师

孔子年轻的时候，就已经是远近闻名的老师了。可他总觉得自己的知识还不够渊博，三十岁的时候，他离开家乡曲阜，去洛阳拜大思想家老子为师。

曲阜和洛阳相距上千里，孔子风餐露宿，日夜兼程，几个月后，终于走到了洛阳。在洛阳城外，孔子看见一驾马车，车旁站着一位七十多岁的老人，穿着长袍，头发胡子全白了，看上去很有学问。孔子想：这位老人大概就是我要拜访的老师吧_____于是上前行礼，问道："老人家，您就是老聃（dān）先生吧_____"

"你是——"老人见这位风尘仆仆的年轻人一眼就认出了自己，有些纳闷。

孔子连忙说:"学生孔丘,特地来拜见老师,请收下我这个学生。"老子说:"你就是仲尼啊,听说你要来,我就在这儿迎候。研究学问你不比我差,为什么还要拜我为师呢?"孔子听了再次行礼,说:"多谢老师等候。学习是没有止境的。您的学问渊博,跟您学习,一定会大有长进的。"

从此,孔子每天不离老师左右,随时请教。老子也把自己的学问毫无保留地传授给他。

人们佩服孔子和老子的学问,也敬重他们的品行。

1. 你如何评价孔子这个人?

_____

_____

2. 解释下面两个成语的意思。

风餐露宿 _____

日夜兼程 _____

3. 在 _____ 中填入合适的标点符号。

参考答案

1. 谦虚好学,彬彬有礼。
2. 风餐露宿:在风里吃饭,露天睡觉。形容旅途或野外工作的辛苦。
   日夜兼程:不分白天黑夜拼命赶路。
3. " , " , " 。

114

16

让你学会答题有腔调

腔调就是说话的声音和语气，写文章也要有自己独特的语言风格。

阅读理解中有两种题特别难：第一种是在文章中找不到答案的；第二种是连问题都看不懂什么意思的。例如有这样一道阅读理解题：请你描述一下上面这篇文章的语言风格。你是不是要挠头了？什么叫语言风格？语言风格简单概括就是作者写文章的腔调。腔调就是说话的声音和语气，写文章也要有自己独特的语言风格。

遇到这样的题，不要慌，可以分几步走。

第一，先判断这篇文章采用书面语还是口语。书面语一般在特别正式、严肃的场合使用。口语则比较随意，一般在轻松的场合使用，但也不能过于轻松，太随意就显得不稳重，就不叫轻松，叫轻佻了。如果在轻松的场合故意装得很正式，那这个人物的性格就比较虚伪。如果不是故意伪装，那就说明这个人的性格比较古板。

口语还有一种表现形式，叫方言。阅读理解题中有时候会问：文章中为什么要夹杂方言？使用方言的好处是，接地气，有地方特色，一方水土养一方人。

如果一篇写"抗击疫情"的文章，在文中白衣天使们一张口都是各地方言，我是湖南的，你是广东的，他是山西的，是不是从侧面告诉你这是来自四面八方的支援？每个人心中都充满爱，是全国人民凝心聚力共克时艰，小方言营造大主题。

第二，寻找个性语言，就是一篇文章语言的独特风格。就像每个人都有自己说话的方式一样，文章语言也有自己独特的风格。记叙文的语言个性是生动、形象、富有表现力；说明文的语言个性是准确、简洁；议论文的语言个性是观点鲜明、逻辑清晰。

第三，考虑语言的详略。一般在文章中详写的是重点，略写的是非重点。很多题都会针对这一知识点设问：本文为什么要详写某一个人或某一件事？你可以回答：之所以详写这部分，是因为读者对此感兴趣、这部分内容符合全文主题、突出人物性格、人物主要成就在此。

除了答题思路以外，平时还要注意答题术语的积累，比如：幽默

风趣、典雅庄重、含蓄凝练,这就是答语言风格题时应该有的腔调,不要再用自己的大白话去描述了,既不精炼,也不准确。

昝晁老师带你练

阅读下面的文章,回答文章下面的问题。

雕塑一般的姿势

"人固有一死,或重于泰山,或轻于鸿毛。"这是司马迁的名言。自然,人在弥留之际留给这个世界的最后一个姿势,越细品,越意味深长。

最让人感慨万千的,我认为是化学家卜拉克的姿势。卜拉克是因心脏病猝发突然去世的,死时手中端着满满一杯牛奶。令人惊奇的是,那杯子端得极其平稳,里面的牛奶居然一滴也不曾泼洒出来——他就这么稳稳当当地坐着,从从容容,一如雕塑。

之所以如此，是因为这位化学家有个超越凡人的"绝对一丝不苟"的"好习惯"——做化学实验时，总是把盛放化学药剂的器皿端得平衡至极。于是，他的死有了一个堪称"天下第一"的姿势。

最让人惊心动魄的，则是母爱的姿势。

那是在大兴安岭火灾现场，当人们扑灭大火后，突然惊呆了，因为他们发现：一位母亲虽然已被大火活活烧死，但她却镇静地保持着一个极稳妥的姿势——紧紧地蜷曲着上肢！果然，她被烧死了，怀抱中的孩子依然活着。显然，正是她义无反顾地坚持着这个姿势，才硬是在熊熊烈火中护住了她的孩子！

面对着这个最能象征母爱的雕塑般的姿势，消防队员潸然泪下。

再试想，人在弥留之际的姿势尚且如此引人关注，何况日常生活中活生生的人！

是的，人总是有姿势。正所谓"站有站相，坐有坐相"，所有的姿势都昭示着人的状态和人的境界。

那么你呢？你的姿势是挺拔如松，还是颓然如泥？

这，你想过吗？

（《小作家选刊》2009年第04期，作者：张玉庭）

1. 你怎么理解文章中"最让人惊心动魄的,则是母爱的姿势"这句话?

2. 这篇文章用的是书面语还是口语?

3. "最让人惊心动魄的,则是母爱的姿势",为什么不用"母亲的姿势"?

4. 短文说:"所有的姿势都昭示着人的状态和人的境界。"这句话怎样理解?

5. 化学家雕塑般的姿势,昭示着对化学实验的_____

参考答案

1. 母亲的姿势可以有种种,但当火灾来时,紧紧搂抱用手臂护着她的孩子,没有什么姿势比这更美丽、动人的。
2. 书面语。
3. 因为母亲的姿势可以有多种,但火灾来时,最能直接传递着这位母亲紧搂着自己孩子的母爱的是母亲手臂的姿势。
4. 一个人的姿势明明白白地表示出这个人的精神状态和面貌。
5. 极为认真一丝不苟。

17

文章要有"曲线美",必须详略得当

最能表现文章中心思想的地方要详写;同表现中心思想有些联系,不能不写但又不必详写的,就要略写。

详写和略写对一篇文章来说太重要了,它可以增加一篇文章的"曲线美"。一篇文章如果从上到下一样"粗",读起来就会很乏味,容易审美疲劳。

　　老师经常会在我们的作文评语里这样写:文章不分详略,重点不

够突出。可是哪里该详写？为什么要详写呢？这个问题想不通，这不仅会直接影响你的作文分数，而且阅读理解也拿不到高分，因为考阅读时，也经常会让我们判断某篇文章哪几段详写了、为什么要详写。

在回答这类问题的时候，有以下几种思路：

第一，因为读者对这部分内容陌生，所以作者要将它详写。

第二，因为读者感兴趣。读者可能不陌生，但是有兴趣，也要详写。

第三，因为符合主题。为了凸显主题，就要不遗余力，多用笔墨。

第四，因为可以突出人物性格。对于突出人物性格的事件、语言要详写。

第五，因为这是人物主要的成就和领域。比如写马云，互联网就是他的主要领域，打太极拳只是他的个人业余爱好，这二者主次分明。

那么，哪些需要略写呢？对照上面五点，读者不陌生的，可以略写。读者不感兴趣的，没必要写；不符合主题的，绝不能写，否则属于跑题；不突出人物性格的，也尽量别写，因为会使人物性格淡化；人物的非主要成就和领域，可以略写。

没有略写就没有详写，没有对比，哪来的美丽？写作如此，阅读也是这样，写作和阅读永远分不开。

昝晁老师带你练

阅读下面的文章，回答文章下面的问题。

特级教师

学校好不容易才邀请来的省特级教师将要在这所乡村小学讲一节公开课。

这所乡村小学里的老师谁都没有见识过特级教师。有的对特级教师不以为意；有的认为特级教师是凭关系混的，是靠年龄熬的……

特级教师来了，谁也没有料到竟是一位十分年轻美丽的女性。特

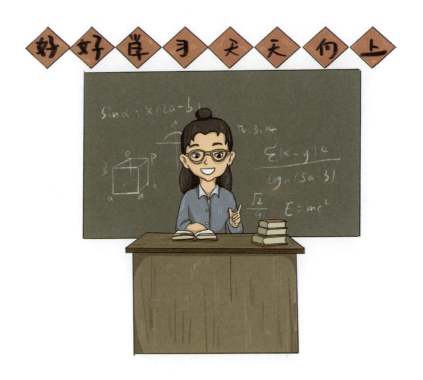

级教师说，上课时她将随便走进一间教室。谁也没有想到她进了一个全校闻名的后进班。

上课铃响后，所有听课的教师都进了教室。这间教室的讲桌上散落着乱七八糟的粉笔，桌面上铺着一层白乎乎的粉笔灰。特级教师用目光巡视一周后，迅速收拾好桌上散乱的粉笔，然后走下讲台，转过身去，面对着黑板，轻轻吹去了桌上的粉笔灰。片刻的鸦雀无声之后，教室里响起了一片掌声。所有的教师、学生用掌声给她的开场白打了最高分。

讲课的过程中她出了几道题让学生做，之后她又讲解了这几道题的做法。讲完之后，她说了一句："请做对的同学扬一扬眉毛，暂时没做对的同学笑一笑。"

这堂课讲得十分生动。

所有的老师都知道了什么样的教师是特级教师。

1. 特级教师在上课前并没有说什么，可为什么"所有的教师和学生都用掌声给她的开场白打了最高分"？

2. 短文中哪些地方体现了特级教师的风采？用横线画出来。

3. 为什么说这位特级教师的课上得十分生动？

4. 特级教师在这所乡村小学里做了几件事？哪件事写得最详细？

参考答案

1. 因为特级老师的到来让这所偏远的乡村小学迎来了难得的热闹。
2. 这些孩子特别爱上老师的课，而且老师讲的东西，因为希望能被特级老师点了名单上。
3. 因为她重来了，他让孩子再次来到自己的课。
4. （1）晚自习进一回家乡；（2）给村村教课，听老师讲课；（3）讲题目；（4）巧妙做计算对题和跟老师的问答人群。

第5件事记得最详细。

18

如何评价文章

评价一篇文章可以从文章论点、论述角度、论述深度、作者感情和带给读者的感受五个角度分析。

当你需要评价一篇文章的时候,要说些什么呢?对于小学生来说,可能还不需要直接评价一篇文章,但是在阅读理解中,会要求你评价一个词、一句话或者一段话。

比如阅读一篇文章,问某个词用得好不好,能不能找一个词来替换它。

一般要替换的词大多是形容词、副词或者动词。如果要替换形容词,那要考虑哪个词更形象、生动,哪个词更能体现人物的特征;如果要替换副词,副词一般表示程度,所以替换的时候要考虑哪个词更准确;如果要替换动词,要考虑哪个词更形象、生动、准确。

例句:

月光如流水一般,静静地泻(流)在这一片片叶子和花上。薄薄的青雾浮(飘)起在荷塘里。叶子和花仿佛在牛乳中洗过一样;又像笼(罩)着轻纱的梦。

"泻"字有从上面流下来的感觉,"流"字的高度差就比"泻"

字更平缓,而月光是从天而降,所以"泻"字更形象、更准确。"浮"字好还是"飘"字好呢?"浮"可能离水面近一些,"飘"的距离高于"浮",轻雾就在荷塘里,而不是在荷塘上空,所以"浮"更准确。"笼"在这里是动词,是笼罩的意思,因为这里化用了"烟笼寒水月笼沙"这句诗,用"罩"的话读者联想不到这句诗。

还有一种题是问某几个词是否可以调换顺序。

比如:搜索——整理——研究

不能调顺序,因为这符合人们认识事物的规律。

你得先搜集资料,然后把搜集来的资料整理一番,最后将整理的内容做研究。这其中的先后顺序不能乱。

发芽——开花——结果

不能调顺序,符合事物发展规律。

除非它是无花果,否则一定得先开花再结果。

嫩绿——鲜红——香甜

不能调顺序,这些词很可能与上下文一一呼应。

先有叶子(对应嫩绿),再有花朵(对应鲜红),最后有果实(对应香甜)。

羡慕——嫉妒——恨

不能调顺序,感情逐步加深,这些词环环相扣,层层递进。

如果需要整体评价一篇文章,可以从下面这些角度着手进行评价:

评价文章论点:正确还是错误

评价论述角度:客观还是偏激

评价论述深度:深刻还是肤浅

评价作者感情:真挚还是虚伪

评价带给读者的感受:回味无穷还是味同嚼蜡

旮旯老师带你练

阅读下面的文章，回答文章下面的问题。

龟兔赛跑新编

龟兔赛跑又开始举行了。

比赛刚开始，兔子就飞奔了出去。"这次一定要拿个冠军回来，上次因为偷懒输给了乌龟，简直成了笑柄。"兔子心里想。

小伙伴们为兔子叫好，其他动物也都为他加油助威。

这次，兔子牢记上次失败的教训，再也没有骄傲。可是，路上的诱惑太多了，不时有美丽的花儿、漂亮的蝴蝶、轻柔的蒲公英从旁边经过。

兔子一会儿闻闻花香，一会儿追追蝴蝶，一会儿又吹吹蒲公英。

兔子正玩得开心，突然被叫好声惊醒，天啊！乌龟正在冲刺，他要到终点了！兔子从地上弹了起来，风似的向终点奔去。

1. 文中加点的字"弹"和"奔"用得好吗?为什么?

_____

_____

2. 这次兔子没有睡觉却仍然输了比赛,你从中得到了什么启示?

_____

_____

参考答案

1. 用得好。一连串的生动词语写出了兔子奔跑的迅速。
2. 做事情要专心致志,不能三心二意。

心怀童心,迈向成长

声 明

在本书的编写过程中，我们在"昔昆老师带你练"中选用了一些优秀的文学作品，在此对相关作者表示诚挚的感谢。但因一些原因，未能与其中一些作者取得联系，敬请相关作者与我们取得联系，以便支付稿酬和表达谢意。联系我们请发送邮件到：tongxinbuma@163.com。

贺见老帅

大语文那些事儿

GREAT CHINESE

赵旭 ◎ 著
王雪倩 秦熠 ◎ 绘

古诗线索课

北京理工大学出版社
BEIJING INSTITUTE OF TECHNOLOGY PRESS

版权所有,侵权必究

图书在版编目(CIP)数据

大语文那些事儿.古诗线索课/赵旭著;王雪倩,秦熠绘.—北京:北京理工大学出版社,2020.10(2023.4 重印)

ISBN 978-7-5682-9077-7

Ⅰ.①大… Ⅱ.①赵… ②王… ③秦… Ⅲ.①古典诗歌—中国—小学—教学参考资料 Ⅳ.① G624.203

中国版本图书馆 CIP 数据核字 (2020) 第 178771 号

大语文那些事儿·古诗线索课

出版发行 / 北京理工大学出版社有限责任公司	
地　　址 / 北京市海淀区中关村南大街 5 号	
邮　　编 / 100081	
电　　话 /(010)68914775(总编室)	
(010)82562903(教材售后服务热线)	
(010)68948351(其他图书服务热线)	
网　　址 / http://www.bitpress.com.cn	
经　　销 / 全国各地新华书店	
印　　刷 / 鸿博昊天科技有限公司	
开　　本 / 787 毫米 ×1092 毫米　1/16	
总 印 张 / 55	责任编辑 / 户金爽
总 字 数 / 600 千字	文案编辑 / 梁铜华
版　　次 / 2020 年 10 月第 1 版　2023 年 4 月第 20 次印刷	责任校对 / 刘亚男
总 定 价 / 180.00 元(全 6 册)	责任印刷 / 边心超

图书出现印装质量问题,请拨打售后服务热线,本社负责调换

卷首语

古诗词为什么那么难？

在我们还没有上学的时候，甚至刚会说话的时候，我们的父母就开始教我们背诵唐诗了。古诗词有可能是你接触得最早的一种文学体裁，从最先会背的"鹅鹅鹅，曲项向天歌"到现在，你学了多少首古诗词呢？

我相信你肯定已经会背很多首古诗词了，但如果有一首诗摆在你面前让你鉴赏，你是不是还是心慌、手抖，一头雾水呢？

古诗词鉴赏在语文学习中确实有点儿难。古诗词为什么难？其实"古诗词"这三个字已经告诉你答案了。

第一个难点就是，因为它古老，它是古人的，距离我们现在已经很远很远。古诗词里描述的也都是很久很久以前发生的事情，古代的人和事我们不懂。别说古人，就是每天围着我们转的妈妈我们都很难懂。我们现在要读懂李白，代沟确实太深了。时间上跨度太大，这是读懂古诗词的第一个难点。

第二个难点就是,古诗词最要命的特征是含蓄。如果它直白了,不就好懂了吗?但是直白就不是古诗词了,那是口号。含蓄的古诗词需要我们用心去体会,去揣摩。

第三个难点是,因为古诗词句子一般都比较短,我们很难结合上下文去推敲其中的意思。古诗词可能一共就四句,长一点儿的也就八句,我们可能每句都弄不明白,更别提根据上下句去推敲了。

第四个难点就是,我们在课本里接触的诗太少了。我们只会背上几首诗,而且很少做古诗词的练习,比如写诗。训练的机会又少,难度自然就大。这个道理就好比很多同学觉得修改错别字、病句很难,那是因为课文中几乎见不到错别字和病句。

第五个难点就是,我们在学古诗词的时候,缺乏和历史的连接。比如,我们今天学习李白的诗,只知道李白,字太白,明天我们要学习杜甫的诗,又只知道他字子美,学完以后我们也搞不清楚李白和杜甫的风格,不知道是李白大还是杜甫大,更不知道他们两个人是不是认识。或者我们只知道他们两个都是唐朝的，但唐朝还分初唐、盛唐、中唐和晚唐呢，那李白和杜甫到底是唐朝哪个时期的呢？

要学好古诗词，我们需要对很多规律性的东西进行总结和提炼。比如唐朝的诗人就有很多，我们很难了解他们每个人的特点和风格，但有些诗人的特点很相似，如果你知道了这些相似的特点，再去记忆就简单多了。

旮旯老师只是想告诉你，古诗词也是有规律可循的，诗和史要一起学。我们去鉴赏一首诗，也绝对不是从第一句开始。同时，这本书还会告诉你诗人是如何运用各种手法的，更重要的是教会你未卜先知，一眼识破诗人一定会用到的手法。

总之，这本《古诗线索课》会针对你最苦恼的古诗词学习中遇到的问题，进行一一解答，并帮你攻克这些难关，希望能带给你一些收获。

001 01 古诗词的题目是你的"北斗导航"

02 侦查古诗词题目里的秘密 011

019 03 一口气说唐朝诗人

04 诗人为何男扮女装？ 029

039 05 奔跑吧，诗人兄弟
　　——山水诗、送别诗、羁旅诗

06 诗人也是热血男儿 051
　——边塞诗

061 07 诗人回家想象
　　——田园诗

08 诗人回家想象 071
　——怀古诗

目录 CONTENTS

081　09 古诗词的 DNA
　　——意象和典故（一）

10 古诗词的 DNA　091
　——意象和典故（二）

101　11 古诗词的 DNA
　　——意象和典故（三）

12 诗歌的源头　109
　——《诗经》

117　13 古诗词的手法

14 两句三年得，一吟双泪流　127

137　15 吟安一个字，捻断数茎须

1~9年级教材中的古诗已用☆标注

01

古诗词的题目是你的"北斗导航"

古诗词应该从题目开始读,因为题目里的信息很多,所以对理解诗词很重要。

读古诗词时,你是从第一句开始读吗?如果是,那就错了!

读懂一首诗应该从哪里开始呢?一首诗的开端并不是它的第一行诗句,而是它的题目。没有错,要想读懂一首诗,一定要从它的题目开始读。

题目真的有那么重要吗?当然,古人为文章命题,尤其是为诗词命题,那绝对是全心全意为读者服务。作者恨不得把一切消息都倾诉在题目里,因为怕你不懂它,所以在题目里巴不得把时间、地点、人物、事件等重要信息都告诉你。

比如李白写的《夜宿山寺》,短短四个字的题目就把时间、地点和事件交代得一清二楚。

夜宿山寺

【唐】李白

危楼高百尺,手可摘星辰。
不敢高声语,恐惊天上人。

(二年级上册)

【译】:
　　山上寺院好似有百丈之高,站在上边仿佛都能摘下星辰。
　　不敢高声说话,唯恐惊动了天上的仙人。

太白兄,这首《夜宿山寺》的题目不够含蓄。

子美贤弟,诗可以含蓄,诗的题目没必要含蓄。

苏东坡去赤壁游览后,有感而发,写了一首词,词的题目就叫《赤壁怀古》,他不会取名叫《文化苦旅》;王安石去褒禅山游玩了一番,有了一些自己的感受,写出来就叫《游褒禅山记》,他不会取名叫《从你的全世界路过》；李白和好朋友汪伦依依惜别，写了一首诗表达朋友之间的深厚友谊，诗的名字就叫《赠汪伦》，没必要取名叫《我和汪伦之间不得不说的故事》。

赠汪伦 ⭐

【唐】李白

李白乘舟将欲行，忽闻岸上踏歌声。
桃花潭水深千尺，不及汪伦送我情。

（一年级下册）

【译】：
　　李白坐上小船刚要离开，忽然听到岸上传来告别的歌声。
　　即使桃花潭水有千尺深，也比不上汪伦送别我的一片情深。

有时候不得不感叹,越伟大的作品,越不屑做"标题党"。所以当你读不懂一首诗的时候,不妨翻回头去看看题目,它也许会给你很多启发。

读古诗词一定要从题目开始读,诗人往往会在题目里透露很多信息出来,比如:时间、地点、人物、事件。

有些古诗词的题目比诗句还长,比如《入彭蠡经松门观石镜缅怀谢康乐题诗书游览之志》是李白创作的一首五言古诗,怎么样,题目够长吧?满满的信息量。还有我们熟悉的王维的《九月九日忆山东兄弟》。

这首诗原注是:"时年十七。"说明这是王维十七岁时的作品。王维当时独自一人漂泊在洛阳与长安之间,他是蒲州人,蒲州在华山东

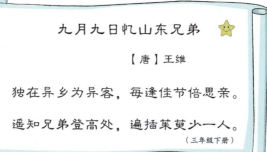

九月九日忆山东兄弟

【唐】王维

独在异乡为异客,每逢佳节倍思亲。
遥知兄弟登高处,遍插茱萸少一人。

(三年级下册)

【译】:
　　一个人独自在他乡作客,每逢节日更加思念远方的亲人。
　　遥想兄弟们今日登高望远时,头上插满茱萸只少我一人。

面,九月九日重阳节家乡的习俗是登高望远,诗因重阳节思念家乡的亲人而作。所以题为《九月九日忆山东兄弟》。一个题目足足有九个字,是不是时间、事件、人物、心情全体现出来了?

如果我们把一首诗比作一座陌生的城市,那么题目就是你的地图,就是你的"北斗"导航!这幅古诗词地图能给我们太多信息了,现在就让我们一起将这幅地图徐徐展开吧。

如果回忆一下学过的古诗词,你会发现在很多古诗词的题目里都有地名。

比如王维写的《齐州送祖三》这首诗:

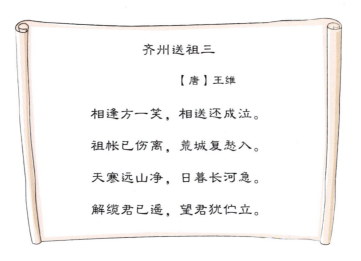

齐州送祖三

【唐】王维

相逢方一笑,相送还成泣。
祖帐已伤离,荒城复愁入。
天寒远山净,日暮长河急。
解缆君已遥,望君犹伫立。

【译】
才相逢刚刚以一笑相对,又相送变成了阵阵啜泣。
祖帐里我已经感伤离别,荒城中我更加发愁独入。
天寒季节远山一片明净,日暮时分大河格外迅急。
解开缆绳你就迅速远去,遥望着你我还久久伫立。

一看到这个题目,你脑海里出现了什么?"齐州"是个地名,告诉了我们故事发生的地方。即使你已有的地理知识不足以知道齐州在哪儿也没有关系,也许文中会有暗示。但是至少我们要知道这是个地名。第三个字"送",就说明这是一首送别诗,那么送别诗的所有情感会一一出现在我们的脑海里。"祖三"是个人名,王维的好朋友,很可能在家排行老三,所以才叫祖三。古人习惯以家族中的排行来称呼人。例如宋代大词人柳永,因在家族中排行第七,故又称柳七。如果你不知道古人命名的习惯,你可能就会一直在想"祖三"是件什么东西?那样的话,你的理解一定会"跑偏"的。

杜甫有一首诗的题目是《公安县怀古》,"怀古"我们很熟悉,"怀古诗"的各种情感马上涌上心头,但是我们不知道什么叫"公安"。还好,"公安"

后面跟着一个"县"字,所以我们可以放心大胆地猜测,它应该是个地名。那么问题来了,假如我们把这个"县"字删掉,改为《公安怀古》,你还能看出题目的含义吗?你可能又要跑偏,会猜想:公安嘛,也许跟现在的警察差不多吧?不对,古代应该没有公安这个称呼,那公安是一个人的名字吗?一个叫"公安"的人在"怀古"?

别急,这时候可以想一想,我们学过的古诗词中,题目里有没有带"怀古"两个字的呢?如果你想到《念奴娇·赤壁怀古》和《永遇乐·京口北固亭怀古》,把"怀古"两个字都遮掩起来,"赤壁"和"京口北固亭"都是古地名,所以当你在古诗词题目里遇到"怀古"两个字时,可以大胆猜测,它前面出现的词汇很可能是地名,而公安就是一个古地名,在今天的湖北省。

怀古诗

以地名(包括亭、台、堂、馆)为标题的诗大多是怀古诗,表达的感情常常是借古讽今、吊古伤今或登临揽胜、即景抒怀。比如"乌衣巷""黄鹤楼""赤壁"等。

叠儿老师带你练

分析古诗题目:《送元二使安西》

事件:

地点:

人物:

参考答案

事件:送(别)
地点:安西(使唐代安西都护府,即指边疆)
人物:元二(姓元,排行第二,作者的朋友)

02
侦查古诗词题目里的秘密

古诗词的题目里不仅有时间、地点、人物等重要信息,往往还藏着诗人的情感。

　　古诗词的题目里不仅有时间、地点、人物和事件等信息，有的古诗词题目中还藏着很多秘密，比如诗人的情感、诗词的出处等。

　　辛弃疾有一首词，叫《生查子·独游西岩》。看到这个题目，我们要抓住"独"这个关键字，作者不是和一帮朋友一起游西岩，而是自己一个人游玩。诗中可能会有孤独的情绪，或者一个人自由自在的快乐，这就是看到"独"这个字的时候脑海里要涌现的两种可能。

杨万里写过一首诗,叫《最爱东山晴后雪》,题目里的第一个字就很关键,"最"字一旦出现,说明这首诗要着重突出某些意象,在诗文里突出描写某个意象最常用的两种手法是对比和衬托。你的坏,是为了突出我的好,这就叫对比;你的好,是为了突出我更好,这就叫衬托。

那么问题又来了,诗人最爱的是"晴后雪"还是"雪后晴"呢?他爱晴天还是爱雪呢?这个必须看清题目,题目中的用字是"晴后雪",显然,他爱的是雪,"晴后"只是雪的定语,定语也很重要,不是阴

最爱东山晴后雪

[宋]杨万里

其一

只知逐胜忽忘寒,小立春风夕照间。

最爱东山晴后雪,软红光里涌银山。

其二

群山雪不到新晴,多作泥融少作冰。

最爱东山晴后雪,却愁宜看不宜登。

【译】:

其一:只顾着寻觅胜景而忘了寒冷,偶尔站在春风里,在夕阳西下时观看美景。
我最喜爱东山天晴后的雪景,像软红的光芒里涌来座座银山。
其二:东山的积雪等不到天放新晴,大多化作了泥土,少许结成了冰。
我最喜爱那东山晴后的雪景,发愁适合观赏而不适合攀登。

天里灰蒙蒙的雪，而是阳光下的雪，必有与众不同之处。而题目《最爱东山晴后雪》也是直抒胸臆，表达了强烈的情感。

有些古诗词，通过题目可以判别出处或类型。我们现在形容明艳貌美的女子，还喜欢用"桃之夭夭，灼灼其华"。这句名句就出自《诗经·桃夭》。《桃夭》这个题目怪怪的，是什么意思呢？是桃花夭折了吗？非也，非也。

在《诗经》和《论语》里，都喜欢把每一篇的头两个关键字摘出

桃夭

佚名

桃之夭夭，灼灼其华。

之子于归，宜其室家。

桃之夭夭，有蕡(fén)其实。

之子于归，宜其家室。

桃之夭夭，其叶蓁蓁(zhēnzhēn)。

之子于归，宜其家人。

【译】：

桃花怒放千万朵，色彩鲜艳红似火。
这位姑娘要出嫁，喜气洋洋归夫家。
桃花怒放千万朵，硕果累累大又多。
这位姑娘要出嫁，早生贵子后嗣旺。
桃花怒放千万朵，桃叶茂盛永不落。
这位姑娘要出嫁，齐心携手家和睦。

来做题目。如果你看到一首古诗词，它的题目只有两个字，而这两个字又没有什么特别的含义，看不明白意思，原诗还是四字一句，基本上可以判定它出自《诗经》，所以《桃夭》这个题目只是摘取了首句"桃之夭夭"里的两个字而已，类似的还有《蒹葭（jiān jiā）》，摘取的是"蒹葭苍苍"里的两个字；《关雎（jū）》摘取的是"关关雎鸠"里的两个字，如果你懂得《诗经》为诗歌命名的习惯，你就不会再为奇奇怪怪的题目费神了，更不会被题目带着"跑偏了"。有的题目里藏着这首诗的创作背景，比如唐代刘长卿曾经写过一首送别诗，题目是《重送裴郎中贬吉州》。

这首诗题目的第一个字"重"是多音字，在这里，读"chóng"，裴郎中是一个人，贬吉州是一个事件，而且是一个不太愉快的事件。为什么是"重送"呢？是不是当初有一次要送走，但没送走，第二次又送一遍，所以叫重送呢？没那么复杂。

重送，就是之前裴郎中被贬到吉州了，诗人作为他的朋友给他写过一首诗，题目叫《送裴郎中贬吉州》，但可能因为当时太过伤心，所以这首送别诗写得不是很好。过了两天，情绪稍微稳定下来，就这个事情想再写一首诗。那怎么办

重送裴郎中贬吉州

【唐】刘长卿

猿啼客散暮江头，
人自伤心水自流。
同作逐臣君更远，
青山万里一孤舟。

【译】：
　　猿声凄切，江边送行的人已散尽，我独自伤心，水只管自顾自地流。
　　同被贬逐漂泊，只是君行更远，青山万里，只有这一叶孤舟。

呢？就叫《重送裴郎中贬吉州》，就是之前写过同样题目的诗，我用这个题目再写一首。

古诗词题目中的一些关键词如果读不懂，会严重影响你对诗歌立意的理解。比如很多同学会认为"咏"就是歌颂、表扬的意思，在古诗词里，"咏"不仅仅是歌颂的意思，还有围绕一个事物抒发情感的意思，情感就有很多种了，可能是歌颂，也可能是批评。

在贺知章的这首《咏柳》里，"咏"字就是歌颂的意思，赞美柳树像个漂亮的小姑娘。曾巩也写过一首《咏柳》诗，他题目中的"咏"字就不是歌颂的意思。

咏柳

【唐】贺知章

碧玉妆成一树高，万条垂下绿丝绦(tāo)。

不知细叶谁裁出，二月春风似剪刀。

（二年级下册）

【译】：
高高的柳树像用碧绿的玉石装扮成的，无数柳条轻垂下来像绿色的丝带。

不知道这细细的柳叶是谁裁剪出来的？原来是二月的春风这把剪刀裁出来的啊！

咏 柳

【宋】曾巩

乱条犹未变初黄,倚得东风势便狂。

解把飞花蒙日月,不知天地有清霜。

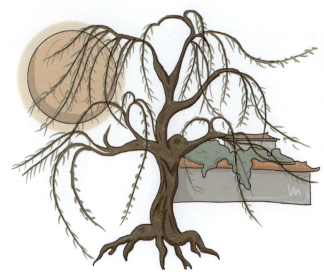

【译】:
　　杂乱的柳枝条还没有变黄,在东风的吹动下狂扭乱舞。
　　只知道柳絮飞扬,遮天蔽日,不知道还有秋霜降临、柳叶飘零的时候。

"乱条犹未变初黄,倚得东风势便狂"这两句就是在批评柳树太猖狂,风一吹就猖狂得不得了。所以咏物诗不一定都是表扬某个事物,诗人对所咏之物的情感取决于抓住它哪个特征来写。比如,诗人想要赞美竹子,那就说它一小节一小节地不断进步,或者赞美它有气节;如果想要讥笑竹子,那就说它"嘴尖皮厚腹中空",是表扬还是批评完全取决于诗人对此物特征的选取,但是题目都可以叫《咏竹》。

要想读懂古诗词,第一步就是要认真地读懂题目,挖掘大量信息。你如果想做一个古诗词鉴赏的小专家,那就请从题目开始吧。

智昊老师带你练

作为一名诗歌侦探,根据左边诗歌的题目,和右边的推测连上线吧。

《悯农二首》《春夜喜雨》　　　　透露作者写诗的缘起和情感

《江南逢李龟年》　　　　　　　　推测以景物为对象进行描写

《黄鹤楼》　　　　　　　　　　　怀古诗

《小池》《江雪》　　　　　　　　推测诗歌的感情倾向

参考答案

《悯农二首》《春夜喜雨》—— 透露作者写诗的缘起和情感
《江南逢李龟年》—— 推测以景物为对象进行描写
《黄鹤楼》—— 怀古诗
《小池》《江雪》—— 推测诗歌的感情倾向

03
一口气说唐朝诗人

唐朝是著名诗人最多的朝代,把唐朝诗人读懂,古诗已经会了八分。

初唐四大天王专场

说唐朝诗人先要从唐朝的诗歌说起,在中国文学史上,唐诗分为初唐、盛唐、中唐、晚唐四个阶段。初唐的四位诗人,被称为四大天王(初唐四杰),他们是:王勃、卢照邻、杨炯、骆宾王。这四位的命运,真是一个比一个惨,但是作品非常棒。王勃,是这四大天王里面的代表,在初唐的诗词舞台上,王勃高唱着"海内存知己,天涯若比邻"登台了,你感受到初唐诗人的胸怀了吗?"海内存知己"的意思是满天下都是知己，出自《送杜少府之任蜀州》，看来才子就是多情。

送杜少府之任蜀州

【唐】王勃

城阙辅三秦，风烟望五津。与君离别意，同是宦游人。

海内存知己，天涯若比邻。无为在歧路，儿女共沾巾。

（八年级下册）

【译】：

三秦之地护卫着巍巍长安，透过那风云烟雾遥望着蜀川。
和你离别心中怀着无限情意，因为我们同是在宦海中浮沉。
四海之内有知心朋友，即使远在天边也如近在比邻。
绝不要在岔路口上分手之时，像多情的少年男女那样悲伤得泪湿衣巾。

跟在王勃身后登台的是一个陈姓同学，他叫陈子昂。只见他摇头叹息道：大唐的气度是有了，但是好担心这种气度"前不见古人，后不见来者"！他写的这首诗就是《登幽州台歌》。

这时远方传来哒哒的马蹄声，王昌龄翻身下马：放心吧，兄弟，

登幽州台歌

【唐】陈子昂

前不见古人，后不见来者。
念天地之悠悠，独怆(chuàng)然而涕下！

（七年级下册）

【译】：

往前不见古代招贤的圣君，向后不见后世求才的明君。
想到只有那苍茫天地悠悠无限，止不住满怀悲伤热泪纷纷。

只要有我"不破楼兰终不还"的热血男儿在，保大唐万世永昌！

王昌龄身后站出来了高适、岑参、王翰，或歌颂激昂斗志，或诉说战争疾苦，"胡天八月即飞雪"，八月是农历八月，基本上就是现在新学年开学的时候，大致在九月胡天就飞雪了，可见边塞生活条件多恶劣。这波边塞诗人演奏了唐诗舞台上最壮丽的边塞交响曲。

独坐幽篁（huáng）（竹林）里的诗佛王维，一边弹着古琴，一

从军行·其四

【唐】王昌龄

青海长云暗雪山，

孤城遥望玉门关。

黄沙百战穿金甲，

不破楼兰终不还。

（五年级下册）

【译】：

青海湖上乌云密布，遮得连绵雪山一片黯淡。边塞古城，玉门雄关，远隔千里，遥遥相望。

守边将士身经百战，铠甲磨穿，壮志不灭，不打败进犯之敌，誓不返回家乡。

边应和着这群边塞诗人:没有错啊,我看过沙漠里下暴雨,看过大海吻鲸鱼,见过"大漠孤烟直,长河落日圆"……

这时,王维身后传来爽朗的笑声:哈哈,那么请问,你见过"黄河之水天上来吗?"不愿摧眉折腰事权贵的诗仙李白将盛唐子民的傲娇体现得淋漓尽致;躲在诗仙背后的是愁眉苦脸的诗圣杜甫,他为什么总是在发愁?八年的安史之乱,诗圣全赶上了,所以才能在《春望》中吟出那句"国破山河在,城春草木深"的家国情怀。

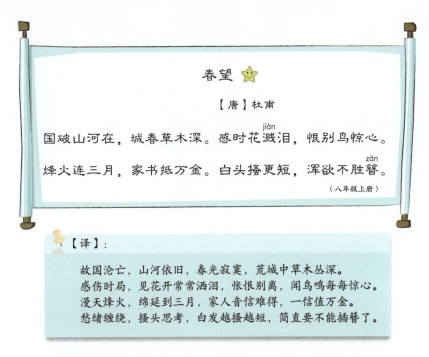

春望 ⭐

【唐】杜甫

国破山河在,城春草木深。感时花溅(jiàn)泪,恨别鸟惊心。
烽火连三月,家书抵万金。白头搔更短,浑欲不胜簪(zān)。

(八年级上册)

【译】:
故国沦亡,山河依旧,春光寂寞,荒城中草木丛深。
感伤时局,见花开常常洒泪,怅恨别离,闻鸟鸣每每惊心。
漫天烽火,绵延到三月,家人音信难得,一信值万金。
愁绪缠绕,搔头思考,白发越搔越短,简直要不能插簪了。

我们的大唐就这样完了吗?中唐青年白居易表示不服,他在《赋得古原草送别》中写道:"野火烧不尽,春风吹又生"!只要再给我们一点儿阳光,我们还能灿烂起来。晚唐的小李同学李商隐摇头叹息,我们努力过了,没有用的,"夕阳无限好,只是近黄昏"……

赋得古原草送别

【唐】白居易

离离原上草,一岁一枯荣。

野火烧不尽,春风吹又生。

远芳侵古道,晴翠接荒城。

又送王孙去,萋萋(qī qī)满别情。

(二年级下册)

【译】:

原野上长满茂盛的青草,每年秋冬枯黄春来草色浓。

野火无法将其烧尽,春风吹来大地又是绿茸茸。

远处芬芳的野草淹没了古道,艳阳下碧绿一片连着荒城。

今天我又来送别老朋友,连繁茂的草儿也满怀离别之情。

唐朝再强大，也有结束的那一天，最后只剩下强大的历史让那些晚唐的诗人去回忆了。难怪"小李杜"——杜牧和李商隐，把咏史诗、怀古诗写得异常出彩。杜牧有一首《题乌江亭》，议论了战争成败之理。李商隐有一首《登乐游原》，体现了诗人对物是人非、夕盛今衰的感慨之情。

题乌江亭

【唐】杜牧

胜败兵家事不期，包羞忍耻是男儿。

江东子弟多才俊，卷土重来未可知。

【译】：
　　胜败乃兵家常事，难以事前预料。能够忍受失败和耻辱的才是真正男儿。
　　江东子弟大多是才能出众的人，若能重整旗鼓卷土杀回，楚汉相争，谁输谁赢还很难说。

登乐游原

【唐】李商隐

向晚意不适，驱车登古原。

夕阳无限好，只是近黄昏。

【译】：
　　傍晚时分我心情不好，驱车登上乐游原。
　　夕阳景色十分美好，只不过已是黄昏。

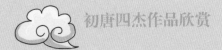

初唐四杰作品欣赏

蜀中九日 / 九日登高

【唐】王勃

九月九日望乡台,他席他乡送客杯。

人情已厌南中苦,鸿雁那从北地来。

曲池荷

【唐】卢照邻

浮香绕曲岸,圆影覆华池。

常恐秋风早,飘零君不知。

于易水送别

【唐】骆宾王

此地别燕丹,壮士发冲冠。

昔时人已没,今日水犹寒。

从军行

【唐】杨炯

烽火照西京,心中自不平。

牙 zhāng 璋辞凤 què 阙,铁骑绕龙城。

雪暗凋旗画,风多杂鼓声。

宁为百夫长,胜作一书生。

(九年级下册)

叶儿老师带你练

唐朝是诗歌繁荣的朝代,也是著名诗人辈出的朝代,许多诗人都有着自己的称誉。你知道下面的称誉分别都是谁吗?

诗仙　　　　诗圣　　　　诗狂　　　　诗魔

诗佛　　　　诗鬼　　　　诗骨　　　　诗囚

诗奴　　　　诗豪

参考答案

诗仙 李白　诗圣 杜甫　诗狂 贺知章　诗魔 白居易
诗佛 王维　诗鬼 李贺　诗骨 陈子昂　诗囚 孟郊
诗奴 贾岛　诗豪 刘禹锡

04
诗人为何男扮女装?

读懂诗的前提是读懂写诗的人,读懂诗人的身份、性格和情感。

　　古诗词鉴赏有一个终极问题,几乎所有的古诗词鉴赏最终都要总结:本诗抒发了诗人什么样的情感?

　　如果我们读一首诗,读不懂其中的情感,那我们内心是痛苦的,在我们痛苦万分的时候,让我们去想技巧、想手法、体会意境那是不可能的事。古诗词鉴赏,最重要的就是要读懂诗的情感。

　　读懂诗的前提是读懂写诗的人,你要去思考诗人生活在一个怎样的年代。在诗人的年代，以他的身份和性格，他会想什么，会做什么。只有把这些弄明白了，你才可能真正读懂诗。

我们先来研究一下诗人。在古代诗人里，女诗人比较少，因为古代女子有条件读书的很少。说起来真是可惜，如果女子都能读书，我们的诗坛上又会增加多少美妙的作品呢！那么有同学要问了，我怎么见过好多描写女子的诗歌呢？描写女子的诗歌不一定是女子写的，他们仅仅是把女子当作主人公来写而已，或者是男诗人模仿女子的口吻写的。好端端一个男子，为什么要模仿女子的口吻去写诗呢？难道他们都是女性代言人？这就是诗歌鉴赏里的一个难点。

唐朝的元稹曾经写过一首诗《行宫》。皇帝住的地方叫"宫"，行宫，不是宫殿行走起来了，是皇帝行走起来了，皇帝不想待在自己住的皇宫了，想出去溜达溜达，走得太远，当天回不来，晚上要住的地方就是皇帝的行宫。

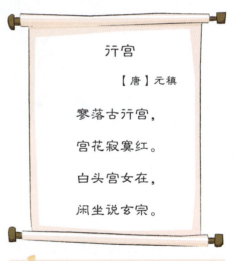

行宫
【唐】元稹

寥落古行宫，
宫花寂寞红。
白头宫女在，
闲坐说玄宗。

【译】：
曾经富丽堂皇的古行宫已是一片荒凉冷落，宫中艳丽的花儿独自开放。
几个满头白发的宫女，闲坐无事只能谈论玄宗轶事。

《行宫》的作者元稹是一位男诗人，他和白居易是好朋友，他们俩诗歌风格特别像，前期揭露社会矛盾，后期就写点儿身边琐事。元稹和白居易的感情特别好，当元稹听说白居易被贬到江州（今江西九江市）做司马后，"垂

死病中惊坐起",足见两人的深厚感情。他们俩之间还留下很多首和答的诗,后人将两人合称为"元白"。

　　说到白居易,要讲下白居易的一位崇拜者。这位崇拜者非常狂热,不仅会背白居易所有的诗词,而且他居然还把白居易所有的诗都文在了自己身上!各位想象一下,那个文身密密麻麻的程度……好疼!这位崇拜者还经常光着膀子到街头做市场调查,大喊着:"走过路过,不要错过啊,各位可以点击我身上的任何部位,我都能背出相关位置的白居易的诗。"大家觉得很神奇,就真的去点击,有人点他的肚子,

走过路过,不要错过啊,各位可以点击我身上的任何部位,我都能背出相关位置的白居易的诗。

他说:肚子这么大,是《长恨歌》,然后就熟练地背一大段《长恨歌》。又有人点他的脚踝,他说这是《琵琶行》,然后就熟练地背一大段《琵琶行》。大家检验了以后觉得太神奇了,"服了!服了!真的是想点击哪里就点击哪里!简直就是行走的古诗图啊!"于是大家就给这位崇拜者取了一个名字"白舍人行诗图"。

再回到这首五言绝句《行宫》。"寥落"这两个字非常重要,说明这个地方已经没有人在了,至少皇帝不在了。古行宫,就是过去的行宫。皇帝不在了,但行宫还在,花儿还在。"宫花寂寞红",花虽然开得好红艳,但是红前面有一个形容词做定语——寂寞,为什么花儿会寂寞呢?因为没有人欣赏。花开得很美好,但是没人欣赏,孤独、寂寞、冷,这些情感溢满了全诗。

花儿,你一个人在那里红吧,"念桥边红药,年年知为谁生",表面上看起来是写花开得很好,其实是反衬这里寂寥无人,这就是古诗词中常用的反衬手法。

真的是没有人吗?读到诗的第三句发现白头宫女在,有宫女们在,花儿怎么会寂寞呢?因为不是小宫女,而是白头宫女。你可能会想,

是不是退休以后来行宫打扫卫生的啊？错了，她们不是保洁阿姨，是在十五六岁进了宫就再也没有出去的白头宫女，她们曾经也是小宫女，但她们的青春变成了白发，她们最美好的岁月，都在这个行宫里面耗尽了。

　　一年又一年，花儿开得依旧红，而自己的头发却变得越来越白，那是一种什么心情？会不会怨恨当初把她留在宫中不放她出去的人？这个人是谁呢？就是唐玄宗。她们对皇帝有没有怨恨呢？答案在诗的最后一句，"闲坐说玄宗"，她们闲得无聊的时候，便坐在一起聊一聊皇帝，用了"说"而不是怨，一个"说"字内容就丰富了，可能有怨，怨皇帝再也不来；也可能有爱，回忆当年青春年少的时候，生活多美好。但不知道何日君再来，她们对皇帝依然还充满了幻想，或者说皇帝是她们唯一能谈论的话题，但是皇帝哪里还记得她们呢？读到这里让人心酸。

　　元稹借女子之口写诗，但他的用意不是简单地写宫女，而是在诗中发牢骚，抱怨自己被皇帝遗忘了。宫女离不开皇帝，妻子离不开丈夫。她们从来没有真正地独立过。诗人借这些人来抒发自己的情感。封建社会的文人和封建社会的女性是一样的，他们的人格也从未真正独立过。他们的悲喜，他们的沉浮，乃至他们的生死始终依附于别人，女子依附于自己的丈夫，男子依附于自己的主子。在古代，女子一旦被丈夫抛弃，便一钱不值。同理，一个大臣如果被君主抛弃，那他也

没有什么价值了。所以那些诗人一旦被贬谪,就觉着自己和"弃妇"一样可怜,"逐臣"与"弃妇"形成了情感上的共鸣,所以他们模仿"弃妇"的口吻去写"闺怨诗",实质上是发自己的牢骚。

类似的诗歌还有好多,例如朱庆馀写的《闺意献张水部》:

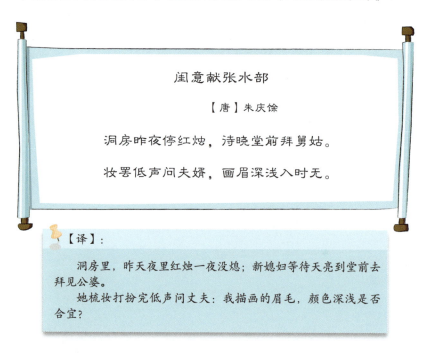

闺意献张水部

【唐】朱庆馀

洞房昨夜停红烛,待晓堂前拜舅姑。

妆罢低声问夫婿,画眉深浅入时无。

【译】:

　　洞房里,昨天夜里红烛一夜没熄;新媳妇等待天亮到堂前去拜见公婆。

　　她梳妆打扮完低声问丈夫:我描画的眉毛,颜色深浅是否合宜?

有兴趣的同学,可以去品品诗中的这位小媳妇又在传达诗人哪种含蓄的情感呢?和这些诗人相比,李白的那首"安能摧眉折腰事权贵,使我不得开心颜"是不是显得特别可贵呢?如此不拘一格,追求独立人格尊严的李白,才配称为"诗仙"。

奇兒老师带你练

贫女

【唐】秦韬玉

蓬门未识绮罗香，拟托良媒益自伤。

谁爱风流高格调，共怜时世俭梳妆。

敢将十指夸针巧，不把双眉斗画长。

苦恨年年压金线，为他人作嫁衣裳。

这首诗的作者是男诗人还是女诗人？诗是只为传达未嫁贫女的惆怅吗？

参考答案

这首诗的作者是唐朝诗人、咏物诗名家《秦韬玉》，以诗名著人作者，多表达自己为怀才不遇，想借一个未嫁贫女的形象，抒发自己怀才不遇、生不逢时和寄人篱下、为他人作嫁衣的感慨。

05

奔跑吧,诗人兄弟
——山水诗、送别诗、羁旅诗

古代诗人每天干的事情就是八个字:漫游、打仗、回家想象。

要读懂诗人,先要读懂古代的男人。他们每天都干些什么呢?概括起来,他们干的事情就八个字:漫游、打仗、回家想象。但这八个字的内涵非常丰富。

诗歌从来离不开远方。古人特别喜欢去远方,因为远方有知识,所以他们要去求学;因为远方有朋友,所以他们要去会友;因为远方有高人,所以他们要去求推荐;因为走得越远,自己的声名就传播得越远，所以他们去远方扬名。

"读万卷书，行万里路。"这两者是缺一不可的。

古人都爱去远方漫游，或求学，或交友，或求推荐，或为扬名，一旦出去漫游，就要经历很多的山山水水，所以你翻开《唐诗三百首》，会发现山水诗占了半壁江山。那么多山水诗，提炼一下其实就两种情感。那么多写山水诗的诗人，提炼一下其实只有两个诗人，第一个就是李白。

李白写山水诗，是纯粹的写山水，纵情山水之间，是对山水的真爱。我为什么歌颂山水？因为我爱祖国的大好河山，比如他写的《独坐敬亭山》，"相看两不厌，只有敬亭山"，还有《望庐山瀑布》，

望庐山瀑布

【唐】李白

日照香炉生紫烟，
遥看瀑布挂前川。
飞流直下三千尺①，
疑是银河落九天。

（二年级上册）

【译】：
香炉峰在阳光的照射下生起紫色烟霞，从远处看去瀑布好似白色绢绸悬挂山前。
高崖上飞腾直落的瀑布好像有几千尺，让人怀疑是银河从天上泻落到人间。

① 1 尺 ≈ 0.333 米。

"日照香炉生紫烟,遥看瀑布挂前川"。第一种山水诗的情感就是单纯的对大自然的热爱。

唐代诗人中第二个写山水诗的代表是王维。王维写山水诗,不只是单纯地写对山水的热爱。王维从喧嚣的都市回归到了山水之间,他的山水诗有了"隐士"的味道。古代的隐士,不是今天的宅男,宅男是待在卧室里不出门的男人,隐士是归隐于天地万物山水之间的人士。

独坐敬亭山

【唐】李白

众鸟高飞尽,孤云独去闲。

相看两不厌,只有敬亭山。

(四年级下册)

【译】:

群鸟高飞无影无踪,孤云独去自在悠闲。

你看我,我看你,彼此之间两不相厌,只有我和眼前的敬亭山了。

山居秋暝

【唐】王维

空山新雨后,天气晚来秋。明月松间照,清泉石上流。

竹喧归浣女(huàn),莲动下渔舟。随意春芳歇,王孙自可留。

(五年级上册)

【译】:

空旷的群山沐浴了一场新雨,夜晚降临使人感到已是初秋。

明月从松隙间洒下月光,清清泉水在山石上流淌。

洗衣姑娘归来让竹林喧响,渔舟滑动使得莲叶轻摇。

任凭春天的美景消歇,眼前的秋景足以令人流连。

以王维为代表的山水诗，是在山水之间寻找一份人生的宁静、一种闲适与自由，体验另一种人生况味。《山居秋暝》一诗中有名句"明月松间照，清泉石上流"，这首诗正是描写山中世外桃源一样的清新景象，在诗情画意之中寄托着诗人高洁的情怀和对理想境界的追求。这是山水诗的第二种情感：找到人生的宁静、自由和闲适。

游山玩水不可能总在一个地方，诗人要不断地开拓新的远方，告别旧的地方，告别老的朋友，这时候，送别诗就出现了。

送别诗中有一些意象经常出现，比如柳，古人送亲朋远行时，喜欢随手"咔嚓"折一根柳枝送给对方。为什么要送柳枝呢？因为"柳"谐音"留"，希望对方留下来，不要走，表达自己的依依不舍。柳树长长的枝条，也好像是要缠住朋友，不让他离开。

古人出门时什么交通最便利呢?陆路绕道太远,水路比较快。所以船这个意象,也经常出现在送别诗里。平时自己坐船感觉船行驶得很慢,但是朋友一旦乘船离开,你站在岸边目送他,却发现船行驶得竟然飞快,正像李白送孟浩然时所写的《黄鹤楼送孟浩然之广陵》,"孤帆远影碧空尽",船一下就在碧空里消失得无影无踪了。不仅如此,送别时连水流都好像变急了,平时感觉不到水流,朋友一走,水流就滔滔不绝。其实不是船快,也不是水流急,而是我们舍不得朋友离开。

水流、帆、行舟这些意象一出现，大多都是送别诗。古人送别还有一些特定的地点，如长亭、古道、西楼，朋友要远行，那我就在古道边设宴，在长亭里为他送上践行的酒，登上西楼，眺望他远去的身影。

送别诗有几种情感，第一种，肯定是情深意厚的依依不舍。朋友要走，你来送他一首诗，是送别诗。

如果自己要走，还要留给朋友一首诗，就叫留别诗，例如李白的《赠汪伦》，"桃花潭水深千尺，不及汪伦送我情"，二人情谊深厚、依依不舍，这就是一首著名的留别诗。

第二种情感是两个人分别很久了，突然有一天，在一个地方碰面了，有一种他乡遇故知的幸福感，只可惜这种幸福太短暂，第二天又要分开，这种送别诗便多了一种情感，叫珍惜。

就今儿一晚上，我们能在一块喝喝酒，明天就又要各奔东西，而且不知道今生是否还有缘再见。例如李益写的《喜见外弟又言别》，表达的就是这种相逢后又离别的珍惜之情。

喜见外弟又言别

【唐】李益

十年离乱后，长大一相逢。
问姓惊初见，称名忆旧容。
别来沧海事，语罢暮天钟。
明日巴陵道，秋山又几重。

【译】：

经过了十年的乱离之后，长大后在异地忽然相逢。

初见时问尊姓使我惊讶，说名字才忆起旧时面容。

别后经历多少沧海桑田，长谈直到山寺敲响暮钟。

明日你要踏上巴陵古道，秋山添愁不知又隔几重？

送别诗的第三种情感是表面上是因为送朋友离开很伤感,但其实是发愁自己。朋友被贬了,我也被贬了;朋友老了,我也老了;朋友病了,我也病了;朋友客居他乡,我也漂泊在外,有一种同病相怜的感情在其中。

送别诗的第四种情感是担忧。例如卢照邻的《送二兄入蜀》。蜀道路途遥远,十分艰险。古代交通不便利,今日一别不知何日再相见,古代通信也不发达,没

送二兄入蜀

【唐】卢照邻

关山客子路,
花柳帝王城。
此中一分手,
相顾怜无声。

【译】:
　　游子要踏上关险山高的旅途,这里是繁华热闹的长安城。
　　在这里我们分手作别,默默相望哀伤得说不出话。

办法视频聊天问候对方过得好不好，所以必然会有一种担忧之情。

送别诗的第五种情感是勉励。既然我们注定要分开，那就痛痛快快地告别，不要哭哭啼啼，大家各自在新的领域努力，争取出人头地。我们都吃好、喝好、睡好，好好奋斗，天天向上！

送别诗的第六种情感是祝福。兴许去了新的地方，你还能成就一番大的事业，我要祝你成功，你不要太伤心了。高适在《别董大二首》中写道：莫愁前路无知己，天下谁人不识君？

别董大二首·其一

【唐】高适

千里黄云白日曛(xūn)，北风吹雁雪纷纷。

莫愁前路无知己，天下谁人不识君？

（四年级上册）

【译】：
千里黄云遮天蔽日，北风劲吹，大雪纷纷，雁儿南飞。
不要担心前方路上没有知己，普天之下还有谁不知道您呢？

送别诗的情感如果细分还是比较丰富的，上面一共总结了六种情感：不舍、珍惜、忧愁、担忧、勉励和祝福。你读过的送别诗里都有哪种情感呢？

既然已经送别，也别赖着不走了，快点上路吧！诗人在路上也会写一些诗，这种诗就叫羁旅诗。

一个人孤独地走在路上，或者独在异乡为异客，一定会产生什么情感呢？游子思乡之情！乐不思蜀的人毕竟不多，有时候诗人特含蓄，不直接写自己思念故乡，非要写故乡的人思念自己，"遥知兄弟登高处，遍插茱萸少一人"。王维想象在重阳节这一天，大家登高祈福的时候，发现少一个人，这个人是谁呢？就是诗人自己。

杜甫有一首很著名的羁旅诗叫《月夜》，"闺中"表明是一个女子的身份，诗人想表达的意思是：自己的妻子，在看鄜（fū）州的月亮，为什么只有她自己看呢？原来她思念的那个老杜还在京城（长安城），

月夜

【唐】杜甫

今夜鄜(fū)州月，闺中只独看。

遥怜小儿女，未解忆长安。

香雾云鬟湿，清辉玉臂寒。

何时倚虚幌，双照泪痕干。

【译】：
　　今夜鄜州的月亮，只有你一个人独自遥看。
　　（我）远在他乡怜惜家中的儿女，还不懂得思念在长安的父亲。
　　蒙蒙雾气沾湿了你的鬟发；清冷的月光照在手臂上一定很寒冷。
　　什么时候才能在一起倚着轻薄的帷幔，让月光照着我们两个人，把泪痕擦干。

没有回来。妻子看着月亮思念杜甫，这都是老杜自己想象出来的，实质上是他自己思念家人了。

六兄老师敲黑板

主客移位

诗人表达思念家乡之情，却不说自己思念家人，非要说对方思念自己。这种手法叫作主客移位。移位，就是交换一下位置，羁旅诗经常用到主客移位的手法。

叠见老师带你练

下面两首诗分别表达了怎样的情感呢?

山中送别

【唐】王维

山中相送罢,日暮掩柴扉。

春草明年绿,王孙归不归?

芙蓉楼送辛渐

【唐】王昌龄

寒雨连江夜入吴,平明送客楚山孤。

洛阳亲友如相问,一片冰心在玉壶。

(四年级下册)

参考答案

《山中送别》表达了诗人送别友人的不舍之情。

《芙蓉楼送辛渐》表达了诗人的离别愁绪,也表达了诗人对洛阳亲友的思念之情。

06
诗人也是热血男儿——边塞诗

古代诗人随时可能投笔从戎,仗剑走天涯。打仗时写的诗叫战争诗或边塞诗。

诗人的漫游生活产生了三种诗：山水诗、送别诗、羁旅诗。那么古代男子经常做的第二件事情是什么呢？是打仗。古代社会不太平，成年男子都可能要参军，所以"热血男儿当马革裹尸还"，成了很多男子的梦想，不要看那些诗人平时都文绉绉的，他们可不是书呆子，国家如有需要，他们随时可以投笔从戎，仗剑走天涯。打仗时写的诗叫战争诗或者边塞诗，为什么又叫边塞诗呢？因为作战一般都是在边塞和外族打仗，至于国内自己窝里斗的，那不是边塞诗，而是宫斗剧。

如何一眼就看出一首诗是边塞诗呢？边塞诗里一般会出现一些边塞特有的意象，如凉州、楼兰、关山、天山、阴山，这些都是汉胡的分界线。王昌龄在《出塞二首》里写道"不教胡马度阴山"，其中的"胡"指"胡人"，胡人是中国古代汉人对除了汉人以外的部族的统称，胡马自然就是胡人骑的马，除了胡马，还有羌笛、琵琶、胡笳等，这些都是外族的乐器，还有一些边塞军营特有的意象，如垛口、烽火、沙场、马革、吴钩、铁衣、金柝（tuò），这些意象在诗中一出现就可以判定这是一首边塞诗。

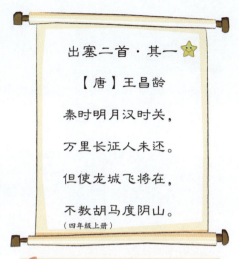

出塞二首·其一

【唐】王昌龄

秦时明月汉时关，

万里长征人未还。

但使龙城飞将在，

不教胡马度阴山。

（四年级上册）

【译】：
依旧是秦时的明月汉时的边关，长久征战延续万里征夫还未回还。
倘若龙城的飞将李广而今还在，决不让匈奴南下牧马度过阴山。

军人是一群热血男儿，是我们的长城，他们的情感很丰富，自然边塞诗的情感也特别丰富。

边塞诗最主要的情感就是对建功立业的渴望和保家卫国的豪情。"黄沙百战穿金甲，不破楼兰终不还"就是他们内心激情的直接表白。

战争都在边塞，边塞人烟稀少，生活单调，久居边塞的诗人格外思念自己的家乡、亲人，所以边塞诗中往往溢满思乡之情。

边塞诗中的常见意象

垛（duò）口：泛指城墙上呈凹凸形的短墙。

烽火：古时用于点燃烟火传递重要消息的高台。"烽火连三月，家书抵万金。"（出自杜甫《春望》）

沙草：荒漠上长的草。"射虎将军发欲枯，茫茫沙草正迷途。"（出自文天祥《象弈各有等级四绝品四人高下》）

吴钩：春秋时期流行的一种弯刀，是一种冷兵器，在古诗词中往往是驰骋疆场、立志报国的精神象征。"把吴钩看了，栏杆拍遍，无人会、登临意。"（出自辛弃疾《水龙吟·登建康赏心亭》）

铁衣：用铁甲编成的战衣。"将军角弓不得控，都护铁衣冷难着。"（出自岑参《白雪歌送武判官归京》）

金柝（tuò）：古代军中夜间报更用的刁斗，三个足，一个柄。"朔气传金柝，寒光照铁衣。"（出自《乐府诗集·木兰诗》）

战争一定是惨烈的，军营的生活一定是艰苦的。对战争的惨烈是惋惜痛心的，对生活的艰辛，是忍耐或者厌恶的。我们为什么要打仗？保家卫国是应该的，如果是因为某些人好大喜功，穷兵黩武，那我们的流血牺牲就变得毫无价值。所以高适有"战士军前半死生，美人帐下犹歌舞"的诗句。我们在前线流泪、流汗、流血，你们在帐内歌舞升平，所以，对统治者的不满和嘲讽，也是边塞诗的另外一种情感。

边塞诗还有一种情感,就是想回家却回不成、想报国却报不成的那种哀怨之情。这种哀怨一般会出现在各个朝代的末期。

其实边塞诗表达的不同情感跟历史有着直接的关系。边塞诗大致可以分为三个阶段,第一个阶段,鼎盛阶段。以汉朝为例,汉武帝时期的鼎盛时期,虽然战争不断,但是为了抵御匈奴侵扰,打得大都是胜仗,这是正义之战。所以这个阶段的边塞诗是豪迈、爽朗、昂扬向上的,"即使战死疆场,我们也无憾无悔"是这个时期边塞诗传达的情感。

但是到了一个朝代国势渐衰的中期,边塞诗中就多了一些悲壮。虽然有"壮",但是有了哀伤。唐朝陈陶写过《陇西行》,诗中就表达了这种情感,"可怜无定河边骨,犹是春闺梦里人!"表达的正是哀伤的情感。

这首诗的意思是：闺中少妇还在思念着在战场上厮杀的丈夫，盼望着他早日归来，却不知丈夫已经变成了无定河边的白骨，连掩埋的人都没有。多么的凄惨！深深的哀怨之情跃然纸上。

到了朝代末期就更惨了，军事实力严重下

陇西行四首·其二

【唐】陈陶

誓扫匈奴不顾身，五千貂锦丧胡尘。
可怜无定河边骨，犹是春闺梦里人！

【译】：
　　唐军将士誓死横扫匈奴奋不顾身，五千精兵战死在胡尘。
　　真可怜那无定河边成堆的白骨，还是少妇梦中相依相伴的丈夫。

书愤·其一

【宋】陆游

早岁那知世事艰，中原北望气如山。
楼船夜雪瓜洲渡，铁马秋风大散关。
塞上长城空自许，镜中衰鬓已先斑。
出师一表真名世，千载谁堪伯仲间。

【译】：
　　年轻时哪里知道世事的艰难，收复故土的豪迈气概坚定如山。
　　记得在瓜洲渡痛击金兵，收复了大散关捷报频传。
　　当年曾以万里长城自诩，到如今鬓发已渐渐变白，盼北伐盼恢复都成空谈。
　　出师表真可谓名不虚传，有谁像诸葛亮鞠躬尽瘁，率三军复汉室北定中原！

滑,有心杀敌,却无力回天。如南宋,本已风雨飘摇,朝廷苟且偷安跑到南方去"临安"了。这个时候报国无门的陆游在《书愤·其一》中发出"塞上长城空自许,镜中衰鬓已先斑"的哀叹。但是哀叹又有什么用呢?辛弃疾只能一个人"把吴钩看了,栏杆拍遍,无人会、登临意。"

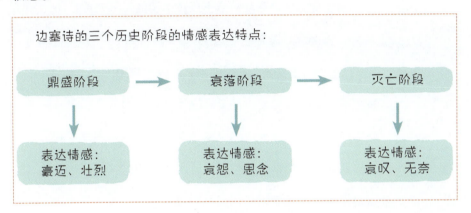

无论在哪个朝代,无论是朝代的哪个阶段,战争有一个共同点是始终不变的,那就是浓浓的爱国之情。

借用现代诗人艾青在《我爱这土地》一诗中的诗句,"为什么我的眼中常含泪水?因为我对这片土地爱得深沉……"所以,无论边塞诗表达的情感是豪迈、哀伤还是无奈,都是出于对国家的热爱,爱国情感是边塞诗永恒的主旋律。

不同的朝代背景下古诗的不同情感

你知道吗？唐朝是版图最大，亦是唯一未修建长城的大一统中原王朝。唐代国土在西部及北部都超出现代中国的疆界范围。是一个从军事到经济、到政治，再到社会，都非常安定繁盛的朝代，因此，多半的边塞诗都是夸将士英武，祖国强盛，且催人奋进的。

而宋朝是个局势动荡的朝代，金兵强悍，宋王朝实在是没有实力抵抗。人人期望有安定的生活，这在许许多多的诗词中也得到了体现，尤其是边塞诗。作者把忧愤国事、御侮卫国的壮烈情怀以及边防将士以身许国的英雄气概和对当权者赂敌政策的无可奈何，表达得淋漓尽致，令人感慨万千。

名师老师带你练

在唐代，有一批诗人十分擅长描写边塞征战生活，后人称他们为"边塞诗人"。时期不同，唐宋边塞诗表现出了不同的风格基调。试着总结一下吧。

盛唐之诗风：

功名万里外，心事一杯中。离魂莫惆怅，看取宝刀雄。（高适）

孰知不向边庭苦，纵死犹闻侠骨香。（王维）

醉卧沙场君莫笑，古来征战几人回。（王翰）

黄沙百战穿金甲，不破楼兰终不还。（王昌龄）

风格特点：

中晚唐之诗风：

可怜无定河边骨，犹是春闺梦里人。（陈陶）

碛（qì）里征人三十万，一时回首月中看。（李益）

风格特点：

宋代之诗风：

塞上长城空自许，镜中衰鬓已先斑。（陆游）

燕然未勒归无计，羌管悠悠霜满地。（范仲淹）

风格特点：

参考答案

盛唐之诗风：豪迈、雄壮，一往无前，即使经历战争，也抒发出生死无足、即使战死也心甘的情怀。

中晚唐之诗风：战争带来的苦难、悲凉更加深沉。

宋代之诗风：国家诗人们少了盛唐时的豪情，但更多的是对国家山河沦陷国门破碎（mèn）不甘，与战事的现实沉重多了一层悲怆。

07
诗人回家想象——田园诗

诗人老了以后,走不远了,也打不动了,就开始了"回家想象"的生活,这时候田园诗就诞生了。

前面我们总结了古代诗人每天都在干什么,基本上就三件事:漫游、打仗、回家想象。漫游和打仗这两件事做完以后,老了,走不远了,也打不动了,那就想回家安享晚年,这就开始了"回家想象"的生活,这时候田园诗就诞生了。

回家也有几种原因,第一种是自己想回家,可能是在官场待得没意思,觉得还是回家好,这类诗人的代表人物是陶渊明。陶渊明是东晋时期的诗人，是田园诗的鼻祖。擅长描绘田园风光和劳动情景。他的古诗词中流露出来的是对官场的厌恶，对世俗生活的回避，语言都比较简练直白、平淡自然，这也是田园诗的一大特点。

归园田居·其三

【东晋】陶渊明

种豆南山下，草盛豆苗稀。晨兴理荒秽，带月荷锄归。
道狭草木长(zhǎng)，夕露沾我衣。衣沾不足惜，但使愿无违。

（八年级上册）

【译】：
　　南山坡下有我的豆地，杂草丛生，豆苗长得很稀。
　　清晨我下地松土除草，星月下我扛着锄头回家歇息。
　　草木覆盖了狭窄的归路，夜露打湿了我的粗布上衣。
　　衣服湿了又有什么可惜，只求我那心愿至死不移。

饮酒·其五

【东晋】陶渊明

结庐在人境，而无车马喧。

问君何能尔？心远地自偏。

采菊东篱下，悠然见南山。

山气日夕佳，飞鸟相与还。

此中有真意，欲辨已忘言。

（八年级上册）

【译】：
　　居住在人世间，却没有车马的喧扰。
　　问我为何能如此，只要心志高远自然就觉得僻静。
　　在东篱之下采摘菊花，悠然间抬眼望到南山。
　　傍晚时分南山景致甚佳，飞鸟结伴而还。
　　这其中蕴藏着人生的真谛，想要说却忘记了如何表达。

田园诗和山水诗不一样，游山玩水时还说不定能悟出什么禅机，田园诗主要体现的是归隐后的一种闲适、一种朴素简单的快乐、一种复得返自然的自由。和街里街坊生活在一起，有一种人情味儿，田园诗里面经常表现这样的情感。主动选择回家的就比较快乐，哪怕"草盛豆苗稀"，人家也"悠然见南山"，很闲适。陶渊明写的《归园田居·其三》和《饮酒·其五》正是他田园生活的写照。

还有一些人是被迫回家的，可能就不太开心了，往往是因为皇帝不重视，或者是被别人排挤。总之，仕途失意，所以不得不回家。这种情况下写的诗里会有抱怨：我能力这么强，却没有遇到伯乐，不过与民同乐也不错……

不过这种情感里面可能会出现一种特殊的情感，虽然被贬了，但是看起来没有太难过，似乎因为无官一身轻，终于有机会与民同乐了，

有机会寄情山水了。但这种快乐背后，却有隐隐的苦痛无法言说，王昌龄有一首《龙标野宴》，表达的就是这种复杂的情感。

"莫道弦歌愁远谪"，意思是，这段音乐不是因为我被远远地贬了而变得愁苦，"青山明月不曾空"，青山明月还在，从来没有离开过我，我有什么可愁苦的呢？诗人寄情山水，虽然不当官了，但很享受现在的田园生活。这首诗表面上表现了诗人的安逸生活，其实内

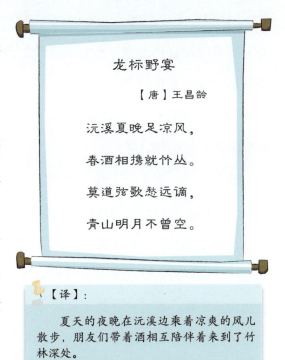

龙标野宴

【唐】王昌龄

沅溪夏晚足凉风，
春酒相携就竹丛。
莫道弦歌愁远谪，
青山明月不曾空。

【译】：
　　夏天的夜晚在沅溪边乘着凉爽的风儿散步，朋友们带着酒相互陪伴着来到了竹林深处。
　　音乐不因为我被贬而愁苦，青山明月也不曾离开过我。

心还是有被贬谪的苦。因为作者是王昌龄，一个曾写下"黄沙百战穿金甲，不破楼兰终不还"这般充满激昂悲壮的血性文字的边塞诗人；一个曾远赴西鄙，数次被贬于荒远，宦游坎坷，而又有着极强的功业追求的盛唐诗人，他真的会满足这种"青山明月"的田园生活吗？

田园诗还有第三种情感，诗人回家后闲下来了，天天闲着没事儿就趴窗户边看，"哎哟，今天初几了？又立春了……又秋分了……"每天伤春悲秋就成了生活的主题。

一年分为四季，一个季节三个月，古人就给这三个月分别起了名

字："孟、仲、季"。比如，春天的第一个月叫孟春，春天的第二个月就叫仲春，春天的最后一个月叫季春。

如果田园诗里出现"春"和"秋"，在不同的月份，诗人会表达不同的情感。如果诗中写孟春，往往会表达喜爱之情，漫长的冬天终于过去了，春天来了，可以把厚重的冬装脱掉，换上清爽的春装了，喜悦和热爱之情呼之欲出。

仲春来了，春天过了快一半儿了，要珍惜这春意盎然的时光，所以写仲春的古诗词里会表达珍惜之情。

季春已经是春天的最后一个月了，春天即将过完，可能会有一些伤感，怎么就没有珍惜大好春光呢？所以在写季春的诗中，表达的情感往往是伤春。春天的变化让人的情感也随之变化。

有些诗里面没出现春和秋这样的字眼儿，我们可以通过风向来判

孟春到来，
棉袄拜拜！

断季节。在我国大部分地区,吹东风时是春天,吹西风时是秋天,吹北风时是冬天,吹南风时则是夏天,所以风向也在暗示古诗词中描写的季节。

天净沙·秋思

【元】马致远

枯藤老树昏鸦,小桥流水人家,古道西风瘦马。夕阳西下,断肠人在天涯。

(七年级上册)

【译】:
　　天色黄昏,一群乌鸦落在枯藤缠绕的老树上,发出凄厉的哀鸣。
　　小桥下流水哗哗作响,小桥边农户人家炊烟袅袅。
　　古道上一匹瘦马在艰难前行。
　　夕阳西下,
　　只有孤独的旅人漂泊在遥远的地方。

秋词

【唐】刘禹锡

自古逢秋悲寂寥,我言秋日胜春朝。
晴空一鹤排云上,便引诗情到碧霄。

(七年级上册)

【译】:
　　自古每逢秋天都会感到悲凉寂寥,我却认为秋天要胜过春天。
　　万里晴空,一群鹤凌云飞起,引发我的诗兴直到蓝天之上。

还有一个窍门,通过一些节日来判断季节,例如,古诗词里面出现了寒食节或清明节,我们就可以判断是在写晚春,也就是季春。

如果出现重阳节,那就是晚秋,也就是季秋。秋天是一个萧瑟的季节,万物凋零,所以一般秋天在古诗词里都是比较哀伤的基调。也有特殊情况,比如刘禹锡在《秋词》中写道:"自古逢秋悲寂寥,我言秋日胜春朝",这是写秋天的秋高气爽。

由景到情,抒发诗人什么样的情感,完全取决于我们看这个景的特征,特征一变,情马上变。写西风卷着落叶,显出秋天的萧索。比如上面这首马致远的《天净沙·秋思》就是悲秋的经典之作。但是刘禹锡的这首《秋词》抓住了秋天的晴空来写,就显得爽朗。

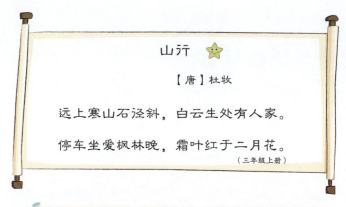

山行

【唐】杜牧

远上寒山石径斜,白云生处有人家。
停车坐爱枫林晚,霜叶红于二月花。

(三年级上册)

【译】:
　　沿着弯弯曲曲的小路上山,在云雾缭绕的地方还有几户人家。
　　因为喜爱深秋枫林的晚景而停下马车,秋霜染过的枫叶比二月的春花还要红艳。

　　杜牧写的《山行》这首诗中,"霜叶红于二月花"非但不是悲秋,反而透着一股热爱,告诉我们秋天火红的霜叶比春天的花儿更有韵味。那些"乘风破浪的姐姐"是不是比不谙世事的小丫头更有韵味呢?

曾老师带你练

过故人庄

【唐】孟浩然

故人具鸡黍,邀我至田家。

绿树村边合,青山郭外斜。

开轩面场圃,把酒话桑麻。

待到重阳日,还来就菊花。

(六年级上册)

四时田园杂兴·其三十一

【宋】范成大

昼出耘田夜绩麻,村庄儿女各当家。

童孙未解供耕织,也傍桑阴学种瓜。

(五年级下册)

这两首田园诗分别讲述了怎样的田园生活呢?

参考答案

《过故人庄》描写了诗人村居访友的情景,表现出了农家田园生活的美好。《四时田园杂兴·其三十一》则描写的是夏日,写了农村初夏时紧张的劳动场面,表现了农村儿童的天真和淳朴美之情。

08
诗人回家想象——怀古诗

诗人写怀古诗有不同的目的，或借古讽今，或借古伤己，或发表议论，或感慨岁月变迁。

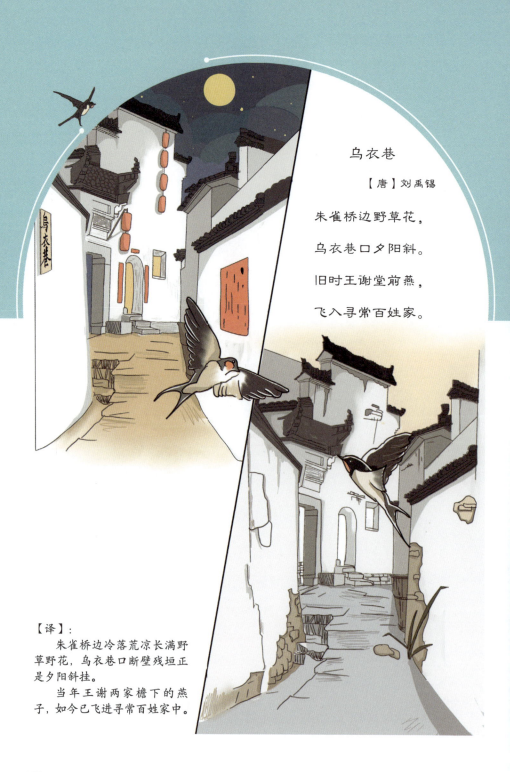

乌衣巷

【唐】刘禹锡

朱雀桥边野草花，

乌衣巷口夕阳斜。

旧时王谢堂前燕，

飞入寻常百姓家。

【译】：

　　朱雀桥边冷落荒凉长满野草野花，乌衣巷口断壁残垣正是夕阳斜挂。

　　当年王谢两家檐下的燕子，如今已飞进寻常百姓家中。

不能出去漫游，也不能打仗了，回到家的诗人，趴在窗台上，伤完了春，悲完了秋，还能干些什么呢？躺床上去，凭吊一下古人吧。于是出现了一类诗，它的名字就叫"怀古诗"。

诗人写怀古诗有几个目的，第一个是借古讽今，表面上在写古代如何，实际上是暗指当下。刘禹锡就有一首脍炙人口的怀古诗词——《乌衣巷》。乌衣巷原是六朝贵族居住的地方，最为繁华，当年著名的朱雀桥边如今竟长满野草，乌衣巷口也不见车马出入，只有夕阳斜照在昔日的深墙上。诗人感慨沧海桑田，人生多变。

唐代诗人就特别喜欢借汉嘲讽唐朝，因为汉朝和唐朝是中国历史上很强大的两个朝代，因此常借汉朝的故事来影射唐朝发生的类似事情。白居易在《长恨歌》的开头第一句就写"汉皇重色思倾国"，看似写的是"汉皇"，实质上是写唐玄宗。南宋诗人喜欢借六朝讽今，因为南宋和六朝的都城都在南方，南宋的都城在临安（今天的杭州），六朝的都城在金陵（今天的南京），都是自古繁华之所，后来都衰败了，诗人借它们来表达昔盛今衰的伤感。

诗人写怀古诗词的第二个目

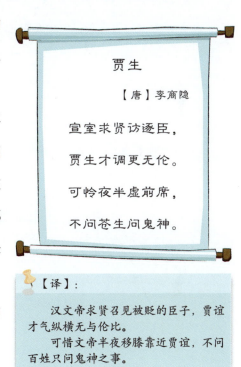

贾生

【唐】李商隐

宣室求贤访逐臣，
贾生才调更无伦。
可怜夜半虚前席，
不问苍生问鬼神。

【译】：
　　汉文帝求贤召见被贬的臣子，贾谊才气纵横无与伦比。
　　可惜文帝半夜移膝靠近贾谊，不问百姓只问鬼神之事。

的是借古伤己。借古人的遭遇来哀叹自己,如果古人得到赏识,今人就哀叹自己难逢伯乐;如果古人命运坎坷,今人就哀叹同病相怜。例如,李商隐的《贾生》,就是借贾谊的遭遇,抒写诗人怀才不遇的感慨。

怀古诗词的第三个目的比较简单,只是就过去的某件事情发表议论,就事论事,例如杜牧写"一骑红尘妃子笑,无人知是荔枝来",不是为了"伤己",只是抱怨杨贵妃为了吃颗荔枝有多么劳民伤财。

过华清宫绝句三首·其一

【唐】杜牧

长安回望绣成堆,山顶千门次第开。

一骑红尘妃子笑,无人知是荔枝来。

【译】:

在长安回望骊山宛如一堆堆锦绣,山顶上华清宫千重门依次打开。

一骑驰来妃子欢心一笑,没人知道是因送了新鲜的荔枝来。

杜牧还写过一首《赤壁》,"东风不与周郎便,铜雀春深锁二乔"。意思是,假如没那场东风,曹操和周瑜还说不定谁取胜呢。由于发现了一个六百多年前锈迹斑斑的折戟,诗人思绪万千,发表了赤壁之战成败原因的全新观点。

【译】:

赤壁的泥沙中埋着未锈尽的断戟,磨洗后发现这是当年赤壁之战的遗留之物。

倘若不是东风给周瑜以方便,结局恐怕是曹操取胜,二乔被关进铜雀台了。

赤壁

【唐】杜牧

折戟沉沙铁未销,自将磨洗认前朝。

东风不与周郎便,铜雀春深锁二乔。

(八年级下册)

古诗中的典型人物

杨贵妃：本名杨玉环，与西施、王昭君、貂蝉合称中国古代四大美女，是唐玄宗李隆基的宠妃，杜牧写的《过华清宫绝句三首·其一》鞭挞了玄宗与杨贵妃骄奢淫逸的生活。

周郎：指周瑜，字公瑾，年轻时既有才又有名，人们都称他为"周郎"；是赤壁之战中的主要人物之一。

铜雀：铜雀台的简称，是曹操建造的一座楼台（在今天的河北省临漳县），楼顶里有大铜雀，是曹操晚年行乐的地方。

二乔：东吴乔公有两个貌美如花的女儿，一个叫大乔，另一个叫小乔。大乔嫁给了前国主孙策（孙权兄长），小乔嫁给了军事统帅周瑜，大乔和小乔合称"二乔"。

写怀古诗词的第四个目的是感慨历史的沧桑变迁，是对"时光易逝，人生苦短"的慨叹。例如苏轼的"大江东去，浪淘尽，千古风流人物"就是这种情感。

有的诗人既不伤春也不悲秋，既不讽今也不伤己，达到了旷达乐观的境界。例如苏轼，虽然被贬了那么多次，而且越贬越远，但依然乐观豁达，一是因为他本人的胸襟开阔，二是和他所生活的朝代背景有关。北宋文人地位比较高，所以规定"刑不上大夫"，就是不给士

大夫以上的人上刑。即使苏轼把皇帝惹急了,皇帝最多也就把他贬得远远的,不会伤他性命。

如果在其他朝代,惹急了皇帝,不是被砍,就是被流放。在大宋,苏轼能保住一条性命,就更加懂得生命的意义与价值,所以不会哭哭啼啼,悲悲戚戚,而是乐观豁达地享受余生。

不过有的诗人是假装乐观,这类诗人的代表就是陆游和辛弃疾。他们在诗中写"归隐真好""当个闲人也挺好""我终于找到了人生的真谛",这些话都是骗人的。一个人如果临终之时对自己的理想还念念不忘,那他之前打算放弃理想的话就是假的。我们回忆陆游的人生,最后一篇绝笔诗是《示儿》:"……王师北定中原日,家祭无忘告乃翁。"意思是:"儿啊,记得祭祀的时候把国家统一的这个好消息告诉给你爹我。"可见他临死的时候都没有放弃过收复中原的理想。

所以之前陆游表达不想当官、不想收复中原、做个闲人多好,这些"假乐观"的想法只是因为无可奈何。

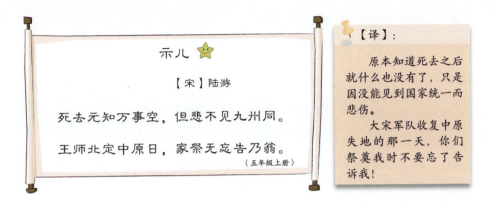

示儿

【宋】陆游

死去元知万事空,但悲不见九州同。
王师北定中原日,家祭无忘告乃翁。

(五年级上册)

【译】:
　　原本知道死去之后就什么也没有了,只是因没能见到国家统一而悲伤。
　　大宋军队收复中原失地的那一天,你们祭奠我时不要忘了告诉我!

在"假乐观"方面,辛弃疾和陆游还挺像,他的悲哀是"追往事,叹今吾,春风不染白髭须。却将万字平戎策,换得东家种树书。"

"平戎策"是平定金兵的策略。辛弃疾曾多次向南宋朝廷上书陈述抗金救国的策略。"换得"是落得的意思。"东家"就是邻居。"种

树书",诗里指的是关于农业的书。结果却落得三次罢职,回家种田为民。辛弃疾压抑着满腔的怒火与不平学种田,都是无可奈何之举。

"怀古"是诗词中一种思想较为深刻的题材,诗人写怀古诗词大多是为了借古讽今、借古伤己,或者是借古代的事情发表论点,感慨历史的沧桑。由于它是紧紧糅和着对民族命运的关怀而写的,因此就与只是个人的叹老嗟卑不同。正如陆游所说的"报国欲死无战场",是爱国者共同的悲慨。

怀古诗的写作特点

结构:临古地——思古人——忆其事——抒己志。

内容:国家——国运衰微,统治者——荒淫奢侈,名地——昔盛今衰,古人——壮志难酬,忧国伤时,孤寂失意。

意象:历史人物,历史事件,吴钩,乌衣巷,淮水,柳营,后庭花。

表现手法:运用典故,今昔对比,借古讽今,即事议论。

思想感情:吊古伤今,昔盛今衰,怀才不遇。

风格:或雄浑壮阔,或含蓄沉郁。

蜀相

【唐】杜甫

丞相祠堂何处寻？锦官城外柏森森。

映阶碧草自春色，隔叶黄鹂空好音。

三顾频烦天下计，两朝开济老臣心。

出师未捷身先死，长使英雄泪满襟。

这首怀古诗中的"丞相祠堂"，现在称为武侯祠，是晋代李雄为诸葛亮建的。锦官城是古代成都的别称。那么这首诗用了什么典故，表达了作者怎样的感情？

参考答案

这首诗用了"三顾茅庐"的典故。作者通过描写蜀国名臣诸葛亮一生忠贞事主、鞠躬尽瘁死而后已的事迹，抒发了对诸葛亮的崇敬和惋惜之情。三顾茅庐，是三次亲自登门求贤，诚邀诸葛亮出山辅佐的故事。刘备三次拜访诸葛亮于草庐之中，诸葛亮为刘备分析了天下形势，刘备与诸葛亮畅谈了很长时间，诸葛亮辛苦辅助刘备父子，后刘禅投降了魏军，他也耗尽了自己的精力。

09
古诗词的 DNA——意象和典故（一）

意象就像诗歌的 DNA，只要我们发现它，就能找到诗歌的情感走向。

　　每一首诗都有自己的DNA，只要我们发现它的DNA，就能找到它的情感走向。古诗词的基因信息就藏在古诗词里的意象或者典故中。

　　意象是名词，是融入诗人思想感情的物象，是赋有某种特殊含义和文学意味的具体形象，但为什么不叫物象，而叫意象呢？因为它是有情感的物象，当一件事物被我们注入了情感以后，就是借物抒情，就叫意象了。比如,桌子和凳子只能算物象,但是假如你毕业后再回到以前的教室,当你一个人轻轻推开教室的门以后,发现空荡荡的教室里只有孤桌冷凳,这时候孤桌和冷凳就注入了你的情感。于是,它就荣升为意象了。

比如"长城"这个意象在古诗词里面出现,往往不是指一砖一瓦的万里长城,而是指有血有肉有真情的边塞将士。南宋的名将檀道济,特别能干,可是皇帝不信任他,其他大臣也排挤他,皇帝还总想找个机会把他杀了,檀道济大怒说:"乃坏汝万里长城。"意思是,你这是要亲手把万里长城毁掉啊。宋文帝问:"我哪里有万里长城啊?"檀道济指指自己说,我就是你的万里长城啊!他的意思是,秦始皇修万里长城是为了抵御匈奴,我是守边的将领,和长城一样重要。陆游也曾在《书愤》这首诗里写下"塞上长城空自许,镜中衰鬓已先斑"

的诗句。

塞上的长城，是不会自己许诺自己的，这里的"长城"是指边疆的将士们。将士许诺想收回国土，但是镜中衰鬓都已经白了，这个诺言也没有实现。"长城"这个意象出现在古诗词里，可能是客观上的城墙，也可能是把守边疆的将士。

楼兰是西域的古国名，汉朝时和楼兰的关系很不好，他们把汉朝派去西域的多位使者都杀了。这还了得！来而不往非礼也！当时汉朝的大司马霍光就直接派傅介子去把当时的楼兰国国君杀了。后来，楼兰这个意象一出现在古诗词里，就常代指边塞或者边境的敌人。所以王昌龄在《从军行》里面写道"黄沙百战穿金甲，不破楼兰终不还"。

典故，就是过去的经典故事。经典著作中的故事情节、词句后来都成了典故。

"折腰"这个典故发生在陶渊明身上，陶渊明做过彭泽县令，但是只做了八十天。有一天，他接到上面的通知，说有人要来检查工作，要他穿上职业装，出门鞠躬迎接，陶县令就不干了，心想：我的俸禄

也只有五斗米，我才不想因五斗米向"乡里小儿"折腰，于是扔下官印不干了。折腰一词，后来就象征屈身侍奉别人。陶渊明的这种洒脱，让唐朝一个叫李白的人特别仰慕，所以他在《梦游天姥吟留别》里留下了千古名句"安能摧眉折腰事权贵，使我不得开心颜"。

"吐哺"这个典故是从周公那里来的。周公，就是课堂上睡觉，做梦梦到的那位。周公是周文王姬昌的儿子，姬昌的大儿子是伯邑考，二儿子是周武王姬发。三儿子是姬旦，就是周公，又叫周公旦。这个人不得了，他帮助自己的哥哥周武王开创了周王朝八百年的基业，是一个贤能助手，他为周王朝纳贤招士，立下了不世之功。

《史记·鲁周公世家》里面记载说："我一沐三捉发，一饭三吐哺，起以待士，犹恐失天下之贤人。"这"三捉发"就是"三握发"，周公正准备洗头发呢，注意古代男子也是披肩长发，洗头发也是个大工程，他刚把头发沾进水里，就有人来报告，说有贤才来投靠。周公就顾不上洗头，握着湿淋淋的头发出去迎接贤才。刚把这位安顿好，准备继续洗头发，又有人禀告周公说，又有贤才来访，周公又握着头发出去迎接。这样的情况一再出现，说明周公对人才非常渴求，礼贤下士，悉心招揽人才。

"一饭三吐哺"也是一样的道理，周公刚吃一口肉，就有人才求见，周公立马把嘴里的肉吐了出去迎接，这个典故曹操在《短歌行》里使用过，叫"周公吐哺，天下归心"。

"投笔"的典故发生在一个很著名的家庭，这家人姓班，父亲叫班彪，是位史学家，哥哥班固也是位史学家，写过《汉书》，弟弟班

超替官府抄写一些文书。有一天,他抄着文书时就想:"父亲和哥哥无非也就是刀笔小吏,写点儿历史,大丈夫应该效仿张骞,立功边塞,取爵封侯,而不是窝在家里抄书。"于是他越想越生气,干脆就把手中的笔扔了,这就是"投笔从戎"这个典故的来历。从此班超就弃文从武了,后来攻打匈奴时名震四方。

"东篱"这个典故出自陶渊明,"采菊东篱下,悠然见南山",

洗、沐、浴

古代洗头和洗脸分得很清楚,洗是指洗脚,沐是指洗头,浴指洗澡。

多么悠然的生活,"东篱"在古诗词中用来表达归隐后的田园生活,或者是一种特别悠闲的情绪。例如,李清照在《醉花阴》里也用了东篱这个意象"东篱把酒黄昏后,有暗香盈袖"。

"三径"这个典故来自陶渊明的《归去来兮辞》,"三径就荒,松菊犹存",意思是家门前的三条小路都长满了荒草,因为没有人来我家,我也不出门,说明我归隐了。但是我们家门前的五棵柳树长得特别好。后来"三径"和"五柳"就用来指代隐士居住的地方。

如果我们知道这些意象和典故相对稳定的象征意义,当我们在诗中见到它们时,就知道它所表达的意思和诗人想表达的情感了。

桑梓,桑树和梓树,是父母在家乡种的两种树,后人用"桑梓"比喻故乡,桑梓之情就是思念故乡的情感。和桑梓非常容易混的一个意象叫桑榆,"失之东隅,收之桑榆",桑榆指代一天当中的日暮,或者是一生当中的暮年。

古诗词中的意象

树木类

1. 柳：送别、留恋、伤感。①柳、留二字谐音，经常暗喻离别。②柳多种于檐前屋后，常作故乡的象征。③柳絮飘忽不定，常作遣愁的凭借。

2. 松：傲霜斗雪的典范，坚挺、傲岸、坚强、有生命力。诗人常用它来警世自勉或表达自己高尚的品节。

3. 梧桐：凄凉悲伤的象征。

4. 黄叶：凋零、成熟、美人迟暮、新陈代谢。

5. 绿叶：生命力、希望、活力。

6. 竹：象征人高洁的品格，积极向上。

7. 红叶：代称传情之物，后来借指以诗传情。

8. 草：生命力强、生生不息、身份地位卑微。

9. 禾黍：黍离之悲（国家的昔盛今衰）。

花果类

1. 红豆：即相思豆，借指男女爱情的信物，比喻男女爱情或朋友情谊。

2. 菊花：隐逸、高洁、脱俗。多赞其品格坚强、气质清高。

3. 梅花：傲雪、坚强、不屈不挠。

4. 莲花：①由于莲与怜音同，所以古诗中有不少写莲的诗句，借以表达爱情。②用于表达自己的美好品质。花开——希望、青春、人生的灿烂。花落——凋零、失意、人生事业的挫折、惜春、对美好事物的留恋、追怀。

5. 桃花：象征美人。

6. 兰花：高洁。

7. 牡丹：富贵、美好。

8. 梅子：以其成熟比喻少女的怀春，如"倚门回首，却把青梅嗅"（李清照《点绛唇》）。

9. 丁香：指愁思或情结。

昝晃老师带你练

试一试,你能找出诗句中的典故吗?

怀旧空吟闻笛赋,到乡翻似烂柯人。

——刘禹锡《酬乐天扬州初逢席上见赠》

半卷红旗临易水,霜重鼓寒声不起。

——李贺《雁门太守行》

坐观垂钓者,徒有羡鱼情。

——孟浩然《望洞庭湖赠张丞相》

参考答案

闻笛赋、烂柯人

易水

羡鱼

10

古诗词的 DNA
——意象和典故（二）

古诗中的动物意象很多，它们用来表达诗人的什么感情呢？

古代劳动的时候唱的歌叫劳动号子,但不叫劳歌,在古诗词中,送别时唱的歌才叫劳歌。《孔雀东南飞》中夫妻二人分别时"举手长劳劳",后来"劳劳"成为古人的送别语,古人称送别的地方如江渚、亭子等为"劳劳渚"或"劳劳亭",最著名的劳劳亭的旧址,就在今天的南京。在劳劳亭分别时唱的歌自然就叫劳歌了。

有一首诗叫《谢亭送别》,前两句就是"劳歌一曲解行舟,红叶

谢亭送别

【唐】许浑

劳歌一曲解行舟,
红叶青山水急流。
日暮酒醒人已远,
满天风雨下西楼。

【译】:

唱完送别之歌你就乘舟远去,两岸是青山红叶,水呀,在急急地东流。

傍晚酒醒时你已远去,我独自一人在风雨中离开西楼。

青山水急流。"红叶青山这样的美景也没有朋友共同欣赏了,美景更衬哀情,"日暮酒醒人已远",意思就是我一直看着朋友越走越远,就和"孤帆远影碧空尽"的情景一样,然后诗人"满天风雨下西楼",独自孤单地离开。

送别的意象,除了劳歌以外,还有长亭,古代有驿站,每隔十里驿站中间会设一长亭,五里设一短亭,供路上行人休息和送别。后来长亭就成了送别的代名词。著名的句子有柳永的"寒蝉凄切,对长亭晚,骤雨初歇"。

再来说一个更著名的送别意象——阳关,阳关位于甘肃省敦煌市西南的古董滩附近。西汉置关,因在玉门关之南,故名阳关。阳关是中国古代陆路对外交通咽喉之地,是丝绸之路南路必经的关隘。王维的《送元二使安西》里面提到了

送元二使安西

【唐】王维

渭城朝雨浥(yì)轻尘,
客舍青青柳色新。
劝君更尽一杯酒,
西出阳关无故人。

(六年级下册)

【译】:

渭城早晨的细雨,湿润了路上轻微的浮尘。

客舍旁边一片青翠,嫩柳色绿清新。

劝您再喝完一杯酒,因为向西出了阳关就再也没有老朋友了。

"劝君更尽一杯酒,西出阳关无故人"。送别的意象还有很多,包括以前我们讲过的柳树、柳枝、柳岸。

在还没有造纸术之时,古人在竹简或者丝绸上写字,用来写字的丝绸一般是白色的,而且只有一尺长,所以这种丝绸就成了书信的代名词,叫尺素,而且这些尺素又总是和鲤鱼分不开,"客从远方来,遗我双鲤鱼。呼儿烹鲤鱼,中有尺素书。"

双鲤鱼是刻有鲤鱼图案的匣子,也有说是将尺素结成双鲤鱼图形,相当于信封。里面放着"尺素书",就是家信。后来简称为双鲤。鱼雁传书,其中的鱼是指信封袋,而雁是指送信的动物邮差,于是呢,又有一个送信的意象诞生了,就是鸿雁。

《苏武传》里匈奴的单于把苏武扣下了,然后汉使去要人,匈奴的单于说这人早就冻死了。汉使通过各种渠道打听到苏武并没死,就

编了一个谎言说汉天子有一天打猎，打下来一只从匈奴飞来的鸿雁，这只大雁的脚上绑着一封信，落款是苏武。苏武在信中说他还活着，单于一听人家知道苏武没死，就把人放了。

　　大雁、鸿雁、雁书、雁足都象征书信和音讯。青鸾或者青鸟，也是送信的，但不是给一般人送信的，是给西王母送信的。李商隐《无题》诗里面写过"蓬山此去无多路，青鸟殷勤为探看"，就是拜托青鸟传递我的信息、音讯的意思。

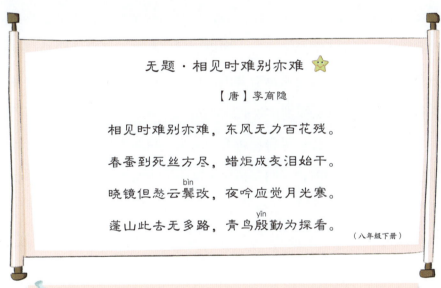

无题·相见时难别亦难

【唐】李商隐

相见时难别亦难，东风无力百花残。
春蚕到死丝方尽，蜡炬成灰泪始干。
晓镜但愁云鬓(bìn)改，夜吟应觉月光寒。
蓬山此去无多路，青鸟殷(yīn)勤为探看。

（八年级下册）

【译】：
聚首不易，离别更是难舍难分，恰似东风力尽百花凋残。
春蚕到死才把所有的丝儿吐尽，红烛燃烧殆尽时满腔热泪方才淌。
清晨对镜梳妆时害怕两鬓斑白，夜晚对月自吟会觉得月光冷清。
蓬莱仙境距离这里不远，拜托殷勤的青鸟帮我带去音讯。

　　古诗词中还有一个经常出现的意象——鸿鹄。
　　这个典故来自《陈涉世家》，陈涉还没造反的时候，从小就有鸿鹄之志,在农田里面与大家一块儿种地的时候,就对旁边的人说:"兄弟,苟富贵,勿相忘。"旁边的那个农民很生气,骂回去说:"你才是狗呢!"陈涉很难过,解释说:"我说的'苟'是如果的意思,如果富贵了,一定不要忘记彼此。"旁边的人就笑话他:"你一个农民,还想有富贵的一天,太可笑了。"陈涉摇摇头说:"燕雀安知鸿鹄之志哉?"意思就是"你们这帮小麻雀,根本不知道我志向远大"。

青衫,白居易在《琵琶行》里写"座中泣下谁最多?江州司马青衫湿"。江州司马,不是一个大官儿,遇到的琵琶女,和自己的身世很相近。"同是天涯沦落人",所以他感慨琵琶女身世的同时,也在感慨自己的遭遇,他越听越有共鸣,把自己的青衫都哭湿了,后来,青衫在古诗词中象征级别比较低的官员。

鸡和狗在田园诗里见得比较多,因为在田园生活中,这些动物富有生活气息。陶渊明在《归园田居·其一》中写道:"狗吠深巷中,鸡鸣桑树颠",这是不是农家生活常见到的景象?

归园田居·其一

【魏晋】陶渊明

少无适俗韵,性本爱丘山。

误落尘网中,一去三十年。

羁鸟恋旧林,池鱼思故渊。

开荒南野际,守拙归园田。

方宅十余亩①,草屋八九间。

榆柳荫后檐,桃李罗堂前。

暧暧远人村,依依墟里烟。

狗吠深巷中,鸡鸣桑树颠。

户庭无尘杂,虚室有余闲。

久在樊笼里,复得返自然。

【译】:
少小时就没有随俗气韵,自己的天性是热爱自然。
不小心落入了仕途罗网,转眼间离田园已十余年。
笼中鸟常依恋往日山林,池里鱼思念着从前深渊。
我愿在南野际开垦荒地,保持纯朴天性归隐田园。
房前屋后有十余亩田地,另外有茅屋草舍八九间。
榆柳树遮盖着房屋后檐,桃树和李树就种在屋前。
远处的邻村舍依稀可见,村落里飘荡着袅袅炊烟。
深巷中传来了几声狗吠,桑树顶有雄鸡不停啼叫。
庭院内没有那尘杂干扰,静室里有的是安适悠闲。
久困在仕途中毫无自由,今日我总算又归返田园。

① 1 亩 ≈ 666.67 平方米。

古诗词中的意象

动物类

1. 鸿雁：书信——对亲人的思念。鸿雁是大型候鸟，每年秋季南迁，常常引起游子思乡怀亲之情和羁旅伤感。

2. 鹧鸪：鹧鸪的鸣声让人听起来像"行不得也哥哥"，极容易勾起旅途艰险的联想和满腔的离愁别绪。

3. 寒蝉：秋后的蝉是活不了多久的，一番秋雨之后，蝉儿便剩下几声若断若续的哀鸣了，命在旦夕。因此，寒蝉就成为悲凉的同义词。

4. 鸳鸯：指恩爱的夫妇。

5. 燕子：候鸟，喜欢成双成对，出入在屋内或屋檐下，为古人所青睐。

①将其当作春天的象征，加以美化和歌颂。

②燕子素以雌雄颉颃（xié háng，鸟上下翻飞），飞则相随，以此而成为爱情的象征。

③表现时事变迁，抒发昔盛今衰、人事代谢、亡国破家的感慨和悲愤。

④代人传书，幽诉离情之苦。

⑤表现羁旅情愁，状写漂泊流浪之苦。

6. 杜鹃鸟：古代神话中，蜀王杜宇（即望帝）因被迫让位给他的臣子，自己隐居山林，死后灵魂化为杜鹃。于是古诗中的杜鹃也就成为凄凉、哀伤的象征了。

7. 猿猴：哀伤、凄厉。

8. 鱼：自由、惬意。

9. 鹰：刚劲、自由、人生的搏击、事业的成功。

10. 狗、鸡：生活气息、田园生活。

11. （瘦）马：奔腾、追求、漂泊。

12. 乌鸦：小人、俗客庸夫、哀伤。

13. 沙鸥：飘零、伤感。

14. 鸟：象征自由。

15. 莼（chún）羹（gēng）鲈（lú）脍（kuài）：指家乡风味，也表示思乡之情。

16. 青鸟：信使。

名师带你练

试一试,你能找出诗句中的意象吗?

因思杜陵梦,凫雁满回塘。

——温廷筠《商山早行》

昔人已乘黄鹤去,此地空余黄鹤楼。

——崔颢《黄鹤楼》

思君若不及,鸿雁今南翔。

——王昌龄《秋山寄陈谠言》

离家复水宿,相伴赖沙鸥。

——孟浩然《夜泊宣城界》

参考答案

凫雁、黄鹤、鸿雁、沙鸥

11

古诗词的 DNA
——意象和典故（三）

古诗中常常流露惆怅的感情，哪些意象经常被古人拿来表达惆怅呢？

　　古诗词中常常流露惆怅的感情，哪些意象经常被古人拿来表达惆怅呢？

　　你认真观察过丁香花的花骨朵吗？丁香花的花骨朵是个结，我们中国古代服饰上有一种扣子，是用布盘成的结，叫丁香扣，也叫丁香结，这个结可能就是愁结，也可能是情结，其实情又何曾不是愁？于是诗歌里丁香这个意象就象征愁，象征情郁结于心，古代和现代的诗人都喜欢用它来借代愁。戴望舒的《雨巷》里也有丁香这个意象，"我希望逢着/一个丁香一样的/结着愁怨的姑娘"。

梅雨，在北方不多见，但是在南方有梅雨季，梅雨季节一到，雨就淅淅沥沥地下个没完，因为它连绵不断，特别像剪不断、理还乱的愁绪，所以雨是诗人表达愁绪的另一个常用的意象。

古人表达惆怅的另一个意象是落花。落花也叫落红，盛开的花非常美，凋落的花，就是美的逝去。暮春时节多见落花，伤春之情油然而生。林黛玉看到花瓣飘落很难过，把落花都收在香囊中，然后挖一个坑把香囊埋掉，这就是那个凄美的画面——黛玉葬花。她葬的不仅是花，还是美好，是青春。但也有诗人看到落花后并没有忧愁，反而很积极向上，龚自珍说："落红不是无情物，化作春泥更护花。"意思是我虽然老去了，但是我对晚辈还有养育之责，我化作春泥还要继续哺育他们。

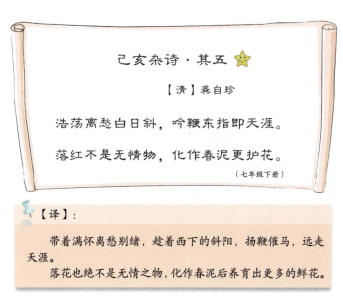

己亥杂诗·其五

【清】龚自珍

浩荡离愁白日斜，吟鞭东指即天涯。

落红不是无情物，化作春泥更护花。

（七年级下册）

【译】：

　　带着满怀离愁别绪，趁着西下的斜阳，扬鞭催马，远走天涯。

　　落花也绝不是无情之物，化作春泥后养育出更多的鲜花。

黍,是一种植物,果实剥皮后是黄米,来自《诗经》"彼黍离离",意思就是那些黄米长得真茂盛,"离离"就是长得特别好的意思,我们熟悉的一句诗就是白居易的"离离原上草"。昔日的宫殿,都长出庄稼来了,可想而知这国家灭亡许久了,所以黍离多用来感叹亡国之痛。

小草也经常象征愁。"青青河边草,悠悠天不老"中的草,象征的就是愁,一直绵延不断的愁,都愁到天边去了。

兰花的最大特点是有着被称为"王者之香"的香气,从第一位爱国诗人屈原写《离骚》的时候,就告诉过我们,像兰花一样有香气的,都象征高尚的品格,后来的诗人都这样沿用。

你见过露珠吗?如果你每天都睡懒觉,肯定见不到露珠,因为太阳一出来,露水就会被晒干。露珠在古诗词中,往往用来象征人生的短暂、生命的易逝。曹操在《短歌行里》把人生比作了露水,"譬如朝露,去日苦多"。意思是,人的这一生,就像早晨的露水一样短暂,而且大多数都是苦日子。

古诗词中的意象

水月雨类

1. 水：①因水的柔和清冷，常用水比喻月色之类，虽具体可以感知却难以把握的事物。②因水的剪切不断，绵软不绝，常以水喻愁。

2. 月亮：人生的圆满、缺憾，思乡，思亲。别称蟾宫、玉盘、银钩、婵娟、桂宫、玉轮、玉环、玉钩、玉弓、玉镜、天镜、明镜、玉兔、嫦娥、蟾蜍。①明月蕴涵悲愁。②明月蕴涵情感的无奈。③明月蕴涵时空的永恒。

3. 雨：雨所清洗的是空间世界，也是人的心灵世界，诗人在雨的静观和沉思中领悟到丰富的人生哲理。①喜雨——微雨夜来过，不知春草生。②苦雨——伤春、悲秋、离愁、别恨、寂寞、无奈之时，雨飘然而下，成了最契合文人失意与愁苦的自然物象，具有了特定的感情内涵。③雅雨——春潮带雨晚来急，野渡无人舟自横。④禅雨——竹杖芒鞋轻胜马，谁怕？一蓑烟雨任平生。

4. 海：辽阔、力量、深邃、气势。

5. 海浪：人生的起伏。

6. 海浪的汹涌：人生的凶险、江湖的诡谲。

7. 江水：时光的流逝、岁月的短暂、绵长的愁苦、历史的发展趋势。

8. 烟雾：情感的朦胧惨淡、前途的迷惘渺茫、理想的落空幻灭。

9. 小雨：春景、希望、生机、活力、潜移默化式的教化。

10. 暴雨：残酷、热情、政治斗争、扫荡恶势力、荡涤污秽的力量。

11. 春风：旷达、欢愉、希望。

12. 东风：春天、美好。

13. 西风：落寞惆怅、衰败、游子思归。

14. 狂风：作乱、摧毁旧世界的力量。

15. 霜：人生易老、社会环境的恶劣、恶势力的猖狂、人生途路的坎坷挫折。

16. 雪：纯洁、美好、环境的恶劣、恶势力的猖狂。

17. 露：人生的短促、生命的易逝。

18. 云：游子、漂泊，以浮云比喻在外漂泊的游子。

19. 天阴：压抑、愁苦、寂寞。

20. 天晴：欢愉、光明。

21. 金风：秋风。

奋竞老师带你练

你能找出诗句中的意象吗?

洛阳亲友如相问,一片冰心在玉壶。

——王昌龄《芙蓉楼送辛渐》

纵使相逢应不识,尘满面,鬓如霜。

——苏轼《江城子·乙卯正月二十日夜记梦》

蓬山此去无多路,青鸟殷勤为探看。

——李商隐《无题》

楼船夜雪瓜洲渡,铁马秋风大散关。

——陆游《书愤》

参考答案

玉壶、霜、青鸟、铁马

12
诗歌的源头——《诗经》

《诗经》是我国的第一部诗歌总集,在《诗经》问世之前,我们的祖先生活在一个没有诗歌的国度。

古诗词最初爱用的一些表现手法诞生于《诗经》。

《诗经》是我国的第一部诗歌总集,在《诗经》问世之前,我们的祖先,竟然生活在一个没有诗歌的国度,你能想象没有诗歌的生活是多么单调枯燥而又肤浅吗?

那时候我们的祖先每天就是上山打打野兽,在树林子里面摘摘野果。有一天,我们的一位祖先又去摘野果了,突然发现在野果旁边开了一株特别漂亮的小野花。看到这朵野花，祖先突然心动，这朵花太漂亮了，让他一下想起了对面山头上那个部落里的一位姑娘，她和这朵花儿一样漂亮，于是祖先就起了兴致，我不敢直接夸赞那位姑娘，还不敢夸赞这朵花吗？于是起兴手法诞生了。

　　兴，又叫起兴，本来想说的事，却先不说，而是用其他事物做引子，欲言本物先言他物，引起所言之物。起兴的手法在《诗经》里经常出现，例如《关雎》中，明明是想写"君子好逑的窈窕淑女"，诗人不说，却先说"关关雎鸠"，由关雎的求偶声引出自己对伴侣的思慕，多含蓄啊！含蓄是古诗的灵魂，兴的手法诞生了，古诗的灵魂也就有了。太直白，不是诗歌，是喊口号，"我爱你"这不是诗，"要问我爱你有多深，月亮代表我的心"，这才叫诗！

关雎（jū）

关关雎鸠（jiū），在河之洲。窈窕（yǎo tiǎo）淑女，君子好逑（qiú）。

参差（cēn cī）荇（xìng）菜，左右流之。窈窕淑女，寤寐（wù mèi）求之。

求之不得，寤寐思服。悠哉悠哉，辗（zhǎn）转反侧。

参差荇菜，左右采之。窈窕淑女，琴瑟友之。

参差荇菜，左右芼之。窈窕淑女，钟鼓乐之。

（八年级下册）

【译】：
关关鸣叫的雎鸠，栖居在河中的沙洲。文静美好的女子，是好男儿理想的配偶。

参差不齐的荇菜，顺流两边去捞取。文静美好的女子，日日夜夜想追求。

追求却没法得到，日日夜夜总思念。长夜漫漫不到头，翻来覆去难入睡。

参差不齐的荇菜，船两侧去采摘。文静美好的女子，弹琴鼓瑟来亲近。

参差不齐的荇菜，船两侧仔细挑选。文静美好的女子，钟声换来她笑颜。

兴的表现手法出现以后又出现了比。比，就是打比方，既然不好直说，那就打个比方来说。我们那位祖先不就把那位漂亮的姑娘比作鲜花儿了吗。

姑娘哪里像花呢？她的嘴唇像花瓣儿，她的头发像花蕊，她的身上散发着花香……打一个比方不够，那就从各个角度来说，这时就又出现了赋，赋就是铺陈的手法，直书其事，铺开来反复阐述。比如《阿房宫赋》中，作者为了告诉我们阿房宫有多大，里边的宫女有多少，通过写宫女洗过脸的水可以让渭河多一层油脂，宫女打开镜子要梳妆，整个宫里就像星河一样闪闪发光！宫女一梳头，长发就像云彩一样飘在空中。这就是赋，从不同的角度来表现一个事物的特征，或者直接叙述事件的过程。

《诗经》的表现手法主要是赋、比、兴，根据乐调的不同，诗经又分为风、雅、颂三类。

诗经的六义

《诗经》的六义即是指"风、雅、颂"三种诗歌形式与"赋、比、兴"三种表现手法。风，国风，也就是民歌，它是《诗经》305篇里面所占篇幅最多的。所有的文化、艺术都得接地气，民歌来源于人民服务于人民，所以数量是最多的。雅，是贵族的音乐，分为大雅小雅，有些太高雅了，也就曲高和寡，会少一些。但是贵族音乐还不算最少，周鲁商三大颂，是国君祭祀用的音乐，所以能有资格演奏颂的人和场合都少，所以颂的数量最少。

再回到我们的那位老祖宗，他把对姑娘的赞美编成了一首歌，每天劳动他都会唱，在旁边劳作的人听见他不停地唱，觉得很好听，于是都跟着他学唱，慢慢地，这首歌就像风一样在十五国传唱开来，我猜《诗经》中的风就这样诞生了，就是十五个国家的民间流行歌曲，因为老百姓都唱这首歌，后来被贵族听到，觉得歌曲挺好听，就是有点儿俗，再把它们改编一下，让它们变得能登大雅之堂，像这种"昔我往矣，杨柳依依，今我来思，雨雪霏霏……"，语言和节奏都特别高雅，于是专供于贵族宫廷乐曲演奏的"雅"诞生了。

贵族在家中天天演奏这样的乐曲，自然国君就得知了，国君一听，"哎呀，这首歌非常好听，里面描述的这位姑娘真美，让寡人不禁想起了我的母后，虽然我的母后已经去世多年了，但她的音容笑貌还在我脑海中回荡，过两天就清明节了，我得给我母后去祭祀祭祀！在祭祀的时候，就演奏一首歌给她听。"这种宗庙祭祀的舞曲歌辞，内容多是歌颂祖先的功业的，这就是"颂"。

以上风、雅、颂，赋、比、兴的诞生过程都是我脑洞大开的结晶，目的就是帮你更轻松地记忆它们各自的特点。

《诗经》一共305篇，国风160篇，大小雅105篇，颂40篇，所以我们又把《诗经》叫"诗三百"。

含冗老师带你练

《诗经》中收录的多为几言诗?

_____

《诗经》中风、雅、颂是按什么来划分的?

_____

_____

参考答案

四言诗。

按音乐的性质划分。郑樵云:"风土之音曰风,朝廷之音曰雅,宗庙之音曰颂。"

13
古诗词的手法

除了传统的赋、比、兴手法,古诗词还有一些常见手法。

除了赋、比、兴这三种手法外，诗词里还喜欢用哪些手法呢？听我再为你介绍几种常见的手法。

一首绝句一共就四句，一首律诗也就八句，一首宋词也就100多字。诗人要用极少的字数表达极深的情感，讲很多的道理，这是非常难的，那就得使用以下几种手法了。

第一种手法是用典，随便翻开课本中一首辛弃疾的诗词来读，就会发现文章没多长,下面的注释却比正文长很多。为什么?因为它用的典故太多了。诗词虽然字不多,但功夫都在诗外。如果将辛弃疾的这首《永遇乐·京口北固亭怀古》里的典故都译出、讲清,怎么也得几千字,这就是"用典"的好处——将诗歌内容扩展延伸,但又含蓄不露,让读者自己琢磨典故去吧!

永遇乐·京口北固亭怀古

【宋】辛弃疾

千古江山,英雄无觅,孙仲谋处。

舞榭(xiè)歌台,风流总被,雨打风吹去。

斜阳草树,寻常巷陌,人道寄奴曾住。

想当年,金戈铁马,气吞万里如虎。

元嘉草草,封狼居胥(xū),赢得仓皇北顾。

四十三年,望中犹记,烽火扬州路。

可堪回首,佛狸(bì lí)祠下,一片神鸦社鼓。

凭谁问:廉颇老矣,尚能饭否?

【译】:
历经千古的江山,再也难找到像孙权那样的英雄。

当年的舞榭歌台还在,英雄人物却随着岁月的流逝而成为过去。

斜阳照着长满草树的普通小巷,人们说那是当年刘裕曾经住过的地方。遥想当年,他指挥着强劲精良的兵马,气吞山河如猛虎!

南朝宋文帝元嘉年间草率北伐,想要再封狼居胥山,结果却在仓皇败退中回头北望追兵。四十三年过去了,现在向北遥望,还记得当年扬州一带遍地烽火。

往事不堪回首,在北魏皇帝佛狸的庙前,香烟缭绕,到处都是神鸦的叫声和社日的鼓声。

还靠谁来问:廉颇老了,饭量还好吗?

　　还有一种思路，当古诗词里面出现了两个以上事物的时候，比如一会儿写梅花儿，一会儿写雪花，可能用到的手法就是对比，或者衬托。对比和衬托当然有区别。对比就是我是黑的，你是白的，我们俩就是鲜明的对比。衬托是有一个是主角，其他是配角，配角出现的目的是把主角托起来。比如卢梅坡写的《雪梅》，实写的是雪花的白，其实是想写梅花的香，主角是梅花，雪花是用来衬托梅花的。

雪梅·其一

【宋】卢钺（yuè）

梅雪争春未肯降，骚人阁笔费评章。
梅须逊（xùn）雪三分白，雪却输梅一段香。

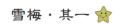

【译】：

　　梅花和雪花都认为各自占尽了春色，谁也不肯服输。诗人都难写评判文章。

　　二者相比，梅花比雪花少了三分晶莹洁白，雪花却比梅花少了一股清香。

还有一大类手法叫修辞手法,这类手法可能是我们最熟悉的手法了。古诗词为什么非要用修辞呢?不用修辞,当然也可以,但是用了修辞就显得特别美,就像自拍完要美颜一样,不美颜也不影响生活,但是美颜以后谁看着都神清气爽。用了修辞能使文章变美,你在作文里面曾刻意地用过修辞吗?在你的下一篇作文里,可以要求自己至少用到三种修辞,试试你的作文分会不会提高。

比喻是诗人常用的修辞手法。好端端的为什么偏要比喻呢?因为有些东西太抽象,诗人需要化抽象为形象,当然也有极个别是化形象为抽象的,这时就要用到比喻,比如"愁",愁有多重?太抽象,没办法描述,李清照写愁的时候就用了比喻:"载不动许多愁",愁的重量,连船都载不动了,船要载上我的愁,估计就会像泰坦尼克号一样,

沉下去了。

夸张也是诗人常用的修辞手法。李白写"飞流直下三千尺",是不是很夸张?"白发三千丈,缘愁似个长"是不是更夸张?夸张的作用就是增强气势,起强调作用。

《诗经》的重章叠句,也是起强调、反复的作用。

反复也是一种手法,重复是病句,反复就是手法,是为了增强气势。比如辛弃疾的"少年不识愁滋味,爱上层楼。爱上层楼,为赋新词强说愁。而今识尽愁滋味,欲说还休。欲说还休,却道天凉好个秋。"这种反复手法除了符合词牌名的要求外,还在语气效果上起到了强调的作用。

设问和反问这两种修辞方法很好判断，从标点上就能判断。"江东子弟今虽在，肯为君王卷土来？"这是反问，来还是不来呢？很显然是不来，反问就是问中有答。"问人间谁是英雄？有酾（shī）酒临江，横槊（shuò）曹公。"这是设问，就是自问自答。直接说江东子弟不用来，曹操是英雄不就好了吗？为什么非要问一下呢？这一问就会引起你的关注和思考。就像老师平时上课时，一直是自己滔滔不绝地讲话，你可能印象不深。但是老师一说："这个问题谁来回答一下啊？"你马上就集中注意力，开始思考了。设问和反问的好处就是引发读者的思考。

借代的修辞手法是用特征最明显的局部来借代某一事物整体，比如"知否，知否，应是绿肥红瘦"，用绿借代叶子，用红借代海棠花，这是用颜色借代。古代人特别喜欢用借代，因为借代既凝练又特征突出，"美女""老头儿"这根本不是汉语，真正的汉语叫"红颜"与"白发"，借代的好处就是突出特征。

古诗词中常用的修辞手法还有双关，意思就是一语双关，例如"春蚕到死丝方尽"，"丝"表面上是丝绸，实质上是思念的"思"，这句诗的意思是：我死了，才能停止想念你。直说不好吗？非要把春蚕带出来干吗呢？这样更含蓄，而且含义也更丰富。

比喻和拟人的区别

比喻是甲物像乙物,它有乙物的特征。这个物可以是人,也可以是动物、事物。拟人,是把物直接拟作人,不是比作人,如果是比作人,比如"什么什么像人一样",还是比喻。比如"花儿对我笑",笑是只有人才能发出的动作表情,所以这才是拟人。但如果是"花儿像我妈妈一样对我笑",就还是比喻,因为花儿像妈妈,直接把甲物比作了乙物。

吕晃老师带你练

下列诗句分别用了什么修辞手法呢?

1. 两岸青山相对出,孤帆一片日边来。

——李白《望天门山》

2. 大漠沙如雪,燕山月似钩。

——李贺《马诗》

3. 煮豆燃豆萁,豆在釜中泣。

——曹植《七步诗》

参考答案

1. 对偶、借代
2. 比喻
3. 拟人

14

两句三年得，一吟双泪流

漂亮的诗句背后，处处浸染着诗人的心血。

古诗词最美是语言,但想要语言美可没那么容易。漂亮的诗句背后,浸染着诗人的心血。有诗云:两句三年得,一吟双泪流。这两句诗出自苦吟诗人贾岛之口,看似很平淡的两句话,却是很多诗人的真实写照。

说到贾岛,他早年出家,一直在寺庙里生活,因为早年出家,缺乏一些社会上的阅历,所以他很少与人交流。有一次,他骑着驴,思考着是"僧敲月下门"好,还是"僧推月下门"好。就这样,他在路上想得走了神,他骑的驴就挡了一位大官的轿子,大官儿手下的人正要拿棒子打他的驴,但那位大官说:"且慢!",然后从轿子上走下来。那位大官就是韩愈。韩愈问贾岛:"你为什么挡我的路啊?"贾岛说:"哎呀,对不住啊,我一直在想一件事儿。"韩愈一下子就来了兴趣,问贾岛:"你想什么事呢?"贾岛说:"我在想一句诗。"这下韩愈就更感兴趣了,于是就问贾岛在想哪句诗。贾岛就问韩愈:"您觉得是'僧敲月下门好'还是'僧推月下门'好?"于是两个人就开始讨论,于是就诞生了一个词,叫"推敲",而贾岛当时作的这首诗就是《题李凝幽居》。

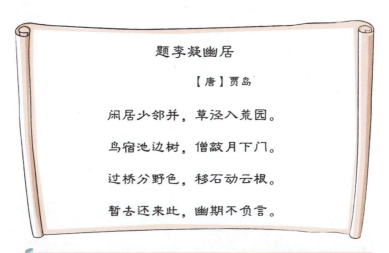

题李凝幽居

【唐】贾岛

闲居少邻并,草径入荒园。

鸟宿池边树,僧敲月下门。

过桥分野色,移石动云根。

暂去还来此,幽期不负言。

【译】:

悠闲地住在这里很少有邻居来,杂草丛生的小路通向荒芜小园。
鸟儿自由地栖息在池边的树上,皎洁的月光下僧人正敲着山门。
走过桥去看见原野迷人的景色,云脚在飘动山石也好像在移动。
我只是暂时离开,但还会回来,按约定的日期与朋友一起隐居。

还有为"吟安一个字,捻断数茎须"的,就为一个字能用对了、用妙了,连胡须都捻断了,究竟这一个字能好到哪儿去,能值得那么多根胡须牺牲吗?现在,我们就来品味一下诗人用生命写出来的句子。

古诗词里的动词是最精彩的,"采菊东篱下,悠然见南山",采菊花要弯着腰,采着采着,猛然一抬头看见了南山。如果改成"悠然看南山"就会差很多,"看"是主动的、有计划的,"悠然见南山",是无意的,体现了不小心恰逢巧遇的一种美。"见"字体现了前面的悠然。

张先的《天仙子》里有一句诗"云破月来花弄影",云破月,意思就是月亮穿过云,破字有一种穿透力,花弄影,弄不是戏弄,花一动,影子就动,说明有风,是一种拨弄,这个动词用得也非常巧妙。

宋祁的《玉楼春·春景》里有一个动词用得也非常巧妙,"红杏枝头春意闹",闹在这里是动词,别的花都在墙里面,就这一支闹出来了,张扬的性格跃然纸上。

"羌笛何须怨杨柳,春风不度玉门关"是《凉州词》中的诗句,"怨"这个动词用得非常妙,羌笛原本不会怨,因为它没感情,笛子不会流泪,但现在它怨了,有感情了。诗人用拟人的修辞手法,赋予笛子人的情感,不要怨杨柳不变绿,是因为春风没把它吹绿。为什么春风不来呢?因为玉门关太远了,春风到不了。

"感时花溅泪,恨别鸟惊心",花永远不可能流泪,但是花瓣上却有泪滴,诗人把露珠看作了泪滴,用了拟人的修辞手法。哭的不是花儿,是人。鸟儿也不会惊心动魄,惊心的也是人。为什么诗人会溅泪,会惊心呢?因为"国破山河在,城春草木深",这是诗人的家

凉州词

【唐】王之涣

黄河远上白云间,一片孤城万仞山。

羌笛何须怨杨柳,春风不度玉门关。

(五年级下册)

【译】:
　　黄河像奔流在白云之间,一座孤城矗立在高山之间。
　　羌笛何必吹奏《折杨柳》曲,春风怎能度过边远的玉门关?

国情怀。

　　"海上生明月,天涯共此时","生"这个动词,经常会被错写成"升",升国旗就是从低到高的过程,明月也是慢慢地从海面上升起的。"生"是孕育,好像大海就是明月的妈妈,在孕育着明月,然后到时辰了,农历每月十五这一天,它慢慢地,慢慢地把明月生起来,然后天涯共此时。所有的人都为她欢呼,终于生下来了。这一个"生"字里蕴含了深深的母子情。

"星垂平野阔,月涌大江流"是《旅夜书怀》中的诗句,涌字用得非常好,它的主语是月亮,我们见不到月亮在天上涌,为什么在杜甫的眼中,月亮会涌呢?因为有大江流,所以不是月亮在涌,而是水在涌,把水涌说成月亮在涌,是因为月亮的倒影在水中,水涌的时候就仿佛月亮的影子在往上冒,诗人把月亮写活了,这是化静为动的手法。

旅夜书怀

【唐】杜甫

细草微风岸,危樯独夜舟。

星垂平野阔,月涌大江流。

名岂文章著,官应老病休。

飘飘何所似,天地一沙鸥。

【译】:

　　微风吹拂细草,桅杆高高的小船独自停泊着。
　　星星垂在天边,原野更显广阔,月亮的倒影随水波涌动,大江滚滚东流去。
　　我难道是因文章而出名吗?年老多病也该休官了。
　　一生奔波像什么呢?就像天地间一只孤零零的沙鸥。

　　这两句诗用了对偶句,对偶句的妙处,就是相同位置的词词性相同,词义相近或者相反,而且手法很可能相同。

　　这两句诗不仅涌字用得好,垂字用得也很妙,月亮和星星都应该挂在天上。在城市里很难体验到星星垂落的感觉,而在远郊静谧的夜空下,我们会感觉星星在往下垂落。诗句中的"平野阔"就告诉我们,作者一定是在一个辽阔的平原,一眼可以望到天地相接之处,星星垂到了地上。"垂"证明了平野阔,"涌"证明了大江流。一垂一涌,用得非常巧妙。

　　诗人还常把名词、形容词活用作动词。王安石在《泊船瓜洲》中写道:"春风又绿江南岸","绿"本来是形容词,但是一个"绿"

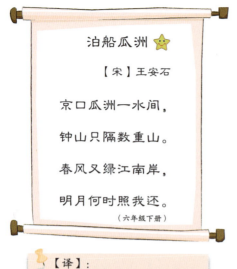

泊船瓜洲

【宋】王安石

京口瓜洲一水间，

钟山只隔数重山。

春风又绿江南岸，

明月何时照我还。

（六年级下册）

【译】：
　　京口和瓜洲之间只隔着一条长江，钟山就隐没在几座山峦的后面。
　　和煦的春风又吹绿了大江南岸，明月什么时候才能照着我回家呢？

字好像春风把江南整个大地开始吹绿，而且有个逐渐变绿的过程。春回大地，生机盎然的那种感觉就出来了。

"山光悦鸟性，潭影空人心"，悦和空都是形容词，但是都用作了动词。优美的山色风光让鸟儿都愉悦了，更别说人了。"潭影空人心"的意思是，在面对这潭水时，心都变得空灵了。

"流光容易把人抛，红了樱桃绿了芭蕉"，流光就是流逝的时光，红和绿其实是变红和变绿的意思。在一红一绿之间，我们感受到了时光的变化。人可能老去了，但大自然不会老去，又一次焕发了生机。既然有些东西是永恒的，我们就不要悲观。我们虽然老了，但有美景常伴随，樱桃又变红了，芭蕉又变绿了。

昝晃老师敲黑板

　　古诗词炼字题答题技巧（问古诗词中哪个字好）：

　　第一步，先把用得好的字找出来，并用引号把它引起来；

　　第二步，答出这个字用了什么手法，概括说一下这个字传神地刻画了什么形象；

　　第三步，把这个字放到原句当中还原，描述一下整个句子的景象；

　　第四步，答这个字烘托出了什么意境，抒发了什么情感，一定落脚在情感上。

昝晃老师带你练

这首诗里你觉得哪些字词用得好，为什么？

鸟鸣涧

【唐】王维

人闲桂花落，夜静春山空。
月出惊山鸟，时鸣春涧中。

（五年级下册）

参考答案

（示例）"惊"字用得好。以动衬静，"月出惊山鸟，时鸣春涧中"，明月升起，惊动了几只栖息的山鸟，重复鸣叫在山中的春涧旁回荡。

15
吟安一个字,捻断数茎须

古诗里除了动词用得精彩,形容词、叠词、数词都是经过再三斟酌的。

　　古诗词语言里除了动词精彩，还有一些词也很棒。每首诗都有词眼，我们在找一首诗的词眼时，先找动词，如果动词不是特别精彩，就要找形容词。

　　比如我们非常熟悉的诗句"黄河远上白云间，一片孤城万仞山"中，"上"是动词，但黄河要往上走，甚至要往天上飞。连黄河都走了，只留下一片孤城，面对一座又一座的群山，更显孤单。"孤"字就用得非常巧妙，孤零零的一座城被困在群山当中的画面一下展现在我们面前。

又如杜甫的《春夜喜雨》，"随风潜入夜，润物细无声"，"细"字用得好，细到无声，真正的好雨是细腻的，所以才能无微不至地滋润万物。

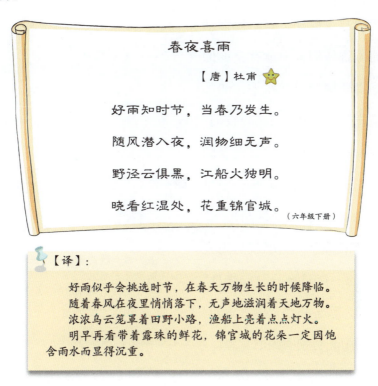

春夜喜雨

【唐】杜甫

好雨知时节，当春乃发生。
随风潜入夜，润物细无声。
野径云俱黑，江船火独明。
晓看红湿处，花重锦官城。

（六年级下册）

【译】：
好雨似乎会挑选时节，在春天万物生长的时候降临。
随着春风在夜里悄悄落下，无声地滋润着天地万物。
浓浓乌云笼罩着田野小路，渔船上亮着点点灯火。
明早再看带着露珠的鲜花，锦官城的花朵一定因饱含雨水而显得沉重。

古诗词中除了形容词用得巧妙，数词往往也值得品味。"前村深雪里，昨夜一枝开"，如果对比一下，我们把"一枝开"换成"数枝开"好不好？这首诗的题目叫《早梅》，写的是早春的梅花，那么是开一枝好，还是开数枝好呢？很明显是开一枝好，最早盛开的那枝梅花才叫"早"，满树都开了，就凸显不出哪枝开得早了。

"桃李春风一杯酒，江湖夜雨十年灯"，这句诗里有两个数字，"一"

和"十"正好形成了鲜明的对比。十年的酸甜苦辣和江湖味道都在这一杯酒里面,这一杯酒里包含了太多深情,什么都别说了,干了这杯酒。

叠音词在诗中的使用也比较多,叠音词可以增强诗的韵律感,让古诗读起来朗朗上口。比如刘禹锡的《竹枝词》中就有叠词的运用,"杨柳青青江水平,闻郎江上唱歌声",刘禹锡的《竹枝词》系列都是民歌,民歌尤其需要朗朗上口。王安石的《元日》中也有叠词,"千门万户曈曈日,总把新桃换旧符",意思就是阳光明媚,新的一年开始了,"曈曈日"这个叠词,除了叠音音律之美外,还有强调阳光特别明媚的意思。

元日

【宋】王安石

爆竹声中一岁除,
春风送暖入屠苏。
千门万户曈(tóng)曈日,
总把新桃换旧符。

(三年级下册)

【译】:
　　爆竹声中旧的一年已经过去,在和暖的春风中,人们开怀畅饮屠苏酒。
　　初升的太阳照耀着千家万户,他们都忙着把旧的桃符取下,换上新的桃符。

李清照也非常喜欢用叠词,"寻寻觅觅,冷冷清清,凄凄惨惨戚戚",一次又一次地寻觅,寻寻觅觅,结果却冷冷清清,所以心情才变得惨惨戚戚,叠音词起到了强调的作用。

叠音词中还有一种拟声词,如"帘外雨潺潺",还有杜甫《登高》一首中的"无边落木萧萧下,不尽长江滚滚来",我们好像听到了下雨的声音,树叶被风吹落的声音,长江滚滚而来的声音,这些拟声叠词让情景更形象生动,给人身临其境之感。

登高

【唐】杜甫

风急天高猿啸哀,渚清沙白鸟飞回。

无边落木萧萧下,不尽长江滚滚来。

万里悲秋常作客,百年多病独登台。

艰难苦恨繁霜鬓,潦倒新停浊酒杯。

【译】:

风急天高猿猴啼叫显得十分悲哀,水清沙白的河洲上有鸟儿在盘旋。无边无际的树木萧萧地飘下落叶,望不到头的长江水滚滚奔腾而来。悲对秋景感慨万里漂泊常年为客,一生当中疾病缠身今日独上高台。世事艰难令人痛恨,使得白发长满了双鬓,衰颓满心偏又暂停了浇愁的酒杯。

如果我们发现一首诗的用词没有什么特别的时候，可以在句式上动脑子。比如辛弃疾写的《西江月》这首诗中有这样的诗句"七八个星天外，两三点雨山前"，正确语序应该是：天外有七八颗星，山前下了两三点雨，这样就毫无美感。诗人先特写七八颗星，然后才说在天外，先强调两三点雨掉脸上了，然后再写在山前。这是一种倒装句式，好处是把强调的对象凸显出来。

沓兒老师敲黑板

古诗词炼句题答题技巧（问古诗词中哪个句子好）

第一步，先把句子摘出来；

第二步，解释这个句子的内涵，句子里一定有个别词，它是有象征意义的，需要解释出来，抓住其中一点来解释它用了什么手法；

第三步，点出这句话营造了怎样的意境、抒发了怎样的情感。

昝见老师带你练

绝句二首·其一

【唐】杜甫

迟日江山丽，春风花草香。

泥融飞燕子，沙暖睡鸳鸯。

（三年级下册）

此诗的写作背景说明：这是诗人经过"一岁四行役"的奔波流离之后，暂时定居成都草堂时写的。

此诗描绘了怎样的景物？表达了诗人怎样的感情？

参考答案

1. 此诗描绘了一派美丽的春景图：春日的阳光普照，四野的青绿，江水映日，春风送来花草的馥香。泥融土湿，秘燕正繁忙地衔泥筑巢，日丽沙暖，鸳鸯也在江洲上静睡不动。

2. 这是一幅明丽纷繁的春景图。

3. 表达了诗人结束奔波流离生活后，安定闲适心境的愉悦心情。

心怀童心,迈向成长

贺昱老师

大语文那些事儿

GREAT CHINESE

赵旭 ◎ 著
王雪倩 秦熠 ◎ 绘

古文串烧课

北京理工大学出版社
BEIJING INSTITUTE OF TECHNOLOGY PRESS

版权所有，侵权必究

图书在版编目（CIP）数据

大语文那些事儿. 古文串烧课 / 赵旭著；王雪倩，秦熠绘. —北京：北京理工大学出版社，2020.10（2023.4 重印）

ISBN 978-7-5682-9077-7

Ⅰ. ①大… Ⅱ. ①赵… ②王… ③秦… Ⅲ. ①文言文—小学—教学参考资料 Ⅳ. ① G624.203

中国版本图书馆 CIP 数据核字 (2020) 第 179839 号

大语文那些事儿·古文串烧课

出版发行 / 北京理工大学出版社有限责任公司
地　　址 / 北京市海淀区中关村南大街 5 号
邮　　编 / 100081
电　　话 /（010）68914775（总编室）
　　　　　（010）82562903（教材售后服务热线）
　　　　　（010）68948351（其他图书服务热线）
网　　址 / http://www.bitpress.com.cn
经　　销 / 全国各地新华书店
印　　刷 / 鸿博昊天科技有限公司
开　　本 / 787 毫米 ×1092 毫米　1/16
总 印 张 / 55
总 字 数 / 600 千字
版　　次 / 2020 年 10 月第 1 版　2023 年 4 月第 20 次印刷
总　定　价 / 180.00 元（全 6 册）

责任编辑 / 户金爽
文案编辑 / 梁铜华
责任校对 / 刘亚男
责任印制 / 边心超

图书出现印装质量问题，请拨打售后服务热线，本社负责调换

卷首语

实词是古文的灵魂

什么是"实词"？就是名、动、形、数、量、代这六位。

如果读一篇古文不认识这六位，那你就不认识这篇古文。这就如同，没有词汇量，谈英语阅读就是个笑话。不懂实词，做古文阅读就是场灾难。

所以，实词就是古文的灵魂！

是不是觉得不对？印象中古文不就是"之乎者也"吗？确实，古文中不仅有实词，还有很多像"之乎者也"这样的虚词，虚词就是没有实在意义的词，一般不能充当句子成分，不能单独回答问题。

常用的虚词有之、乎、者、也、因、为、而、且、乃、何、其、于、与、所、以、若、则、焉这十八位。

数量也不少啊，为什么偏偏说实词是古文的灵魂呢？虚词表示不服气！

举个例子吧，例如"虚词家族"里的扛把子"而"字。

"而"在句子里究竟表并列、承接、转折,还是修饰?

其实它想表什么,都取决于它前后的两个实词。

例句1:永州之野产异蛇,黑质而白章。(出自柳宗元的《捕蛇者说》)

这条蛇通体黑底,上面有白色的花纹。黑底和白章这两个实词是并列的关系,所以"而"这个虚词就表并列。

例句2:亡羊而补牢,未为迟也。(出自《战国策·楚策》)

"亡羊"是第一个动作,"补牢"是第二个动作,当第一个动作结束时,再开始第二个动作,"而"在这里就起承接作用。

例句3:吾尝跂(qǐ)而望矣。(出自《荀子·劝学》)

第一个动作是踮起脚尖儿来,第二个动作是望。

这一句的两个动作和"亡羊而补牢"里作一下对比,你是不是发现两句话里"而"前后都是两个动作,但例句2是一个动作完了再进行下一个,而例句3是两个动作同时伴随出现的,那么"而"就表示修饰。"跂而望","跂"是修饰"望"的,就是踮着脚尖看。

例句4:青,取之于蓝,而青于蓝。(出自《荀子·劝学》)

青色是从蓼蓝颜料里面提取的,但是青却比蓝色还要深。这两个蓝是不一样的,"而"很明显是表示转折,翻译成"却"。

所以虚词的确很"虚",虚词起什么作用全取决于实词。

古文中的实词可以说是浩如烟海,更要命的是,实词大都是一词多义,很多义项还晦涩难懂,很打击我们学习古文的兴趣。

别难过,旮旯老师有办法,我在《古文串烧课》里帮你把同一个实词的所有常见常考义项,用一根线穿起来,穿成一串串的"文言实词珍珠项链",这样,最后你会发现学过的知识不是一个一个的"点",而是一条一条的"线",然后将这一条条的线编织成一张大网,就是你的"知识网"。当你编好了"知识网"时,你的古文课就可以结课了。

跟着旮旯老师一起来穿针引线吧!

001 01 手拿武器，我是一个兵

02 蜀鄙二僧 009

017 03 担心有病，疲惫不堪

04 师者，所以传道受业解惑也 029

035 05 管鲍之交

06 化干戈为玉帛 041

047 07 冠盖相属

08 和古人说话要小心 053

059 09 达则兼济天下，穷则独善其身

10 瑕不掩瑜 065

071 11 王谢两家谁更牛？

目录 CONTENTS

079 12 偷袭时嘴里要衔小木棍

13 生生不息 085

091 14 十五望月

15 "双立人"可不是两个人 097

105 16 最惨不过"无聊"

17 一人犯罪，全族遭殃 111

117 18 不赞一词

19 盛情相邀 123

129 20 皇上私我

21 爱而不见 133

01

手拿武器，我是一个兵

兵：兵器──→士兵──→军队──→作战──→兵法

夷：少数民族──→外族──→铲平──→平坦──→平安──→平和

上兵伐谋

"上兵伐谋"这四个字看起来都挺简单,出自孙武的《孙子兵法》。但是放在一起,你可不一定会翻译,在这句里面,主要看实词"兵"。

兵的常见义项是:兵器——→士兵——→军队——→作战——→兵法,如果死记硬背,不按顺序的话,相信你很快就忘光了。

所以,上面给出了一串已经调整好顺序的义项。接下来,按这个顺序来认识一下兵。

"兵"经常见到的一个义项是兵器;拿兵器的人变成了士兵;士兵又组成了军队;组成军队要干什么?作战、战争。作战,怎样才能赢呢?要会用兵法。

这样环环相扣,层层递进,是不是其中任何一个义项都不会丢掉了?

再看这句"上兵伐谋",既然来源于一本兵书,那么马上就要想

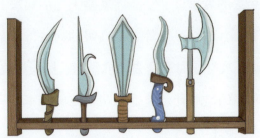

兵器

士兵 ——→ 军队 ——→ 作战

兵法

到兵很有可能是兵法的意思。"上兵"就是上等的兵法。看来兵法分为上等、中等、下等，那么最上等、最高级的兵法，不是去打仗，而是去伐谋，用策略来攻打，而不是去硬抗硬撞、搞人海战术。

想想看，诸葛亮的空城计，吓退了司马懿的千军万马，多么令人惊叹的"上兵之法"啊！

兵（bīng）

①兵器；武器。例：斩木为兵，揭竿为旗。（出自贾谊《过秦论》，高一必修3）

②军队；士兵。例：不战而屈人之兵。（出自孙武《谋攻》）

③战争；军事。例：昔者先王知兵之不可去也。（出自苏轼《教战守策》）

④战略；兵法。例：上兵伐谋。（出自孙武《谋攻》）

东夷叛之

还有一个字和作战紧密相关，这个字就是"夷"。

"东夷叛之"中最主要的字就是"夷"字。

"夷"最初的本意，古代指中原东边的少数民族，称为"东夷"。

古代少数民族，分布在东、南、西、北四个方向，各自都有自己的名称：南蛮、北狄、东夷、西戎。

我们学过"不教胡马度阴山"，印象中少数民族不是应该叫胡人吗？没错。东、南、西、北四方的少数民族被统称为"胡"。"东夷叛之"就是东部的少数民族造反了。

在古代，中原汉族以外的民族都叫"夷"。汉族以外的民族可以是中国的少数民族，也可以是外国人。因此，在"师夷长技以制夷"中，夷就变成了外族、外国人。学习外国人擅长的技术，学好了以后再对付他们。

对于这种侵犯我国土的人"虽远必诛"，所以引申出来"夷为平地"，有铲成平地的意思。

既然铲平了，是不是这块地就平坦了呢？于是就有了王安石的《游褒禅山记》中的"夫夷以近，则游者众"。就是在平坦并且离得近的地方，游览的人就多。但那些险和远的地方，游者甚少，而美景往

005

往在险远之地!

路铲平了,平坦了,这样日子可以过得很平安吧。于是,一个熟悉的成语问世了:化险为夷,把危险变成了平安、安全。

"言和而色夷",出自《送东阳马生序》,意思是说这个年轻人每次跟我说话的时候,语言温和,表情平和。夷在这里就是平和的意思。

旮旯老师敲黑板

夷(yí)

①我国古代东部民族,后泛指中原以外各族。例:哀南夷之莫吾知兮,旦余济乎江湘。(出自屈原《涉江》)

②泛指外国或外国人。例:师夷长技以制夷。(出自魏源《海国图志》)

③平坦。例:夫夷以近,则游者众。(出自王安石《游褒禅山记》,高一必修2)

④铲平;除平。例:今操芟夷大难,略已平矣。(出自司马光《资治通鉴·赤壁之战》)

⑤安全,平安。例:化险阻为夷途。(出自韩云卿《平蛮颂序》)

⑥和悦。与之论辩,言和而色夷。(出自宋濂《送东阳马生序》,九年级下册)

夷字的所有义项是可以串起来的。这是古文实词学习的一种记忆方法哦!

曹晃老师带你练

兵旱相乘[1],天下大[2]屈[3],有勇力者聚徒[4]而衡击[5];罢[6]夫羸[7]老易[8]子而咬其骨。政治未毕[9]通也,远方之能疑者[10],并[11]举[12]而争起[13]矣。

(出自贾谊《论积贮疏》,课外必修)

注释:

1. 乘:因,趁。 2. 大:非常,十分。 3. 屈:缺乏。 4. 徒:同伙。
5. 衡击:横行攻击。 6. 罢(pí):通"疲"。 7. 羸(léi):瘦弱。
8. 易:交换。 9. 毕:完全。 10. 疑者:反抗朝廷的人。 11. 并:一同。
12. 举:举兵。 13. 争起:争先起来闹事。

1. "兵旱相乘"中,兵的意思是:

2. "并举而争起矣"中,"而"起什么作用?

参考答案

1. 战事。 2. 起连接作用。

02

蜀鄙二僧

鄙：①小，狭窄。②见识浅薄，目光短浅，"视人浅薄"。③粗俗，庸俗；质朴。④自称的谦词。⑤边界、边境。⑥郊野，郊外。⑦采邑，小邑。

你听过《蜀鄙二僧》的故事吗?讲的是四川一个偏远的山区,有一个穷和尚和一个富和尚,他们有一个共同的理想——到南海去。穷和尚凭借自己坚强的毅力实现了理想,而富和尚虽有经济实力,但不去实践,最终未能实现理想。

不仅我们,古人也曾拿这个故事来启发自己的侄子,这个人就是彭端淑。

人之立志,顾不如蜀鄙之僧哉?(出自彭端淑《为学一首示子侄》)

"顾",难道的意思,"蜀",现在的四川省。"鄙",边境、偏僻的地方。一个人树立志向,难道还不如四川边境的和尚吗?

接下来,窍门来了。我们发现鄙字的偏旁是"耳"字旁,而且出现在右半边,我们叫它右耳旁。

现在我们来回忆几个有右耳旁的字,例如:郊,郊区的郊;郭,城郭的郭。"右耳"旁实质上是由"城邑(yì)"的"邑"字变形而成的,看到"右耳"做偏旁,无论它左边是什么,都可以大胆地猜测它和城邑有关系,邑就是小城。

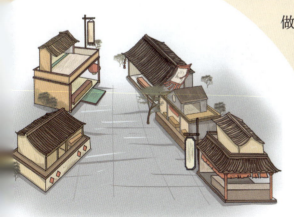

既然右耳和城邑有关系,那么左耳和什么有关系?右耳是"邑"的变形,左耳是"阜"(fù)字的

变形。"阜"是什么意思？高台、小土包、小山丘、梯子，这些是它的本意。

"阜"字有高度差的含义，因此左耳旁的字都和高度差有关系。比如：坠、堕、除、阶。都是从高处往下掉，或者有一定的高度差。

在我们现当代的文章中，"除"字大多数有去掉的意思。但是在古文中，"除"字的意思跟现在可相去甚远。

刘焕初除市令，过谢乡人吏部侍郎石琚。（出自《金史》）

刘焕，是一个人名。"初"是最初的时候，"市令"是一个官职，相当于县令之类的官职，"除市令"，你是不是要把它译成：把这个市令给除了？或者把这个官职给卸了？恰恰相反。

"除"的本意是台阶。古人要站在台阶上给人授封。站在高高的台阶上给人戴上官帽，这是很有仪式感的场景。

所以"除"在这里不能理解成除掉，尤其后面跟官职的时候。"除"

要翻译成封官。和"除市令"意思相近的词有授市令、拜市令、封市令。

刘焕被封了市令的官职后就想感谢一下吏部侍郎,因为吏部是主管官员升降的。

例句中的吏部侍郎叫石琚,原来,这个吏部侍郎和刘焕是同乡啊!所以"过谢乡人",当官以后要前去拜访和感谢自己的老乡。

我们接着来看"鄙"这个字。

肉食者鄙,未能远谋。(出自左丘明《曹刿论战》,九年级下册)

前面说了"鄙"是边界,那住在边界的人,没见过大世面,所以"鄙"就又有了目光短浅的意思。但是你不要认为,只有住在城郊的人目光才短浅。在曹刿看来,"吃肉的人"目光也短浅,而"吃肉的人"是一种特殊的借代,借代当官的人。因为古代老百姓很少能吃得上肉,

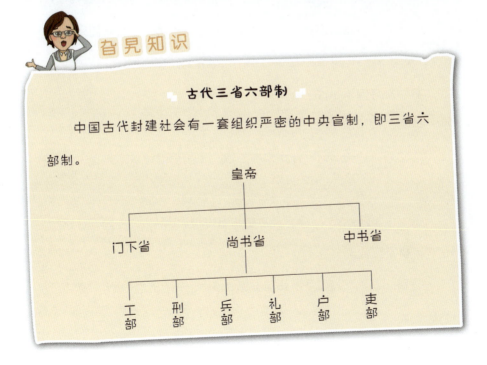

只有当官的人才能吃得上肉。在曹刿看来,当官的人,目光也是短浅的。"肉食者鄙,未能远谋",意思为很多当官的人目光短浅,不能为国家进行长远的打算。

鄙(bǐ)

①鄙:小,狭窄。例:询天下之异文鄙事以快言论。(出自刘开《问说》)

②鄙:见识浅薄,目光短浅,或者用作动词,作"视人浅薄"的意思。例:肉食者鄙,未能远谋。(出自左丘明《曹刿论战》,九年级下册)过我而不假道,鄙我也。(出自左丘明《左传·宣公十四年》)

③鄙:粗俗,庸俗;质朴。例:性好作诗,词语鄙俚。(出自《金史·斜卯爱实传》)

④鄙:自称的谦词。例:鄙夫寡识。(出自张衡《东京赋》)

⑤边界、边境。例:蜀之鄙有二僧。(出自彭端淑《为学一首示子侄》)

⑥鄙:郊野,郊外。例:余睹李将军悛悛如鄙人。(出自司马迁《史记·李将军列传》)

⑦鄙:采邑,小邑。例:辨其邦国,都鄙……(出自《周礼·夏官·职方氏》)

实际上，大多数当官的人信息还是比较灵通的，还是能有远谋的，但关键是，为谁在远谋。你要为国家远谋，你就是一个好官。如果仅仅是为自己远谋，那就沦为"肉食者鄙"了。

 召昊老师带你练

蜀鄙二僧

蜀之鄙有二僧，其一贫，其一富。贫者语于富者曰："吾欲[1]之[2]南海，何如？"富者曰："子何恃[3]而往？"曰："吾一瓶一钵[4]足矣。"富者曰："吾数年来欲买舟而下，犹未能也。子何恃而往！"越[5]明年，贫者自南海还[6]，以告富者。富者有惭[7]色。西蜀之去南海，不知几千里也，僧富者不能至而贫者至焉。人之立志，顾[8]不如蜀鄙[9]之僧哉[10]？

（出自彭端淑《为学一首示子侄》节选，课外必修）

注释：

1.欲：想。 2.之：去，往，到。 3.恃：凭借。 4.钵：和尚盛饭的碗。
5.越：到。 6.还：回来。 7.惭：惭愧。 8.顾：难道、反而。
9.鄙：边境。 10.哉：表示反问语气，相当于"吗"。

1."贫者语于富者曰"中"语"的意思是＿＿＿＿＿＿＿＿＿＿，"吾欲之南海"的意思是＿＿＿＿＿＿＿＿＿＿＿＿＿＿＿＿＿＿

2. 请把下面的语句翻译成现代汉语。

人之立志，顾不如蜀鄙之僧哉？

_____

_____

3. 文中举"贫僧"和"富僧"的例子，采用的是_____的写作手法，这样写，是为了说明_____

参考答案

1. 对……说

2. 一个人树立志向，难道还不如四川边境的那两个和尚吗？

3. 对比；学习、关键在于立志。

03

担心有病,疲惫不堪

病:①泛指疾病。②重病。③病加重。④弊病;毛病;缺点。⑤担忧。⑥疲惫。

疾:①妒忌;嫉妒。②大;强;猛烈。③敏捷。

古文中的"病"比我们现代文中的"病"要丰满得多,它有很多不同的意思,咱们从《论语》说起。

君子病无能焉,不病人之不己知也。(出自《论语》)

这句话每个字看起来都很好懂,但是连起来好像又看不明白是什么意思。是不是君子得了一种病,是无能之病?错!

怀才就像怀孕,是藏不住的。

这句话的关键字是"病",既然不是得了病,那是什么意思呢?

得了病以后人是不是就开始了担忧?所以"病"在句中的意思是担忧。连起来就是君子担忧无能焉。"无能",就是自己没有能力。所以真正的君子总是在担心自己的能力够不够。焉,是一个语气词,不翻译。

"不病人之不己知也",意思是"不病人之不知己",即不担心别人不了解自己。"之"用来取消句子的独立性,不翻译。

所以例句的完整意思是:君子从来只担心自己有没有能力,而不担心别人了解不了解自己的能力。

总是有人苦恼:"我这么有才,别人究竟知道不知道?"而当别人不了解自己的时候,怀才不遇之痛就产生了。其实一个人真的有能力,不会真的怀才不遇,因为怀才和怀孕一样,是藏不住的。不要担心别人不了解你,要先把自己的能力积累好,即使自己有能力,不被人了解,那又有什么大不了呢?"人不知而不愠,不亦君子乎",别人不了解自己也不生气,这才叫君子啊。

看来,古文中的"病"很多时候都是"假病",快来看看下面句子中的病是真的吗?

今日病矣,予助苗长矣!(出自《孟子》)

咦,这不是成语揠苗助长吗?"予"有两个意思,一个是代词"我"的意思,另一个是动词"给"的意思。在这里是代词我的意思。

我今天把咱们家地里面的禾苗一棵一棵地拔高了三寸啊!今天我可是咱家功臣,我有"病"!这样翻译逻辑不通吧?

仔细推敲这里的"病"的话，会发现它是疲惫的意思。觉得自己是大功臣，忙活了一天，很疲惫。

有些事情，你做了就是画蛇添足，不该你干的事，违背规律的事，你偏努力去干了。大家不仅不会因为你的疲惫而赞扬你，反而还要批评你说："还我秧苗！"

"疾"字现在大多表示身体上的病，但在古代，它还可能是心病。

膑至，庞涓恐其贤于己，疾之。（出自司马迁《史记·孙子吴起列传》）

这一句里面出现了两个人名，大家应该都很熟悉，即孙膑和庞涓。这两个人本来相传是同学，都师承于鬼谷子。

孙膑学得比较好，他是学霸。庞涓不能说是学渣，但是千年老二，而且心术不正。所以当孙膑来到他所在的国家的时候，庞涓就担心孙膑的贤能比自己强，"其"在句中指孙膑。

"疾之"，是得病了吗？很多同学可能想：

病（bìng）

①泛指疾病。例：病万变，药亦万变。（出自吕不韦《察今》）

②重病。例：君之病在肌肤。（出自韩非《扁鹊见蔡桓公》）

③病加重。例：子疾病，子路请祷。（出自《论语·述而》）

④弊病；毛病；缺点。例：人皆嗤吾固陋，吾不以为病。"（出自司马光《训俭示康》）

⑤担忧。例：君子病无能焉，不病人之不己知。（出自《论语》）

⑥疲惫。例：今日病矣，予助苗长矣！（出自《孟子》）

学霸来了，学渣就得装病了。不是的，他如果仅仅是得病了就简单了，准确地说他不仅得病了，而且得的是心病。

"疾"在这里是一个通假字，通"嫉"，就是妒忌别人。庞涓就特别妒忌孙膑，本来挺亲的同学，最后他竟然把孙膑的膝盖骨削掉了。当然，庞涓这样的小人，最后的结局也是非常惨的。

所以同学们记住，我们在争做学霸的同时，更要学会做人，像庞涓这样的人、这样的同学，要远离他，不交也罢！

声非加疾也，而闻者彰。（出自荀子《劝学》，高一必修3）

你也许会这样认为，疾，当然有快速的意思了，所以翻译成：声音没有变得更快,但是我们听得更清晰了。"彰"是清楚、清晰的意思,相得益彰的意思是两个人互相帮助,好处就更清晰。欲盖弥彰的意思是越想掩盖自己的错误,反而越彰显得清晰。

但是我们想一下,声音并没有变快,但是我们听得更清晰了。声音是有一定速度的,声音在空气中的传播速度大约每秒 340 米,就像光有光速一样,不存在快慢一说。所以你如果把"疾"翻译成声音变快了,就听得更清晰了,那肯定是错了。

疾在这里的意思是加强。声音很弱,听不清楚,加强声音你就能够听得清晰了。

除了上面这些意思,疾还有敏锐的意思。

草枯鹰眼疾,雪尽马蹄轻。(出自王维《观猎》)

鹰要抓地上跑的兔子,往往是从天上一个俯冲就下去了。如果草特别茂密葱郁,鹰很难发现兔子。

所以当草都枯了，稀疏了，变黄了，兔子就很容易被发现。这个时候鹰眼就显得特别敏锐，一个俯冲就下去了。

　　兔子十有八九会被老鹰抓上天，还有十之一二没被抓住，并不是老鹰俯冲失败了，是因为老兔子会一招绝技叫兔子蹬鹰，兔子一个劲儿往前跑，不回头，全凭经验，老鹰从天上"嗖"一下就下来了，兔子不回头就能感觉到鹰应该到跟前儿了，于是往身后使劲一蹬后腿儿，因为鹰的势能转化成动能，这个劲儿是非常猛的。这样兔子就四两拨千斤，借助老鹰俯冲下来的力，一脚就蹬到了老鹰肚子上，这只鹰很可能会受伤，兔子自救了。"疾"在这里就是敏锐的意思。

　　我们现在经常用的一个成语叫痛心疾首，这个成语出自左丘明《左传》。

当分析成语的时候，我们可以在字下面标 A、B、C、D。成语最常见的是并列式成语，这个成语里的 B 和 D，也就是"心"和"首"都是人体器官，它俩的词性也一样。所以痛和疾的含义可能是相反的，也可能是相似的，词性一般是相同的。再看痛心疾首，不是相反，那么痛就是疾，不仅心痛，头也疼，就叫痛心疾首。

尧民之病水者，上而为巢，是为避害之巢（出自陆游《书巢记》）

前面说"病"有担心、担忧的意思，"尧民之病水者"，尧帝时期的老百姓当中有一个担忧水患的人，"水"不是我们喝的白开水，是黄河水患。

此句的意思就是尧帝时期的老百姓中有担心黄河泛滥的人。于是他怎么办呢？古代先民，家都在哪儿建的呢？大家去过半坡遗址吗？那时先民都是挖一个洞住，冬暖夏凉的，还挺好。但是一来水患，就受不了了，所以"上而为巢"中的"上"

是指树上,先民们做了一个避免水害的巢穴,于是著名的先民有巢氏就诞生了,传说他教会了大家建造房屋。

所以上面例句中的"病"是担心的意思。

甾兒老师敲黑板

疾(jí)

①妒忌;嫉妒。例:膑至,庞涓恐其贤于己,疾之。(出自司马迁《史记·孙子吴起列传》)

②大;强;猛烈。例:顺风而呼,声非加疾也,而闻者彰。(出自荀况《荀子·劝学》,高一必修3)

③敏捷。例:草枯鹰眼疾,雪尽马蹄轻。(出自王维《观猎》)

揠苗助长

宋人有闵[1]其苗之不长[2]而揠[3]之者,芒芒然[4]归,谓[5]其人曰:"今日病[6]矣!予助苗长矣!"其子趋[7]而往[8]视之,苗则槁[9]矣。

天下之不助苗长者寡[10]矣。以为无益而舍之者,不耘苗[11]者也;助之长者,揠苗者也,非徒[12]无益[13],而又害之。

(出自《孟子·公孙丑上》,课外必修)

注释:

1.闵(mǐn):同"悯",担心,忧虑。 2.长(zhǎng):生长,成长。3.揠(yà):拔。 4.芒芒然:疲惫不堪的样子。 5.谓:告诉。6.病:疲劳,困苦,精疲力尽。 7.趋:快走。 8.往:到……去。9.槁(gǎo):草木干枯,枯萎。 10.寡:少。 11.耘苗:给苗锄草。12.非徒:非但。徒,只是。 13.益:好处。

1.解释下面的成语,并用它造句:

揠苗助长:＿＿＿＿＿＿＿＿＿＿＿＿＿＿＿＿＿＿＿＿

造句:＿＿＿＿＿＿＿＿＿＿＿＿＿＿＿＿＿＿＿＿＿

2.根据注释,把全文写成现代文。

3. 这则寓言故事告诉我们什么道理?

_____

_____

_____

参考答案

1. 揠苗助长：把禾苗拔起来，帮助它们长高。
   造句：小小才三岁，她就已经比同龄人都高长。
2. 有个宋国人，担心自己田里的禾苗长不高，就亲自把禾苗一棵棵地拔高。他回到家后，对家人说："今天我可把我累坏了，我帮助田里的禾苗长高了！"他儿子赶忙跑到田里查看，却发现田里的禾苗都枯萎了。
3. 不能急于求成。禾苗的生长自有其规律，以为拔苗长高就能让它长得更快的人，不仅没有帮助禾苗生长，反而破坏了禾苗的生长规律，让禾苗枯萎了。
4. 违背规律急于求事，不重视客观规律，反而，只能适得其反。

027

04

师者，所以传道受业解惑也

师：①老师。②以……为师。③学习。④可以效法的人。⑤乐师。⑥军队。

"师",在古文当中翻译成"老师"的情况其实并不多,而且"老师"这个义项,一般一眼就能看出来。

师者,所以传道受业解惑也。(出自韩愈《师说》,高一必修3)

这句话是对老师的诠释。到底什么是老师呢?这句话给出了答案:老师,是用来传授道理、教授学业、解答疑难问题的。在这句话里,"师"就是老师的意思。

生乎吾前，其闻道也固先乎吾，吾从而师之；生乎吾后，其闻道也亦先乎吾，吾从而师之。（出自韩愈《师说》，高一必修3）

在这句话里，"吾从而师之"中的"师"，是意动用法，就是"以……为师"。整句话的意思是：生在我前面的人，他懂得的道理本来就早于我，我应该跟随他，拜他为师；生在我后面的人，（如果）他懂得的道理也早于我，我（也应该）跟从（他），把他当作老师。

吾师道也，夫庸知其年之先后生于吾乎？（出自韩愈《师说》，高一必修3）

这里的"师"字，将名词用作了动词，是学习的意思。这句话的意思是：我学习的是道理，哪管他的年龄比我大还是小呢？

子曰："三人行，必有我师焉：择其善者而从之，其不善者而改之。"（出自《论语·述而》，七年级上册）

"子曰"就是孔子说，因为《论语》是孔子的弟子及再传弟子们编著的，记录孔子及其弟子言行的书。这本书是在孔子去世之后才有的，所以，他不是孔子所写。但《论语》以对话为主，记录了很多孔子的话，所以很多段落开头都是"子曰"。

"三人行"，就是指三个人吗？不是的，在古代，三就是多的意思，所以是几个人的意思。"三人行"意思就是几个人一起走路。"师"也跟现在的老师意义不同，意思是可以效法的人。"善者"是指好的方面，优点。"不善者"指缺点、不好的方面。

这句话完整的意思是：孔子说："几个人行走在一起，其中必定有我可以效法的人：我选择他们的优点来学习，反省他们身上的那些

缺点我自己有没有,然后注意改正。"

师进,次于陉。(出自左丘明《左传》)

"师"在古文中常见的含义是乐师。"巫医乐师百工之人",如果"师"后面还跟了一个名字,那就和"庖丁"一个道理。"庖"是职业,"丁"是他的名字,"庖丁"就是一个叫丁的厨师。如果说这个人叫师某某,那么他就是乐师某某。

上面例句里的"师"既不是老师,也不是乐师,而是指军队。

"王师北定中原日",王师就是指皇家军队。"师进"的意思就是军队向前挺进。

"次于陉","陉"是地名,一般把它理解成陉地,难点在"次"字上。听说过"次子"吧?就是二小子,家里的老二;不是说老二长得比较次,而是按次序来说他是第二个,所以次就有第二等的意思,也有次序的意思。但是"次"在例句里不是这两个意思。次字如果和军队同时出现,那这个"次"就是驻扎的意思。

 登儿老师敲黑板

师（shī）

①老师。例：师者，所以传道受业解惑也。（出自韩愈《师说》，高一必修3）

②以……为师。例：生乎吾前，其闻道也固先乎吾，吾从而师之。（出自韩愈《师说》，高一必修3）

③学习。例：吾师道也，夫庸知其年之先后生于吾乎？（出自韩愈《师说》，高一必修3）

④可以效法的人。例：三人行，必有我师焉。（出自《论语·述而》）

⑤乐师。例：巫医乐师百工之人，不耻相师。（出自韩愈《师说》，七年级上册）

⑥军队。例：师进，次于陉。（出自左丘明《左传》）

曹冲称象

曹冲生五六岁,智[1]意所及,有若[2]成人之智。时孙权曾致巨象,太祖[3]欲知其斤重,访[4]之群下[5],咸[6]莫能出其理。冲曰:"置象大船之上,而刻其水痕所至。称物[7]以载之,则校可知矣。复称他物,则象重可知也。"太祖大悦,即施行焉[8]。

(课外必修)

注释:

1.智:智慧。 2.若:相比。 3.太祖:曹操,曹冲的父亲。 4.访:询问。 5.群下:手下群臣。 6.咸:全,都。 7.物:这里指石头。 8.施行焉:按这办法做。

1. 曹冲称象的过程分为哪四步?

2. 请将下面的句子翻译成现代的语言。

置象大船之上,而刻其水痕所至。

参考答案

1. 赶象上船——看船身下沉多少,在船舷上刻记号;赶象下船,往船上装石头,装到水没至刻记号为止;称出船上石头的重量——石头的重量即为大象的重量。

2. 把大象牵到船上,并在船舷上做记号。

05

管鲍之交

生我者父母,知我者鲍子也。

管仲、鲍叔这两人的名字连起来是一个著名成语，叫管鲍之交，起源于管仲和鲍叔牙之间深厚友谊的故事。

最初，管仲和鲍叔两个人合伙做生意。赚的钱管仲拿百分之

七十，鲍叔拿百分之三十，旁人看不下去了，就对鲍叔说："你怎么能全由着管仲呢？两个人一块儿做生意应该各分一半啊！"鲍叔说："算了吧，他家那么困难，他急需钱。"但生意赔了时是鲍叔一个人承担，管仲一点钱也不出，大家更看不下去了。鲍叔又说："你们不知道，管仲他们家人口众多，他哪有钱呢？要理解管仲这样的做法。"

读到这里，你是否觉得管仲是个贪财鬼？还没完呢，生意做不成了，两人就一块儿去当兵了。结果管仲看敌人冲上来了，掉头就跑。跑回自己的阵营以后，人们吃惊地说："天呐！鲍叔，您这位朋友真勇敢啊！见了敌人撒丫子就跑！"鲍叔说："哎呦！这你们就不懂了。管仲他不是贪生怕死之辈啊，他家中有老母，他不能轻易地就把命扔在战场上，一大家子人全指靠他呢！"事后，管仲得知鲍叔这样看待自己，感动无比。为此还留下一句名言：生我者父母，知我者鲍子也。所以管鲍之交就是知己之交。

后来齐国的公子纠与公子小白争夺君位，巧的是管仲辅佐公子纠，鲍叔辅佐公子小白。有一次，管仲带兵阻击公子小白，小白靠装死逃脱了。后来公子小白即位为君，史称齐桓公。鲍叔就向齐桓公举荐管仲，齐桓公还真的重用了管仲。

两人都辅佐齐桓公，谁的职位高呢？这时候鲍叔就说了："我心甘情愿做管仲的下属。"正因为此，齐桓公才成就了一代霸业。因此，天下的人不称赞管仲的才干，反而赞美鲍叔能够识别人才。

天下不多管仲之贤而多鲍叔能知人也。（出自司马迁《史记·管晏列传》）

　　天下人得知这两个人的关系以后,并没有过多地赞美管仲的贤能,要知道,管仲是一代贤相、大经济学家,著有《管子》这样的名作。但没人赞美他有多贤能,反而都赞美鲍叔这个人太知人了,太了解自己的朋友了。

　　我们的一生当中,如果能有鲍叔这样的朋友,是一件太幸福的事!

管仲曰："吾始困时，尝[1]与鲍叔贾[2]，分财利多自与，鲍叔不以我为贪，知我贫也；吾尝为鲍叔谋事而更穷困，鲍叔不以[3]我为愚，知时有利不利也。吾尝三[4]仕三见逐于君，鲍叔不以我为不肖，知我不遇[5]时。吾尝三战三走[6]，鲍叔不以我怯，知我有老母也。""公子纠败，召忽死之，吾幽囚受辱，鲍叔不以我为无耻，知我不羞[7]小节而耻功名不显于天下也。生我者父母，知我者鲍子也！"

鲍叔既进管仲，以身下之。子孙世禄[8]于齐，有封邑者十余世，常为名大夫。天下不多[9]管仲之贤而多鲍叔能知人也。

（出自《史记·管晏列传》，课外必修）

注释：

1. 尝：曾经。2. 贾（gǔ）：做买卖。3. 不以：不认为。
4. 三：泛指多次。5. 遇：遇到。6. 走：逃跑。
7. 羞：以……为羞耻。8. 世禄：世代享受俸禄。9. 多：推崇，赞美。

1. 读了管鲍之交的故事，你认为鲍叔有什么过人之处呢？

2. 这个故事中，齐桓公能成就霸业的原因都有哪些？

参考答案

1. 聪明的人，有才华。
2. ①善于听建议；②鲍叔牙的人举荐；③齐桓公不计前嫌。

06

化干戈为玉帛

干：武器──▶冒犯──▶干涉──▶谋求

有人来了你家,你应该热情款待。如果在沙发上"葛优躺",在古代就叫"无状",就是没样子的意思。

所犯无状,干暴贤者(出自范晔《后汉书》)

"所犯无状","状"是状态、样子。"无状",就是说这个人没样子。"所犯无状",就是所犯的错误,没法儿说了,太没样子、太无理了。做了什么事这么糟糕呢?"干暴贤者",是不是把贤者都渴死了?当然不是。那问题就来了,"干",是什么意思?

有个词叫"干戈"。"戈"是古装剧里士兵们拿着的长长的那种武器。

"干"又是什么呢?一支队伍中冲在最前面的士兵手里拿的就是"干"。你猜到了吗?干是盾牌。

作战时，盾牌手要挡住敌人射过来的箭，举着盾牌往前挺进，每隔一段时间盾牌手下蹲，露出身后的弓箭手，弓箭手就嗖嗖嗖地往外射箭。

有个成语叫"化干戈为玉帛"，"干"和"戈"都是武器，用武

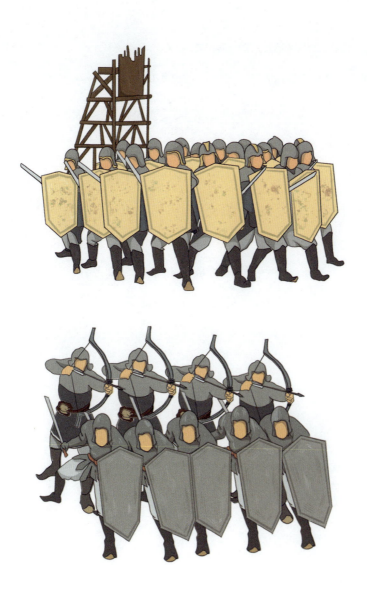

器借代战争；玉和帛都是敬献的贡品，因此，该成语的意思是：咱们送点礼物，彼此和好吧。

"干"是作战时冲在最前面的武器，那冲在最前面的人对敌人来说是极大的冒犯，所以"干"的第一个意思是武器，第二个意思是冒犯。

"暴"的意思也是冒犯。那么"所犯无状，干暴贤者"的意思就是：我们所犯的错误太不像话了，冒犯了贤者。

还有个词叫"干政"，这个词在历史课上经常会遇到，比如说后宫干政、宦官干政、外戚干政，"政"就是政治，"干"就是我们现在所说的干预、干涉的意思。

还有两个词带干字，分别是"干仕""干禄"。"仕"意即当官、仕途，这里"干"的意思是谋求、追求。往前冲这件事是冒犯了别人，但往前冲的人是在谋求些什么呢？"干仕"就是谋求做官，当官去了。"禄"是钱、俸禄，"干禄"就是谋求俸禄、谋求钱。

武器 → 冒犯 → 干涉 → 谋求

叁凡老师敲黑板

干（gān）

①盾牌。例：辛苦遭逢起一经，干戈寥落四周星。（出自文天祥《过零丁洋》，九年级下册）

②冒犯。例：所犯无状，干暴贤者。（出自范晔《后汉书》）

③干预；牵涉。例：我们自凑钱买酒吃，干你甚事？（出自施耐庵《智取生辰纲》，九年级上册）

④谋求，追求。例：时墨者东郭先生将北适中山以干仕。（出自马中锡《中山狼传》）

⑤直冲。例：哭声直上干云霄。（出自杜甫《兵车行》）

智见老师带你练

下面句子中,"干"字分别都是什么意思?

1. 朱干玉戚,冕而舞。(出自戴圣《礼记》)

2. 光武即位,知湛名儒旧臣,欲令干任内职,征拜尚书。(出自范晔《后汉书·伏湛传》)

3. 自岭外望之,都无所见,至谷中,则森然干霄。(出自沈括《梦溪笔谈》)

4. 我们自凑钱买酒吃,干你甚事?(出自施耐庵《智取生辰纲》,九年级上册)

参考答案

1. 盾牌。2. 主管。3. 冒犯。4. 干涉,牵涉。

07

冠盖相属

属：①类；辈。②叮嘱，托付。③连接，连续。④撰写。⑤劝，劝酒。

"属"字有两个读音：一个读（shǔ）；一个读（zhǔ）。我们现在常用的读音是（shǔ）。

属的第一个意思是门类、分类，"……之属"，可译成"……之类"。

有良田美池桑竹之属（shǔ）。（出自陶渊明《桃花源记》，八年级下册）

在这句中，"属"是"……之类"的意思，这句话的意思是，有良田美池桑竹之类的。

下级一类的人就称为"下属"；还有一类是和我关系比较近的人，我们称之为"亲属"；不论是下属还是亲属，都是归类，所以属还有一个意思是"归属"。

属（zhǔ）予作文以记之。（出自范仲淹《岳阳楼记》，九年级上册）

"属"在上面例句中是一个通假字，通"嘱"，意为叮嘱，叮嘱我写篇文章记下这件事，于是伟大的《岳阳楼记》诞生了。

说完通假，再来说说"属（zhǔ）"在古文中最常用的三个意思。

第一个意思是写、撰写,"属文"就是撰写文章;第二个意思是连续;第三个意思是劝酒。

冠盖相属(zhǔ)(出自司马迁《史记·平准书》)

我们先来看"冠"。"冠"就是帽子,古人的帽子不是随便戴的,成年人和当官的人才可以戴冠。"盖"可能是伞盖,也可能是车盖。车盖可以指代车,古代什么人才坐车呢?还是当官的人。

所以"冠盖"就借代当官的人,当官的人戴着帽子坐着车。"相属"就是连续不断的,意思就是政府的官员一路上往来不绝。我们家是门庭若市,冠盖相属;你们家是门可罗雀,无人问津。

举酒属（zhǔ）客（出自苏轼《前赤壁赋》，高一必修2）
举起酒来劝客人喝掉它，所以"属"还有"劝"的意思。

叴见老师敲黑板

属（shǔ，zhǔ）

①类；辈。例：有良田美池桑竹之属（shǔ）。（出自陶渊明《桃花源记》，八年级上册）

②叮嘱，托付。属（zhǔ）予作文以记之。（出自范仲淹《岳阳楼记》，九年级上册）

③连接，连续。冠盖相属（zhǔ）（出自司马迁《史记·平准书》）

④撰写。……屈平属（zhǔ）草稿未定。上官大夫见而欲夺之……（出自司马迁《屈原列传》）

⑤劝，劝酒。例：举酒属（zhǔ）客（出自苏轼《赤壁赋》，高一必修2）

掩耳盗铃

范氏之亡[1]也，百姓有得钟[2]者，欲负[3]而走，则[4]钟大不可负；以锤[5]毁之，钟况然[6]有声。恐人闻之而夺己也，遽[7]掩其耳。恶人闻之，可也；恶己自闻之，悖[8]矣。

（出自吕不韦《吕氏春秋·自知》，课外必修）

注释：

1.亡：逃亡。 2.钟：古代的一种打击乐器。 3.负：用背驮东西。 4.则：但是。 5.锤（chuí）：槌子或棒子。 6.况然：拟声词，形容钟声。 7.遽（jù）：立刻。 8.悖（bèi）：荒谬。

1. 成语"掩耳盗铃"在本文中的意思是：

现比喻：

2. 下面句子中的"恶"字读音和含义是：

恶人闻之，可也；恶己自闻之，悖矣。

08

和古人说话要小心

令：令尊、令父，令堂、令母，令郎、令子，令爱、令女，令坦

客问元方:"尊君在不(fǒu)?"(《世说新语·陈太丘与友期行》,七年级上册)

上面例句中的"尊君"是对对方父亲的尊称。"尊君在不",就是问对方父亲在不在。

在古代，人们称对方的亲友一般用"令"字。比如：称对方的父亲为令尊，称对方的母亲为令堂，称对方的儿子为令郎，称对方的女儿为令爱，称对方的女婿为令坦……关于令坦还有一个有趣的故事。

晋代的另一大士族郗鉴打算跟王氏家族联姻，就派了门生到王家去择婿。王家让来人到东厢下逐一观察他的子侄。门生回去后对郗鉴汇报说："王氏的少年都不错，他们听说来人是郗家派来选女婿的，都一个个神态矜持。只有一个人在东床袒胸露腹地吃东西，好像不知道有这回事一样。"郗鉴听了，说："这就是我要找的佳婿。"后来一打听，才知道坦腹而食的是王羲之，郗鉴就把女儿嫁给了他。

王羲之从小就具有旷达的性格，很少为一些小事记挂心上。也许这就是他的书法雄浑开阔，具有自由气象、潇洒神态的原因之一吧。也因为这个典故，后来就把"东床坦腹"中的"东床"作为女婿的美称，或称呼他人的女婿为"令坦"。

"令"是一个形容词,意思是"美好的"。出于礼貌在称呼表达中,把和别人相关的都说成好的,谦虚一些,把和自己相关的说成不好的,例如鄙人、犬子、小女,但是再谦虚,也不可以贬低父母,不可以叫"犬父""犬母",只能叫"家父""家母"。

叔为人刻廉自喜,喜游诸公。(出自司马迁《史记·田叔列传》)

"叔"在例句中不是叔叔,这个人姓田,叫田叔。"刻"不是刻薄的意思,而是严厉的意思。田叔本人行得正,走得端,本身很廉洁,他很喜欢这样的自己,"自喜"就是喜欢自己。自杀是杀自己,自欺是骗自己,自喜就是喜欢自己。

他除了喜欢自己,还"喜游诸公"。"诸"就是各位。"公"是地位比较高的人,这里是一个尊称,不一定是爵位,是指那些德高望重的人。"喜游诸公"是喜欢和这帮大佬们游泳吗?不是这个意思,很有可能中原内陆的人连游泳是什么都不知道,那这个"游"是什么意思呢?

古人判断一个人学得好不好,是不是学霸,不仅要看他有没有读万卷书,还要看他行没行过万里路,多经历一些事,多接触一些人,阅人无数不如高人指路。所以田叔接触了很多高人,"游"字翻译成交往。

所以少年,放下手中的电子产品,多出去走走,多去了解社会上的人和事吧,那才是真正的学问!

查觅老师带你练

吕氏春秋·父善游

有过于江上者,见人方[1]引[2]婴儿而欲投之江中,婴儿啼。人问其故。曰:"此其父善游。"

其父虽善游,其子岂遽[3]善游哉?以此任[4]物[5],亦必悖[6]矣。

（出自吕不韦《吕氏春秋·父善游》,课外必修）

注释:

1.方:正要,正在。 2.引:领着。 3.岂遽:难道就。遽:就。岂:难道。
4.任:处理。 5.物:事情。 6.悖:违背常理。

1. 文中"游"字的意思是:_____,"善游"的意思是:_____

2. 文中体现本文主旨的一句话是:_____

参考答案

1. 游泳；擅长游泳。
2. 以此任物,亦必悖矣。

09

达则兼济天下，穷则独善其身

亲：双亲，父母。

穷：困境。

俭岁：歉收之年。

我们在淘宝上购物时发现开始流行这样的称呼:"亲,有什么需要的吗","亲,可以随便看一看","亲,记得好评哦"。

我们觉得用"亲"这个字好像显得亲切又不失礼貌,是可以适用于很多人的一个称呼。但是,亲,你可知道,在古代这个字指的就是双亲,双亲就是父母。所以以后再叫别人亲的时候,是不是要慎重一下呢?

亲不以为子,昆弟不收,宾客弃我。(出自司马迁《史记·平津侯主父列传》)

"亲不以为子",这个人有点惨,爸爸妈妈不把他当作自己的孩子。"昆弟不收",注意"昆弟",就是兄弟;"收",是接纳、容纳,本句的意思是我爸爸妈妈不爱我,兄弟也不接纳我,然后我的朋友和宾客又嫌弃我、抛弃我。姥姥不亲,舅舅不爱的,这么惨,这个人是谁呢?有兴趣的朋友去读读《史记·平津侯主父列传》,从中可以找到答案。

以予之穷于世，贞甫独相信。（出自归有光《沈贞甫墓志铭》）

"穷"这个字，很多人会认为应该是和"富"相对的。其实"穷"，是一个洞穴，这个洞特别小。在这个洞穴的尽头，有一个人，因为洞小站不直，弯着腰站着，这就是穷字。

所以"穷"的本意，并不是没钱，而是指人处于困境当中。

"穷"在古文当中的反义词是"达"。"达"，是指通达。有句话叫"达则兼济天下，穷则独善其身"，意思是，如果我以后混得好了，发达了，那我就要帮助天下人。如果我处于困境，那我就把自己的修养提升上去。

"以予"，"予"，可以作名词，是"我"的意思；也可以作动词，是"给"的意思，这里是"我"的含义。因为我"穷于世"，这个世界上都没人爱我了，只有贞甫一个人相信我。

贞甫，是一个人的名字。古人喜欢用"甫"做字，当然，个别人也用它做名，例如杜甫。为什么古代男子喜欢用这个字呢？因为这个字的意思是美男子。

这个人叫贞甫，听名字就是很纯洁的一个美男子。甫字有时候还通"父"。比如王安石，字介甫，有时也写作"介父"。"贞甫独相信"，"相"是第一人称代词"我"，意思是只有贞甫一个人肯相信我、能理解我。

曾预市米吴中，以备岁俭。（出自《宋史·吴遵路传》）

"曾预市米吴中"，开头省略掉了主语，吴遵路，人名。"预"是提前，"吴中"是地名，吴遵路在吴中提前买了点大米，"市"就是买，例如"愿为市鞍马，从此替爷征"，其意是花木兰买鞍马。

吴遵路提前到吴地买了点儿米"以备岁"，"以"，是用来，"岁"就是年份，"俭"在这里可不是勤俭，而是年成歉收了，注意歉收是道歉的"歉"，不是亏欠的"欠"。这一年歉收了，这一年就叫俭岁或者岁俭。整句话的意思就是：吴遵路曾经预先在吴地买米，以防备灾荒之年。

歉收还有一种表述方式，在孟子见梁惠王的时候，梁惠王曾经抛出一个难题来难为孟子：我的河东凶，我要把河东的老百姓迁到河内去。什么叫"凶"？就是凶年，年份歉收了，和丰年正好相反。

古文中，表达困境的字除了穷和俭以外还有很多，你可以总结一下。

伯牙鼓琴

伯牙鼓[1]琴,锺(zhōng)子期听之。方[2]鼓琴而志[3]在太山,锺子期曰:"善哉[4]乎鼓琴,巍巍乎[5]若太山。"少选[6]之间,而志在流水。锺子期又曰:"善哉乎鼓琴,汤汤乎[7]若流水。"锺子期死,伯牙破琴绝弦,终身不复鼓琴,以为世无足复为鼓琴者。

(出自《列子·汤问》,六年级上册)

> 注释:
>
> 1.鼓:弹奏。2.方:刚才。3.志:志趣,心意。
> 4.善哉:善,赞美之词,好啊。5.巍巍乎:高大的样子。
> 6.少选:须臾,一会儿。7.汤汤乎:水大流急的样子。

1. 故事中的主人公是俞伯牙和锺子期,这个故事传达的友情真谛是什么?

2. 伯牙为什么破琴绝弦,终身不复鼓琴?

参考答案

1. 互相了解。

2. 因为世上已经没有人真正能自己的知音挚友了。

10

瑕不掩瑜

瑕：玉上的斑点。

暇：①空闲。②从容、悠闲。

课：税──→收税──→督促──→学习

"瑕"和"暇",都读 xiá,读音一样,但意思完全不同。

瑕字的左边不是王字旁,而是称作斜玉旁,玉比王字多一点儿,做偏旁时把点儿去掉了,又把最后一横变成提。斜玉旁的字都和玉有关系。瑕,就是玉上的一个斑点。

那么玉上有斑点好,还是没有斑点好呢?当然是洁白无瑕最好了,没有斑点才完美啊。所以往往将玉上的斑点比作人身上的缺点,或者美好事物的一个缺陷。

瑜,是玉的光泽,也是斜玉旁。这两个字我们可以组合成两个成语:如果这个人既有缺点又有优点,就叫瑕瑜互见(xiàn)。见,通假"现",瑕瑜互见,意思是一个人有缺点也有优点。

如果这个人有缺点,但是他的优点大于他的缺点,那就叫瑕不掩瑜,也就是说,有点瑕疵,但掩盖不了身上的光芒。

"暇"是日字旁,和时间有关,意思是空闲的时间。

时虽老,暇日犹课诸儿以学。(出自姚思廉《梁书·列传》)

"暇日犹课诸儿以学","犹",犹且,尚且,"课诸儿以学","诸儿",他们家的那些少年。"课"作为名词,译成"税";其第二个意思是作动词,收税。那么多苛捐杂税,老百姓肯定不愿意交,官府就要督促了,所以"课"还有督促的意思。本例句的意思是每天老先生还要利用闲暇时间督促孩子们来学习。

"课"的第四个意思是学习。古人说:昼课赋,夜课书。其意为白天学习写赋,晚上学习读书写字。我们的上课和下课就是从"学习"这个意思来的。

暇,由闲暇的意思还引申出了从容、悠闲的意思。

久之,目似瞑,意暇甚。(出自蒲松龄《狼》,七年级上册)

例句中的"意暇甚"的意思是:神情很悠闲。

学弈[1]

弈秋,通国之善弈者也。使[2]弈秋诲[3]二人弈,其一人专心致志,惟弈秋之为听[3];一人虽听之,一心以为有鸿鹄[5]将至,思援[6]弓缴[7]而射之。虽与之俱[8]学,弗若[9]之矣。为是其智弗若与?曰:非然[10]也。

(出自《孟子·告子上》,六年级下册)

注释:

1. 弈(yì):下围棋。 2. 使:让。 3. 诲:教导。
4. 惟弈秋之为听:只听弈秋的教导。 5. 鸿鹄:鸿,大雁;鹄,天鹅。
6. 援:拉。 7. 缴:系在箭上的丝绳,这里指带有丝绳的箭。
8. 俱:一起。 9. 弗若:比不上。 10. 然:这样。

1. 根据注释,解释"为是其智弗若与?曰:非然也。"

2. "之"是古代汉语中的常用代词。"之"可以指代人、物、事。请你找出下面句子中的"之"所指代的具体内容。

(1)思援弓缴而射之。

（2）虽与之俱学。

3. 两个人一起下棋，其中的一个人远远不如另一个人。这个故事告诉我们：学习应该 _____，不能 _____

参考答案

1. 弈秋是全国善于下棋的人。当然是不一样的！
2. （1）拉弓搭箭。（2）虽然他与他一起学习的人。
3. 专心致志；三心二意。

069

11

王谢两家谁更牛？

然：①然而。②……的样子。③这样、这时、这个人、这件事。④正确，认为……正确。

在刘禹锡写的古诗《乌衣巷》中,提到了王谢两家,这王家和谢家谁更厉害?咱们用数据和故事来说话。

王氏诸少并佳,然闻信至,咸自矜持。(出自刘义庆《世说新语》)

"王氏诸少并佳","并"在现代汉语是并且的意思,但是在古代汉语里,"并"往往前面会出现多个并列的情况。比如例句中多个少年。

"并佳",就是都很好。谁家少年这么好啊?是王家。这王家可不是一般的王家,是那个"王谢堂前燕"中的王家。

王家当时一品以上官衔的有十五人,翻一翻咱们的族谱,祖宗八代里面有一品以上的大员吗?五品以上的有一百六十一人。所以当时有句话叫"王与马共天下","马"是指魏晋时期的司马氏。

说完王家,再说谢家。谢家的女儿谢道韫,是谢氏家族的才女。谢奕把她嫁给了书圣王羲之的二儿子王凝之,嫁给王家这种"诸少并佳"的大家庭,应该很开心吧?而谢道韫却说:"您怎么能将我嫁给

乌衣巷

【唐】刘禹锡

朱雀桥边野草花,

乌衣巷口夕阳斜。

旧时王谢堂前燕,

飞入寻常百姓家。

那种人家，太普通了！"这就可想而知谢家比王家还厉害好多。所以王勃在《滕王阁序》里说的"谢家之宝树"，意思是谢家的孩子就像一棵棵珍奇的树种一样，个个玉树临风。

王氏诸少再"并佳"也比不过谢氏，没有比较就没有伤害。

"然闻信至"，"然"在这里是然而、但是的意思。"信"在这里是消息的意思。信在古文中的意思还有：真的，的确；信物；相信等。

"咸自矜持"，"咸"是都，"矜持"和现在意思一样，是拘谨的样子，王家的优秀男青年听说了这个招婿的消息，都很矜持的样子，想想"非诚勿扰"里男嘉宾登台时的样子。只有谁不矜持？想知道吗？

答案就藏在"东床快婿"的典故里,前面的文章中有答案。

躬以明法律,召入议。议者皆然固奏,躬独曰:"于法,彭得斩之。"(出自范晔《后汉书》)

"议者"就是参与讨论的人,"皆然固奏","固"是一个人的名字,把姓丢了?不是,因为文章之前出现过姓,后来再出现就不加姓了,这个人叫窦固。"然"是重点,在这里是"认为正确"的意思。

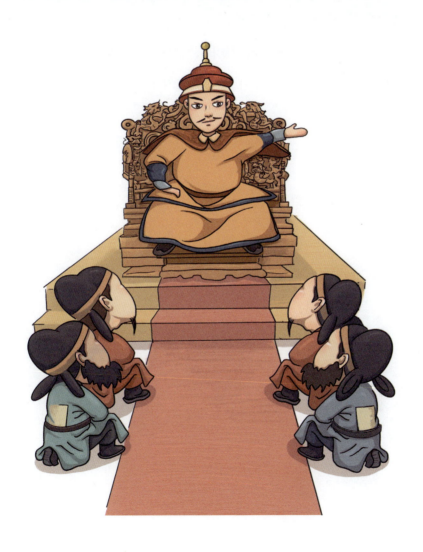

现在看一下"然"有多少个意思吧。

第一个,它跟在形容词后面,是形容词的词尾,翻译成"……的样子"。比如:欣然,就是开心的样子;突然,就是很快的样子。

"然"的第二个意思,做代词,可译为:这样、这时、这个人、这件事……

第三个意思是然而,表转折。我们现在还在用这个意思。

第四个意思就在"议者皆然固奏"里,"然"是正确、对的意思。讨论的人都认为窦固的奏章是正确的,说明这个"然"活用了,译成:认为它是正确的。这叫意动,就是在意念中让它动起来。

书戴嵩画牛

蜀中有杜处士[1]，好书画，所宝[2]以百数。有戴嵩[3]《牛》[4]一轴，尤所爱，锦囊玉轴[5]，常以自随。

一日曝[6]书画，而一牧童见之，拊掌[7]大笑，曰："此画斗牛也，牛斗，力在角，尾搐[8]入两股间，今乃掉尾[9]而斗，谬矣。"处士笑而然之。古语有云："耕当问奴，织当问婢。"不可改也。

（出自苏轼《东坡志林》，六年级上册）

注释：
1.杜处士：姓杜的读书人。2.宝：这里是动词，珍藏。
3.戴嵩（sōng）：唐代画家。4.《牛》：指戴嵩画的《斗牛图》。
5.锦囊（náng）玉轴：用彩锦做装画的袋子，用玉石做卷画的轴子。
6.曝（pù）：晾、晒。7.拊掌：拍手。8.搐（chù）：抽搐，收缩。
9.掉尾：摇着尾巴。掉，摆动，摇动。

1."处士笑而然之"中，"然"的意思是：

2. 这篇小古文给人不同的启示，从杜处士的角度来说，收获是：要谦虚地接受别人的意见；从戴嵩的角度来说，收获是：做任何事都不能想当然，要先了解实际情况；从牧童的角度来说，收获是：

_____

_____

参考答案

1. 以为……曾经的。
2. 要细致观察生活中的事物。

12

偷袭时嘴里要衔小木棍

衔：①叼着。②怀恨。③奉；接受。④头衔；官阶。

你不一定怕虫子,但一定怕大虫。因为在古代,大虫就是老虎。

有一大虫,欲向野中觅食,见一刺猬仰卧,谓是肉脔(luán),欲衔之。(出自侯白《启颜录》)

"脔"是切成小块的肉,"衔"有"嘴里叼着"的意思。有一只老虎想到野外寻找食物,看到一只刺猬仰面躺在地上,以为是一块肉,就想叼走它。

为什么称老虎为大虫

为什么称老虎为大虫,大虫是什么意思呢?古人用"虫"泛指一切动物,并把虫分为五类:禽为羽虫,兽为毛虫,龟为甲虫,鱼为鳞虫,人为倮虫。"大"有长(zhǎng)、为首的意思,如称兄弟中排行第一的为"大哥";"大"又是敬词,如称"大人""大夫""大王"等。虎属毛虫类,是兽中之王,所以称之为大虫。

在《刘东堂言》中说:"有指摘其诗文一字者,衔之次骨,或至相殴。"意思是有一个狂妄的书生,有人挑出他作的诗、写的文章中有毛病,他便对这个人恨之入骨,有时甚至还殴打别人。

这里的"衔"就有恨的意思,都恨到骨头里了,说明对这个人是恨之入骨!所以有个词叫衔恨,衔恨就是非常恨。

还有个词:衔枚。古代行军时,士卒口中衔着用以防止喧哗的物件,形如筷子。古代军队秘密行动时,让兵士口中横衔着枚(像筷子的东西),防止说话,以免敌人发觉。衔枚后来就用以指夜晚偷袭。

还有一个词:衔环。意思是小黄雀叼着价值连城的白玉环。它为什么衔着这么宝贵的东西乱飞呢?原来,它是来报恩的,因为当初有个儿童挽救了一只受困黄雀的性命,黄雀衔来四枚白环报恩,所以衔环即报恩的意思。

眢冕老师敲黑板

衔（xián）

①叼着。例：有一大虫，欲向野中觅食，见一刺猬仰卧，谓是肉脔（luán），欲衔之。（出自侯白《启颜录》）

②怀恨。例：有指摘其诗文一字者，衔之次骨，或至相殴。（出自纪昀《刘东堂言》）

③奉；接受。例：衔君命而使。（出自戴圣《礼记·檀弓上》）

④头衔；官阶。例：南宫起请无消息，朝散何时得入衔。（出自白居易《重和元少尹》）

精卫填海

是炎帝之少女[1]，名曰女娃。女娃游于东海，溺[2]而不返，故[3]为精卫，常衔西山之木石，以堙[4]于东海。

（出自《山海经》，四年级上册）

注释：

1.炎帝之少女：炎帝的小女儿。 2.溺（nì）：溺水，淹没。
3.故：因此。 4.堙（yīn）：填塞。

1. "常衔西山之木石"中，"衔"字的意思是：

2. 根据注释，试着翻译一下这段小古文。

参考答案

1. 衔着

2. 炎帝的小女儿，名叫女娃。有一次，女娃去东海游玩，溺水身亡，再也没有回来。因此化为精卫鸟，它经常叼着西山上的树枝和石头来填塞东海。

13

生生不息

息：①呼吸；喘气。②叹息；叹气。③休息。④止息；停止。⑤增长。⑥子女。⑦滋生，繁殖。

学校有课间休息,"息"就是休息,那你知道"息"字最原始的意思吗?息原本的意思是喘气。汉字就是奇特,息字不仅有停止的意思,还有增长的意思。

由是民得安其居业,户口蕃息。(出自司马光《资治通鉴》)

"由是",是固定搭配,"由"就是因,"是"就是此,"由是"就是因此。"户口"就是人口,"蕃"通"繁",就是多,繁多。在周敦颐的《爱莲说》里有这样一句话:可爱者甚蕃(八年级上册),在这里"蕃"就是多的意思。。

因此,老百姓都安居乐业了,人口就繁多了。户口繁多了,老百姓就休息了吗?不是,"息"在这里肯定不是休息的意思。

上古神话中,大禹治水之前,是他爹鲧在治水,鲧用了一种叫"息壤"的神奇土壤来治水,据说息壤是可以自己生长的,水往上涨,土就往上涨。但这个方法除了把水位抬高,造成更大危险外,完全不能解决水患,所以大禹治水就用了和鲧相反的办法——疏导。不能一直

堵，得多挖渠，水才能散开。

由息壤的故事我们知道了"息"有增长的意思。老百姓安居乐业了，那人口就繁多了，数量也就增长了。

家庭里新增长的人口，那就是儿女。所以在《触龙说赵太后》这篇文章里面，触龙说："老臣贱息舒祺，最少，不肖"，"贱息"不是老臣说自己贱兮兮的，"息"指他的儿子，他儿子叫舒祺，自己的儿子的谦称叫贱息，就和"犬子"一个道理。

既无叔伯，终鲜兄弟，门衰祚薄，晚有儿息。（出自李密《陈情表》，高二必修5）

这句话的意思是，既没有叔伯，又没有兄弟，门丁不兴，很晚才有儿女，"息"就是儿女的意思。

再来看第三个意思。

野马也,尘埃也,生物之以息相吹也。(出自庄子《逍遥游》,高二必修5)

 查晃老师敲黑板

息(xī)

①呼吸;喘气。例:当闭目,数息可达矣。(出自李朝威《柳毅传》)

②叹息;叹气。例:北山愚公长息曰。(出自列子《愚公移山》,八年级上册)

③休息。例:鸡鸣入机织,夜夜不得息。(出自《孔雀东南飞》,高一必修2)

④止息;停止。例:归去来兮,请息交以绝游。(出自陶渊明《归去来兮辞》,高二必修5)

⑤增长。例:由是民得安其居业,户口蕃息(出自司马光《资治通鉴》)

⑥子女。例:老臣贱息舒祺,最少,不肖。(出自刘向《触龙说赵太后》)

⑦滋生,繁殖。例:野马也,尘埃也,生物之以息相吹也。(出自庄子《逍遥游》,高二必修5)

野马是指云雾水气变化腾涌成野马的样子,尘埃就是空中游尘,它们之所以能在空中浮动,是因为山间的风,风是怎么形成的?庄子认为山中万物用它们的气息相互吹拂形成了大自然的风,多么烂漫的想象力!

　　大自然的风产生了以后,风就吹着花种,又开始繁殖了,就又回到了增长、繁殖、滋生的意思。所以"息"字的三个意思是可以循环的。

而云入营,更大开门,偃旗息鼓,公军疑有伏兵,引去。

(出自陈寿《三国志·蜀书·赵云传》裴松之注引《赵云别传》)

1. "偃旗息鼓"中,"息"的意思是:

2. 与"偃旗息鼓"意思相近的成语有:

参考答案

1. 停止。
2. 销声匿迹、鸦雀无声。

14

十五望月

望：①埋怨，责怪。②表时间，农历十五叫望。

古文中有些字存在着陷阱,这个字如果翻译不对,整句话的意思就会相差甚远。

已而绛侯望袁盎曰:"吾与而兄善,今儿廷毁我!"(出自司马迁《史记·袁盎传》)

这句话描述的是汉朝的事情。绛侯是周勃,刘邦的股肱之臣,绛是他的封地,绛侯是他的封爵。袁盎,也是汉朝一个大臣。

"望袁盎曰",望着袁盎说,"而"是"你"的意思,注意:而、尔、汝、乃、若都有"你"的意思,"与而兄善"就是我一直和你的哥哥交情很好;"今儿廷毁我",现在你小子却在朝堂上诋毁我。这句话好像没有什么难点,难道就是为了讲两个第二人称代词吗?非也,"望",是这句话的一个陷阱。

我和你哥哥交情这么好,而你居然当着万岁爷在朝廷上诋毁我。那么袁盎做这件事一定是令周勃特别生气的。所以周勃一个"望着"远不能表达他的气愤。所以这个"望"字我们理解错了。"望"在这里是埋怨和责怪的意思,这样逻辑就更通了。

另外,"望"除了有埋怨和责怪的意思,还表示时间。每月农历十五叫望。《赤壁赋中》的"七月既望"就是七月十六。

纪日术语

在古籍文献中，对一个月中某些特殊的日子还有特定的名称。比如每月的第一日叫"朔"，第二日是"既朔"，第八日是"上弦"，十四日是"即望"，十五日是"望"，十六日是"既望"，廿二三日是"下弦"，最后一天为"晦"或"即朔"。

此外，一年中还有一些特定的岁时节日，如夏历一年的第一天，即正月初一为"元日"，也叫"元旦"。正月初七为"人日"。正月十五为"上元节"，又称"上元日"，这天晚上叫"元宵"，也叫"元夜"。清明节前一日为"寒食"。五月初五为"端午"或"端阳"。七月初七晚叫"七夕"。七月十五为"中元日"。八月十五为"中秋日"。九月初九为"重阳日"。十月十五为"下元日"。十二月初八为"腊日"。一年最后一天叫"岁除"，晚上叫"除夕"。

自相矛盾 / 矛与盾

楚人有鬻[1]盾[2]与矛[3]者,誉[4]之曰:"吾盾之坚,物莫能陷也。"又誉其矛曰[5]:"吾[6]矛之利[7],于物无不陷[8]也。"或[9]曰:"以[10]子[11]之矛,陷子之盾,何如[12]?"其[13]人弗能[14]应[15]也。夫[16]不可陷之[17]盾与无不陷之矛,不可同世而立。

（出自韩非《韩非子·难一》,五年级下册）

> 注释:
>
> 1. 鬻(yù）：卖。2. 盾：盾牌,古代作战时遮挡刀剑用。
> 3. 矛：古代用来刺杀敌人的长柄兵器,矛的基本形制有狭叶、阔叶、长叶、叶刃带系和凹口骹式等。
> 4. 誉：赞誉,夸耀。5. 曰：说,讲。6. 吾：我。
> 7. 利：锋利,锐利。8. 陷：穿透、刺穿的意思。9. 或：有人。
> 10. 以：使用；用。11. 子：您,对人的尊称。12. 何如：怎么样。
> 13. 其：助词。这里指那个卖矛和盾的人。14. 弗能：不能。弗,不。
> 15. 应：回答。16. 夫：用在句首,引起议论。17. 之：的。

1. "夫不可陷之盾与无不陷之矛,不可同世而立"的意思是：

_____

_____

_____

2. 这个故事说的是一个卖矛和盾的人前后说话不一致，被行人拆穿的故事。这个故事告诉我们：说话做事不能：

参考答案

1. 什么都不能刺破的盾与什么都能刺破的矛，不可能同时存在于这个世界上。
2. 不一致。

15

"双立人"可不是两个人

徇：①到处走，巡行。②示众。③谋求。④攻取。

这是十字路口,把"行"分成两个字为"彳"(chì)和"亍"(chù),意思是在十字路口徘徊、犹豫,弄不清楚该往哪个方向走。左边偏旁是双立人的字,大多和道路有关系。

于是遂斩庄贾以徇(xùn)三军。(出自司马迁《史记·司马穰苴列传》)

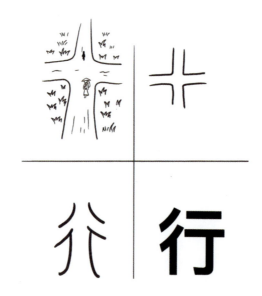

"于是遂斩庄贾",这很好理解,于是就把他的头砍了,"以徇三军"中的"徇",左边偏旁是一个双立人,所以也和道路有关系。

既然徇和路有关系,它的第一个意向就是到处走、巡行,当官的巡行某地就叫徇某地。

那么如果是犯人,大多要游街示众,示众也叫徇,这是徇的第二个义项。

还有一个词叫徇私,有一个成语叫徇私舞弊。所以徇的第三个义项是谋求私利、谋求。

那如果谋求不来呢?可能得动武攻取。所以徇的第四个意思是攻取的意思。因此徇某地,可能是巡行某地,也可能是攻打某地,要根据上下文来定。

那么例句中"徇三军"是哪个义项?

于是遂斩庄贾以徇三军的意思是：把人头砍了，召集"三军"众人来看。好一个杀鸡儆猴！所以徇在例句中的意思是示众。

乾宁三年，充武宁军留后，行颍州刺史。（选自《旧五代史·张存敬传》）

乾宁，乾和宁都是好字眼，但凡好字眼儿都被皇帝占了，所以不是皇帝的名字就是皇帝的年号，这里乾宁三年是年号纪年。

例句里说这个人充任了武宁军留后，"武宁军留后"，是一个官职。充任了这个官职以后，还担任颍州刺史，又是一个官职，一个人怎么能同时当两个官呢，所以"行"字就很重要了。

当一个人有两个官职的时候。那行很有可能就是兼任。"行颍州刺史"，行，就有代理的意思。

现在我们总结一下"行"这个字。

行货

在古文中，行就是一个多音字，它有"háng""xíng"两个读音。

先看读行（xíng）的时候。

有一篇文章叫《琵琶行》，为什么琵琶行，扬琴就不行？不是行与不行的意思，这个"行"是一种古乐府诗体。比如长歌行、短歌行、琵琶行，都是汉乐府诗体，行就是一种格式。

第二个词，行服。"行服三年"，是服丧三年。

第三个词，行货。注意，不是行（háng）货，和行货相对的是水货。行（xíng）货和水货无关，先弄明白"货"字。"货"是"贝"字底，古代曾经用贝壳来做钱币，所以"贝"字底的汉字都和钱有关，例如"贿"就是财物，"货"也是财物。大家都知道"行贿"是什么意思，因此行货就是行贿。

第四个词，操行评定。"操"是节操，"行"就是行为，每个学期结束，老师都要对学生在校时的品行操守予以评定。

第五个词，行人。行人不就是路上走的人嘛！错。行人是要出远门的人，所以译成出征的人或者出使他国的人。

最后一个词，行李。行李不就是我们出门背的包吗？这样认为的话就又错了。"行李之往来供其乏困"。行李，是使者，出使的人叫行李，后来使者带的东西就演变成行李了。

再来说"行"的另一个读音"háng"，它的本义是道路，然后引申为排列、队列，如：出身行伍，意思是当兵的出身，"行伍"，意思是军队队列。

写出下面加点"行"字的释义。

1. 子曰:"三人行,必有我师焉:择其善者而从之,其不善者而改之。"(出自《论语》,七年级上册)

2. 客至未尝不置酒,或三行五行,多不过七行。(出自司马光《训俭示康》)

3. 为吾子之将行也。(出自左丘明《秦晋崤之战》)

4. 其志洁,其行廉。(出自司马迁《屈原列传》)

参考答案

1. 步行; 2. 斟(酒); 3. 出发(离开); 4. 行为。

16

最惨不过"无聊"

聊:依靠;无聊:没有依靠。

穷，在古文中大多数不是贫穷的意思。人最痛苦的根本不是贫穷，而是处于困境。

穷饿无聊，追购又急。（出自文天祥《指南录后序》）

"穷"就是处于困境。"穷饿无聊"，这四个字一个比一个惨。饿字很好理解，非常痛苦的一件事，你有没有体会过呢？

"无聊"，我们经常说"你真无聊"。无聊是什么意思？先弄明白"聊"，"聊"是依靠的意思。

"聊斋"是跟你聊聊天儿的地方吗？不是，那是作家的依靠。"无聊"，就是没有依靠。有一个词叫"百无聊赖"。赖，也是依靠的意思，我就赖着你了，就是依靠你了。

例句里的这个人，处于困境，又饥饿难当，生活上没有任何依靠。"追购又急"，更要命的是后面还有人追赶自己，要逮捕自己。

"购"不能翻译成购买，它在这里是悬赏的意思。

因此，例句的意思是困窘饥饿，无依无靠，元军悬赏追捕得又很

紧急,这人是谁呢?这么惨?他就是文天祥。

南宋大官、曾经是状元的文天祥还有一句名句,叫"臣心一片磁针石,不指南方不肯休",意思是我的心就是指南针、磁针石,我永远指着南方。南方不是地理问题,是政治问题,因为他是南宋的人。

狗彘食人食而不知检,涂有饿殍(piǎo)而不知发。(出自孟子弟子《寡人之于国也》,高一必修3)

先来看"涂",是通假字,通"途",路途的途,饿死的人就叫饿殍。

道路上到处都是饿死的百姓,但是官府"不知发"。发是发财吗?肯定不是。发,是打开的意思。

老百姓都快饿死了,当官的就不知道打开粮仓吗?开仓济粮赈济百姓,所以"发"是打开(粮仓)的意思。

打开是"发"最常见的意思。路边百姓都饿死了,但官府有吃有喝,不给百姓打开粮仓放粮,由此我想起了杜甫的名句:朱门酒肉臭,路有冻死骨。

"发"还有其他意思,"野芳发而幽香"。主语是野芳,野芳是野花的意思。"发"是野花开放的意思,花儿开放了,幽香沁鼻。

老百姓颠沛流离、流离失所,荒野上到处都是逃难的百姓。这个场景我们经常用一个成语——哀鸿遍野来形容。

哀鸿指哀鸣的大雁,但这个词语后来的比喻意义和鸟儿没关系了,变成流离失所的难民的哀号之声。这个成语的对象只能用于流离失所的难民。

召见老师带你练

嗟(jiē)来之食

齐大饥[1]。黔敖[2]为[3]食于路，以待饿者而食[4]之。

有饿者，蒙[5]袂辑屦，贸贸然[6]来。黔敖左奉[7]食，右执饮，曰："嗟[8]，来食！"扬其目而视之，曰："予唯[9]不食嗟来之食，以至于斯[10]也！"从而谢[11]焉，终不食而死。

曾子闻之，曰："微与！其嗟也，可去，其谢也，可食。"

(出自戴圣《礼记》，课外必修)

注释：

1. 大饥：饥荒很严重。 2. 黔(qián)敖：人名。
3. 为：设置。为，动词，做，或者所做出的动作。
4. 食(sì)：同"饲"，动词。
5. 蒙(méng)袂(mèi)辑(jí)屦(jù)：用衣袖遮住脸，拖着鞋子。袂，衣袖。
6. 贸贸然：昏昏沉沉的样子。 7. 奉：同"捧"，捧着。
8. 嗟，来食：喂，来吃！指不客气的招呼声。 9. 唯：由于。
10. 斯：此。 11. 谢：道歉。

1. 解释下面加点的字。

（1）黔敖为食于路。

（2）以待饿者而食之。

（3）嗟，来食。

（4）予唯不食嗟来之食。

2.翻译下列句子。

（1）予唯不食嗟来之食，以至于斯也。

（2）其嗟也，可去，其谢也，可食。

参考答案

1.（1）拿食物给……吃；（2）吃；（3）吃；（4）吃，食物。
2.（1）我就是因为不吃别人施舍的食物，才到了这样的地步。（2）他吆喝着让你吃，你就可以走开；他道歉了，你就可以吃了。

110

17

一人犯罪，全族遭殃

坐：①处罚。②犯了……罪。③因为。④通"座"，座位。

在古代，一人犯法，他的家属亲友，甚至邻里都要连带受处罚，这就叫连坐。"坐"是处罚的意思。"坐"还有个常见的用法，就是后面跟着某项罪行，例如：坐盗，可以翻译成犯了盗窃罪，或者判了盗窃罪。"坐免"是判了罢免官职，就是因为犯罪，被免官了。

上闻而谴之，竟坐免。（出自《隋史·梁彦光传》）

"上闻而谴之"，"上"，指皇上。皇上听说了很不开心，所以谴责了他，看来这件事很不好。

"有志者事竟成"，这句话很有名，有志向的人竟然成功了？这么翻译逻辑不通啊！"竟"译成"竟然"肯定不对，有志向的人就应该成功，是最终成功者、笑到最后的人，所以"竟"是"最终"的意思。

"坐免"是判了罢免官职，这个人最终因为犯罪，被免官了。

"坐"还有个常见义项。有一句诗是"停车坐爱枫林晚"，意思是我停下了车，是因为我喜欢夜晚的枫林。"坐"在这里是"因为"的意思。

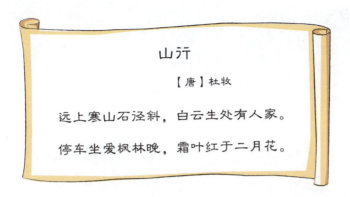

山行

【唐】杜牧

远上寒山石径斜，白云生处有人家。
停车坐爱枫林晚，霜叶红于二月花。

在古代，当官的犯了罪，被罢免官职不算什么，最惨的是灭族。

往年春，汉族淮阴。（出自司马迁《史记·淮阴侯列传》）

"往年春"就是去年春天，"汉"是汉王朝，在古代，山的南面，水的北面称为"阳"，反之，山的北面，水的南面称为"阴"，"淮阴"，就是淮水以南，那里是淮阴侯韩信的天下！

"族"在这里不是名词，是动词，是灭族的意思，这是古代最残忍的一种酷刑，就是一人犯罪，全族被灭。

例句的意思是，去年春天，大汉王朝把淮阴侯灭族了。

九族

"九族"泛指亲属。但"九族"所指说法不同。一说是上自高祖、下至玄孙,即玄孙、曾孙、孙、子、身(己身)、父、祖父、曾祖父、高祖父;一说是父族四、母族三、妻族二,父族四是指姑之子(姑姑的子女)、姊妹之子(外甥)、女儿之子(外孙)、己之同族(父母、兄弟、姐妹、儿女);母族三是指母之父(外祖父)、母之母(外祖母)、从母子(娘舅);妻族二是指岳父、岳母。

郑人买履

郑人有欲买履[1]者[2],先自度[3]①其足,而置[4]之[5]其[6]坐[7],至之市,而忘操[8]之。已得履,乃曰:"吾忘持[9]度①。"反[10]归取之。及反,市罢[11],遂不得履。人曰:"何不试之以足?"曰:"宁[12]信度①,无[13]自信也。"

(出自韩非《韩非子》,课外必修)

注释:

1. 履(lǚ):鞋子。 2. 者:……的人。 3. 度(duó):量,测量。
4. 置:安放,搁。 5. 之:代词,指量好的尺码。 6. 其:代词,指郑人的。
7. 坐:通"座",座位。 8. 操:拿。 9. 持:拿。
10. 反:通"返",返回。 11. 罢:结束、停止,文中指散集。
12. 宁:副词,宁可,宁愿。 13. 无:不。

1. 文中有 3 个"度"字,_____是动词,读音是_____,意思是_____。_____是名词,读音是_____,意思是_____。

2. 郑人因为_____而返回家中。

参考答案

1.[1]是动词,读音是 duó,意思是量,测量。[2][3]是名词,读音是 dù,意思是量好的尺码。

2. 忘记带量好的尺码。

18

不赞一词

赞：①辅佐。②说，发表。③修改。④赞美的言语。

看到"赞"字,你头脑中闪现的是不是竖起大拇指的动作?现在有个流行的词叫"点赞",是为别人叫好的意思。在古文中,赞有辅佐和参与的意思。

在说"赞"之前,咱们先来看一下古代的庙号和谥号。

高祖举兵将入洛,留暹(xiān)佐琛知后事。(出自李百药《北齐书》)

"高祖",不是姓高叫祖,而是皇帝的庙号。

庙号是皇帝于庙中被供奉时所称呼的名号,起源于重视祭祀与敬拜的商朝。庙号一开始非常严格,要按照"祖有功而宗有德"的标准,那就很好记了,带"祖""宗"二字的,比如高祖、太祖、太宗、高宗、玄宗就都是庙号。

再来说说谥号,谥号与庙号的一个区别在于,庙号只用于帝王,而谥号可以用作帝王、后妃、大臣等有一定地位或者影响力的人。

古代君主、诸侯、大臣、后妃等或者具有一定影响力的人死去之后,根据他们的生平事迹和品德修养,评定褒贬而给予一个评价、或者带

有评判性质的称号。

除夕、清明节、重阳节、中元节是汉族传统节日里祭祖的四大节日。

"高祖举兵将入洛",意思是高祖带领着军队将要去洛阳,留下"暹佐琛"。因为例句是截取的句子,其实文章中"暹"是一个叫崔暹的人,"琛"是一个叫高琛的人,例句后半句的意思就是留下崔暹来辅佐高琛。

 益儿知识

祭祖

中国人不像西方人,相信天地万物和人类是由某种神灵创造的,只是实实在在地相信自然界给了我们衣食,祖先给了我们生命,所以要报答,报答方式便是敬天祭祖。

"知后事"，"后事"是一个古今异义词，今天"后事"是指人身后事，古义不是。高祖带兵打仗的地方叫前线。前线以外相对安全的地方叫后方。后方之事，就是后事。"知"不是知道，是管理的意思。知某地就是管理某地，知某事就是管理某事，管理一个县，叫知县，管理一个州叫知州，管理一个府就叫知府。

公琰托志忠雅，当与吾共赞王业者也。（出自陈寿《三国志》）

蒋琬，字公琰，"琰"，这个字常出现在名字里，肯定是个好字，斜玉旁，意思是玉的光芒。

公琰"托志忠雅"，意思就是公琰志向忠诚儒雅。

"当与吾共赞王业者也"，"当"是应当，应当能和我一起"赞"王业，"赞"是不是就是为君王霸业点个赞呢？不是，"赞"是辅佐的意思，这句话的意思是，这个人应当能和我一起辅佐大王成就伟业。现在外交部还有个官职叫参赞。参赞就是参与政事，辅佐上级领导。有个成语叫不赞一词，就是一言不发、一句话不说、不参与别人的讨论。

难点来了，不赞一词还有第二个意思，是说文章写得太好了，发表的观点太完美了，一个字、一个词都不能修改。

孔子世家赞

太史公曰：《诗》有之："高山仰止，景行行止[1]。"虽不能至，然心乡[2]往之。余读孔氏书，想见其为人。适鲁，观仲尼庙堂、车服、礼器[3]，诸生[4]以时[5]习礼其家，余祗回[6]留之，不能去云。天下君王至于贤人众矣，当时则荣，没则已焉。孔子布衣[7]，传十余世，学者宗之。自天子王侯，中国言六艺[8]者，折中[9]于夫子，可谓至圣矣！

（出自司马迁《史记·孔子世家》，课外必修）

注释：

1. 高山仰止，景行行止：见《诗经·小雅》，高山，比喻道德崇高。仰止，敬仰。景行，大道，比喻行为正大光明。止，通"只"，语气助词。
2. 乡：通"向"，倾向，向往。3.礼器：祭祀用的器具。
4. 诸生：许多儒生。5.以时：按时。6.祗（zhī）回：流连。
7. 布衣：老百姓。8.六艺：《诗》《书》《礼》《乐》《易》《春秋》。
9. 折中：这里是判断的意思。

1. 下列句子中加点词指的是：

（1）《诗》有之：

（2）余读孔氏书：

（3）观仲尼庙堂：

2. 高山仰止的意思是：

3. 标题"孔子世家赞"中"赞"的意思是：

参考答案

1.（1）《诗经》；（2）司马迁，孔子；（3）孔子。
2. 对有崇高品德的无限敬仰和尊崇。
3. 赞美的言语。

19 盛情相邀

邀：①邀请。②拦截。

要：①通"邀"，邀请。②相约。

如果你特别热情地邀请朋友来家里做客，可以用"盛情相邀"这个成语，邀请的意思是请人到自己的地方来或到约定的地方去。你肯定觉得被邀请是件好事，但在古文中，"邀"还真不一定是个好字。

　　（赵）方遣孟宗政、扈再兴以百骑邀之，杀千余人。（出自《宋史·赵方传》）

　　"扈（hù）"这个字，可能大家有点陌生，但是你如果喜欢读《水浒》的话，对这个字应该很熟悉。因为里面有一位美女英雄叫扈三娘。这里的扈再兴，也是个人名，扈是姓，再兴是名。

　　赵方派遣了孟宗政、扈再兴二位"以百骑邀之，杀千余人"。他派遣这两个人率领一百名骑兵干什么去呢？自己带一百个骑兵邀请了对方一千人，然后把对方一群人还杀了？这从逻辑上讲不合理，那么问题出在哪里呢？

　　就在"邀"字上，它不是邀请的意思。那么"邀"在这里是什么意思？

　　这说起来有点话长。还得从读一声的"要"（yāo）字说起。读一声的话,它可以通假为"邀"和"腰"。

在荀子《荀子·礼论》里"量要而带之"中,意思是根据腰围来扎合适的腰带。"要"通"腰"。

"要"字其实就是一个人叉着腰站着,双手叉着的这个地方就是你的腰,只是后人硬给加了一个"月"字旁而已。

那么请问,你有腰吗?现在找一下自己的腰,是不是大致在身体的中间?所以"要"字有时还被翻译成"中间"。

"以百骑邀之"就是孟宗政、扈再兴带着一百个骑兵半路拦截敌人,然后还把这一千个敌人杀掉了,真是智勇双全啊!

便要还家,设酒杀鸡作食。(出自陶渊明《桃花源记》,八年级下册)

此处"要"通假"邀",是邀请的意思,村里有人邀请渔人到自己家里去(做客),摆酒杀鸡做饭来款待他。

"要"除了通假字,还有相约的意思。在《孔雀东南飞》中有这样一句话:"虽与府吏要,渠会永无缘。"刘兰芝说虽然与府吏(指焦仲卿)立下誓约,相约一生,但同他相会可能永远没有机缘了。

贠晃老师带你练

当待[1]春中，草木蔓发[2]，春山可望，轻鯈[3]出水，白鸥矫翼[4]，露湿青皋[5]，麦陇[6]朝雊[7]，斯[8]之不远，倘能从我游乎？非子天机清妙[9]者，岂能以此不急之务[10]相邀。然是中[11]有深趣矣！无忽[12]。因驮黄檗人往[13]，不一[14]，山中人[15]王维白。

（出自王维《山中与裴秀才迪书》，课外必修）

注释：

1. 当待：等到。2. 蔓发：蔓延生长。
3. 轻鯈（tiáo）：一种鱼，身体狭长，游动轻捷。
4. 矫翼：张开翅膀。矫，举。5. 青皋（gāo）：青草地。皋，水边高地。
6. 麦陇：麦田里。7. 朝雊（gòu）：早晨野鸡鸣叫。雊，野鸡鸣叫。
8. 斯：代词，这，指春天的景色。
9. 天机清妙：性情高远。天机，天性。清妙，指超尘拔俗、与众不同。
10. 不急之务：闲事，这里指游山玩水。11. 是中：这中间。
12. 无忽：不可疏忽错过。
13. 因驮黄檗（bò）人往：借驮黄檗的人前往之便（带这封信）。因，趁。黄檗，一种落叶乔木，果实和茎内皮可入药。茎内皮为黄色，也可做染料。
14. 不一：古人书信结尾常用的套语，不一一详述之意。
15. 山中人：王维晚年信佛，过着半隐的生活，故自称。

1. "岂能以此不急之务相邀"中，邀的意思是：

2.这是唐朝诗人王维所作的一篇散文,本为书信,因其有诗歌美感与韵律而成为唐朝散文名作。"当待春中,草木蔓发,春山可望,轻鲦出水,白鸥矫翼,露湿青皋,麦陇朝雊"描绘了春日的美景,试着译成现代文。

参考答案

1. 略。

2. 等到了春天,草木蔓延生长,春天的山峦可以观赏,轻快的鲦鱼跃出水面,白色的鸥鸟张开翅膀,露水打湿了青草地,麦田里雉鸡在清晨鸣叫。

20

皇上私我

私：①偏爱。②偏私，私心。

你有特别偏爱的人或者东西吗？如果回到古代，用哪个字来表示偏爱呢？你可能很难想象，古人是用"私"字来表达偏爱的意思的。

上曰："君勿言，吾私之。"（出自司马迁《史记·张丞相列传》）

文中的"上"，是名词，指君上、王上或皇上。在这里是指汉文帝。汉文帝说："君勿言"，就是你别说了。注意，皇帝对别人说"君

勿言",这个"君"肯定不是国君,只是对对方的一个尊称。皇帝说,你不要再多讲了,"吾私之"。

上面例句的完整意思就是,皇帝说:"你就别说了,我偏爱于这个大臣,你们说他多少坏话都没用。"

吾妻之美我者,私我也;妾之美我者,畏我也;客之美我者,欲有求于我也。(出自刘向《战国策·邹忌讽齐王纳谏》,九年级下册)

邹忌,美男子,喜欢揽镜自赏:魔镜魔镜告诉我,世上哪个男人会比我还漂亮?然后魔镜告诉他:城北徐公比你漂亮多了!那为什么以前都没有人告诉我呢?邹忌陷入深深的沉思:我的妻子认为我美,是因为"私我也",就是"偏爱于我"。"妾之美我者,畏我也",小妾认为我美,那是怕我。我的门客们都说我美,是因为他们有求于我,所以我一直被蒙在鼓里。

去私 [1]

天无私覆也,地无私载也,日月无私烛也,四时[2]无私行也。行其德而万物得遂[3]长焉。黄帝言曰:"声禁重,色禁重,衣禁重,香禁重,味禁重,室禁重。"尧有子十人,不与其子而授舜;舜有子九人,不与其子而授禹。至公[4]也。

（出自吕不韦《吕氏春秋·去私》，课外必修）

注释:

1. 去私：驱除私心，这是墨家的学说。 2. 四时：春、夏、秋、冬四季。
3. 遂：成。 4. 公：公平、公正。

1. 这篇短文讲述的主题可以用哪个成语概括？它的意思是什么？

2. 题目中"私"字的意思是:

参考答案

1. 大公无私。指办事公正，没有私心，现多指从集体利益出发，毫不为个人打算。
2. 偏私。

21

爱而不见

爱：①吝啬，舍不得。②隐藏。

陈策，尝买骡，得不可被鞍者，不忍移之他人，命养于野庐，俟其自毙。其子与狯驵计，因经过官人丧马，即磨破骡背，以炫贾之。既售矣，策闻，自追及，告以不堪。官人疑策爱也，秘之。策请试以鞍，亢亢终日不得被，始谢还焉。

（出自宋洪迈《四库全书·子部·容斋随笔》）

陈策，很明显，是一个人名。在以后的学习中，看到人名，要习惯性地在下面画上线，因为下次再见到，他就不叫陈策了，而是叫策。

要慢慢培养起对名字的敏感性。

陈策曾经买过一头骡（luó）子，尝，在这里是曾经的意思。

你见过骡子吗？它是马和驴杂交的后代，比驴力气大，比马能驮东西、性情也更温顺。骡子就是一个多拉快跑的好物种，所以就注定会很疲惫、很累，比马还要累一些，所以叫作骡。例句中的这头骡子的特点是"得不可被鞍者"，意思就是这头骡子买回来以后安不上鞍。

陈策不忍把它"移之他人"。"移之他人"就是卖给别的人。大家想一下，如果一头骡子不能装上鞍也不能骑的话，会是什么结果？说不定会被烧烤了吧？陈策呢，就让人将骡子养在野外的一个棚子里面，"庐"就是棚子。然后"俟其自毙"。"俟"的意思是等待，等待骡子自杀吗？显然，骡子还没有这么智能，就是让它自生自灭。

陈策是舍不得卖掉这头骡子，但是陈策的儿子心想，这不是砸手里了吗？于是他就与一个狡猾的驵（zǎng，中介、马贩子）商量，

怎么样才能把它卖出去呢？这个时候恰巧有一个路过的官人，自己的马没有了，于是他们俩就演了出戏给那个官人看。他们把骡背上面的毛都磨光了，然后"以炫贾（gǔ）之"，就是在这个官人面前炫耀，卖给他。"贾"本身是商人的意思，现在名词作动词，卖给了官人。为什么磨平了毛呢？说明这个骡子特别能驮东西，也骑了很久，毛才会被磨平！

"既售矣"，已经卖出去了，"策闻，自追及，告以不堪。"陈策知道了，这还了得！就追过去，"告以不堪"，说这头骡子是不堪驱使的，是不能被骑的，连鞍子都安不上去的。

官人想，我明明看到背上都磨成那样了，怎么不能用呢？所以他就怀疑"陈策爱也"。

这里"爱"是重点，不是说陈策喜爱这头骡子，想把它作为宠物来养，而是官人怀疑这么能干的骡子，估计陈策是舍不得卖。这里"爱"是吝啬、舍不得的意思。

官人也很狡猾，既然你舍不得，我就说我没有买，我就把它"秘之"。"之"当然是指代骡子了。"秘之"，就是把它藏起来了。

"策请试以鞍"，陈策说："好吧。您既然不愿意告诉我，那我告诉您，请您试一试，您要能给它安上鞍，您就骑走它吧。"官员就悄悄地试了一下，发现"亢亢终日不得被"。"亢亢"是高的意思，有一块脊椎骨太高了，所以根本安不上鞍。"始谢还焉"，"始"，才，于是这个人才来感谢陈策，说："您真是一个诚信的人啊！您儿子可不行。"然后"还焉"，注意动作的方向，就是还给他，请他把骡子带回去。

静女其姝（shū），俟（sì）我于城隅，爱而不见，搔首踟蹰（chí chú）。（出自《诗经·静女》）

古人认为恬静的女孩子就是"静女"，"其姝"，她长得多么的美好啊。"姝"字不仅仅是漂亮，还是由内而外的美好。"俟"是等待。"俟我于城隅"，"隅"是角落。这个女孩子和我约好在城墙下的角落里等我。

小伙子很激动地去了，却发现女主人公不在。所以小伙子就"搔首踟蹰"，意思是挠头，左右观望、来回踱步。心里想这是怎么了？又迟到了？堵车了？还是化妆呢？

再说"爱而不见",这个"爱",是一个通假字。"爱而不见"中,"爱"通"薆"(ài),它的意思是隐藏。

也就是说,这个女孩子没有堵车,也没有化妆,而是早就来了,藏起来不让对方看见她。

所以"爱"有吝啬的意思,也有隐藏的意思,这是"爱"字比较容易考到的两个义项。

今天的"爱"字是简体字,古代的繁体字"愛",中间是有一颗心的。所以真爱要用心。

拓展知识

通假字

通假字是一个汉语词汇,是中国古书的用字现象之一,"通假"就是"通用、借代"的意思,就是用读音或字形相同或者相近的字代替本字。通假字所代替的那个字我们把它叫作"本字"。古人造出一个字,表达一个意思,可是该用哪个字表示哪个意思的思维却还在形成过程中,没有一定规律,就是可以使用这个字表示某个意思,又可以使用另外一个声音相同或者相近的字表示那个意思。所以,时代越靠前的文章,通假字就越多。

叴兄老师敲黑板

爱（ài）

①吝啬，舍不得。例：官人疑策爱也，秘之。（出自《四库全书·子部·容斋随笔》）

②隐藏。例：静女其姝，俟我于城隅，爱而不见，搔首踟蹰。（出自《诗经·静女》）

道旁苦李

王戎[1]七岁，尝[2]与诸小儿游。看道边李树多子折枝，诸儿竞走[3]取之，唯戎不动。人问之，答曰："树在道旁而多子，此必苦李。"取之信然[4]。

（出自刘义庆《世说新语·雅量》，四年级上册）

注释：

1. 王戎：晋朝人，"竹林七贤"之一，自幼聪慧。
2. 尝：曾经。
3. 竞走：争先恐后地跑过去。
4. 信然：的确如此。

1. 王戎为什么不摘路边的李子？

2. 你从这个故事中得到了什么启发？

参考答案

1. 因为他推测这又苦又涩的李子树，路边的人一定吾尝李子。
2. 事物不能只看表面，要仔细分析，以理推事，那样就不会被事物的表面现象蒙蔽了。

心怀童心,迈向成长